Damit alle leben können

Für die Hausbibliothek

15.08.07

Franz Josef

(S. 9–18)

Factibilitas

Schriften zur Sozialethik und Sozialphilosophie

Herausgegeben von

Christian Beck und Wolfgang Fischer

1

Damit alle leben können

Plädoyers für eine menschenfreundliche Ethik

Festschrift für Johannes Hoffmann
zum 70. Geburtstag

Herausgegeben von
Christian Beck und Wolfgang Fischer

Altius Verlag

Die Drucklegung wurde gefördert von

BANKHAUS
Schelhammer & Schattera
Werte verbinden uns

oekom research
AKTIENGESELLSCHAFT

BANK FÜR
ORDEN UND MISSION

missionszentrale
der franziskaner

Bibliografische Information Der Deutschen Nationalbibliothek

Die Deutsche Nationalbibliothek verzeichnet diese Publikation in der Deutschen Nationalbibliografie; detaillierte bibliografische Daten sind im Internet über http://dnb.ddb.de abrufbar.

Gestaltung: Günter Vanecek
Satz: Heinrich P. Delfosse, Lorscheid
Druck: Krüger Druck+Verlag, Dillingen/Saar

Printed in Germany

ISBN 978-3-932483-16-5

Inhaltsverzeichnis

Vorwort

Der deutsch-costaricanische Theologe und Ökonom Franz Hinkelammert weist in seiner Kritik der utopischen Vernunft darauf hin, dass das lebendige Subjekt in der Welt und in der Gesellschaft entsprechende Bedingungen vorfinden muss, um leben zu können. Er schreibt: „Es [das lebendige Subjekt] muß leben können, um sich Ziele setzen und sein Handeln daran orientieren zu können. Leben können ist ein Projekt [...].“[1] Dieses Leben-Können ist für die Menschen in postmodernen Zeiten materiell wie geistig-psychisch schwieriger geworden. Der Anstieg der weltweiten Armut deutet auf einen zunehmenden, akuter werdenden Mangel an materiellen Ressourcen hin. Geistig gesehen verlieren viele Menschen angesichts einer immer weniger fassbaren Welt die Orientierung. Wenn Menschen aus diesen Orientierungslosigkeiten nicht wieder herausfinden, wenn sie unterzugehen drohen, dann brauchen sie sinnvollen Rat. Diesen suchen und finden sie in der Regel bei ihren Mitmenschen. Postmoderne Gesellschaften können ihn aufgrund der Ausbildung extremer Ich-Bezogenheiten und mangelnder Solidarität meist nicht geben. An dieser Stelle öffnet und schließt sich ein Teufelskreis. Je mehr die Menschen sich auf sich selbst individualistisch – nicht individuell – zurückziehen, desto weniger haben sie mit anderen gemein und desto weniger leben sie mit anderen im Austausch. Umso schwieriger wird es, wenn sie andere brauchen; Mitmenschen, denen es ähnlich geht. Nicht selten erleben Menschen, die in solche Wechselfälle des Lebens geraten, dass sie einsam bleiben: allein mit sich und ihrem Leben und das in einer Welt, die an allen Ecken und Enden Beratung und Unterstützung verheißt und geben will. Dieses Geben ist jedoch kein Geben um seiner selbst willen. So geartetes Geben will Gewinn, Profit, Egosteigerung. So ist es schließlich – und die Entwicklung der Menschheit stellt dies treffend vor Augen – die Weisheit und deren Lebens- und Wissenserfahrung,

[1] Franz HINKELAMMERT: Kritik der utopischen Vernunft – Eine Auseinandersetzung mit den Hauptströmungen der modernen Gesellschaftstheorie, Luzern – Mainz 1994, 266.

die auf der anderen Seite in der Lage ist, lebensförderlichen, lebenserhaltenden und -ermöglichenden Rat zu geben; nicht die Dienstleistungsgesellschaft mit ihrem leeren Gerede.

„Damit alle leben können", lautet der Titel des vorliegenden Bandes. Die darin gesammelten Beiträge sind Prof. Dr. Johannes Hoffmann (Eppenhain) gewidmet, der sein 70. Lebensjahr vollendet und ungeachtet dieses Alters schon lange zu den Weisen und Ratgebenden, zu den Lebens-Ermöglichern sich zählen darf. Sie sind gedacht als Dank an unseren treuen Weggefährten, aufrichtigen Partner, geduldvollen Lehrer, lieben Freund und hoch geachteten Begleiter in der theologischen Ethik. Der Band bildet gleichzeitig den Auftakt einer Schriftenreihe mit dem Namen „Factibilitas – Schriften zur Sozialethik und Sozialphilosophie", die sich dem ethischen und philosophischen Anspruch der „Lebensermöglichung" verpflichtet sieht.

In besonderer Weise danken wir Frau Maria Hoffmann (Eppenhain), die uns mit manchem Rat zur Seite gestanden hat.

Stellvertretend für alle Autorinnen und Autoren wünschen wir Johannes Hoffmann und seiner Familie Gottes Segen.

Eichstätt/Erkelenz
im März 2007

Christian Beck
Wolfgang Fischer

Schuldenerlass und Sklavenbefreiung im antiken Israel

VON FRANZ JOSEF STENDEBACH

In Jer 34,8–11 wird erzählt, dass während der Belagerung Jerusalems durch das neubabylonische Heer unter Nebukadnezzar (ca. 588–586 v. Chr.) der judäische König Zidkija einen Bund mit dem ganzen Volk schloss, die Freilassung (d^{e}rôr) aller hebräischen Sklaven und Sklavinnen auszurufen. Der Anordnung des Königs wird zunächst Folge geleistet; bald aber tritt bei den verantwortlichen Schichten ein Gesinnungswandel ein, der zum Widerruf der Freilassung führt – für Jeremia Anlass, im Namen seines Gottes den Vertragsbrüchigen das Gericht anzukündigen (Jer 34,12–22). Die Motivation des Königs zu dieser Maßnahme findet in der Forschung verschiedene Erklärungen, auch ihr Bezug zu Sabbat- oder Jobeljahr wird unterschiedlich beurteilt. Am ehesten ist an eine durch die Notsituation der Belagerung veranlasste königliche Entscheidung zu denken, unabhängig von gesetzlichen Vorgaben. Was die Historizität der Begebenheit betrifft, ist Zurückhaltung geboten. Bei einer Datierung des Jeremiabuches im 4. Jh. v. Chr., der späten Perserzeit, ist mit einer literarischen Konstruktion zu rechnen, die die Wichtigkeit des Schließens und Haltens von Verträgen aufzeigen will.[1]

1. Zunächst ist zu fragen, in welchem altorientalischen Kontext die Maßnahme Zidkijas ihren Ort hat. Das hebr. Nomen d^{e}rôr hängt etymologisch zusammen mit akkadisch andurāru „Schulderlass, Freilassung (privater Sklaven), Aufhebung der freien Personen auferlegten Dienste" und dem Verb darāru „frei werden, sich frei bewegen" zusammen. d^{e}rôr/andurāru impliziert die Tatsache der Wiederholung, sagt aber nicht, nach wie langer Zeit oder von welcher Last sie erfolgt. Der Codex Hammurapi sieht

[1] Zur Datierungsfrage vgl. Georg FISCHER: Jeremia 1–25, HThK-AT, Freiburg i. Br. – Basel – Wien 2005, 120; zu Jeremia 34 vgl. ders.: Jeremia 26–52, HThK-AT, Freiburg i. Br. – Basel – Wien 2005, 242–261, bes. den Exkurs 252f.

in § 117 einen vierjährigen Turnus vor,[2] Ex 21,2 und Dtn 15,12 sprechen von einem Turnus von sieben Jahren.[3]

In Jahresnamen, Rechtsurkunden, Briefen, Königsinschriften und literarischen Texten aus den verschiedensten altbabylonischen Stadtstaaten wird in mehr oder weniger stereotypen Formeln erwähnt, dass der König „gerechte Ordnung im Lande geschaffen habe (mišaram šakānum)", dass er die „Siegelurkunden oder Schuldtafeln des Landes zerbrochen", Steuern und Abgaben erlassen oder Schuldversklavungen aufgehoben habe. Es scheint sich bei diesen mišarum-Akten jeweils um Maßnahmen wirtschaftspolitischer bzw. sozialpolitischer Art gehandelt zu haben. Sie bildeten häufig und zeitweise regelmäßig einen der ersten bedeutenden Regierungsakte neuer Könige in ihrem ersten Regierungsjahr. Gegebenenfalls wurden einschlägige Maßnahmen mehrmals von einem Herrscher durchgeführt.[4] Besondere Erwähnung verdient das Edikt Ammiṣadūqas (1647–1626), das zum Regierungsantritt des Königs erlassen wurde. Im Einzelnen geht es um den Erlass von Privatschulden nicht kommerzieller Art über Gerste und Silber, um den Erlass von Abgaben und Abgabenrückständen, die von einzelnen Berufs- oder lokalen Bevölkerungsgruppen an den Palast zu entrichten sind, um die Freilassung von in Schuldsklaverei geratenen ehemals freien Personen. Ähnlichen Inhalts ist das Edikt Samsuilunas (1750–1712).[5] Eine neuere Studie kann noch mit mehr Namen aufwarten, beginnend mit König Emmetana von Lagaš (2404–2375), weiterführend über Gudea, Ur-Nammu, Shulgi zu Hammurapi (1793–1750) und endend in hellenistischer Zeit mit dem ägyptischen König Ptolemaios V. (196).[6]

2. Die altorientalische „Erlass"-Institution hat auch auf das antike Israel eingewirkt und dort in der tôrāh, der „Weisung" des Mose, ihren Niederschlag gefunden – in einer komplexen Gesetzgebung, die nun in ihren Grundlagen skizziert sei.

Die biblischen Sklavengesetze in Ex 21,2–11; Dtn 15,12–18; Lev 25,39–55 sehen eine Freilassung im siebten Jahr bzw. im Jobeljahr vor. Die gegenüber dem Codex Hammurapi längere Frist hat ihre Ursache

---

[2] TUAT I, 1985, 56f.

[3] R. NORTH: d^erôr, in: ThWAT II, 1977, 283–287.

[4] H. PETSCHOW: Gesetze 7. Altbabylonische mišarum-Akte und die sog. Edikte Ammiṣadūqas (EA) und Samsuilunas (ES), in: RLA III, 269–276, hier: 269f.

[5] H. PETSCHOW: Gesetze, 272–277.

[6] M. HUDSON: „Proclaim Liberty Throughout the Land", in: BiRe 15/1 (1999) 26–33.44.

nicht in einer weniger ausgeprägten sozialen Sensibilität, sondern in der wachsenden Bedeutung der Kultgesetzgebung, die zur Unterteilung der Zeit in Siebenjahresrhythmen führte und diesen Rhythmus auf die Freilassungsinstitution übertrug. Dieser Siebenerrhythmus ist nach priesterschriftlicher Theologie in der Schöpfung verankert, da Gott in Gen 2,2f. P am siebten Tag sein Werk vollendet, indem er diesen Tag heiligt und an ihm von seiner Arbeit ruht. Dieser Zusammenhang signalisiert, dass die vom Siebenerrhythmus bestimmten Institutionen nicht durch den Willen eines Königs begründet sind, sondern den Charakter schöpfungsgemäßen, universalen Gottesrechts besitzen.[7]

Bedeutsam sind die Differenzen unter den Sklavengesetzen. In Ex 21,2 ist von einem „hebräischen Sklaven" die Rede, den sein Herr „gekauft" hat. Es kann sich dabei nicht um einen israelitischen Sklaven handeln, sondern um einen Menschen aus der sozialen Klasse der ḫapiru, gesellschaftlichen Absteigern aus den kanaanäischen Stadtstaaten. In Dtn 15,12 ist aus diesem ḫapiru ein israelitischer Volksgenosse, ein „Bruder" geworden, der nun nicht „gekauft" ist, sondern sich selbst seinem Gläubiger „verkauft" hat. Nach Lev 25,39–43 schließlich ist Schuldsklaverei für einen Israeliten ausgeschlossen; für ihn kommt nur der Status eines Tagelöhners oder Beisassen in Frage, der als „Fremder" ohne eigenen Grundbesitz bei einem israelitischen Vollbürger untergekommen ist.[8] Kein von JHWH aus der Knechtschaft in Ägypten Befreiter darf versklavt werden.[9]

3. In Ex 23,10f. wird eine Ackerbrache im siebten Jahr vorgeschrieben. Das Verb šāmaṭ „brach liegen lassen" findet sich in dieser Bedeutung noch in Dtn 15,2f., das Nomen š^{e}miṭṭāh nur in Dtn 15,1f. 9; 31,10. Die Ackerbrache ist ursprünglich motiviert durch den Respekt vor der Numinosität der Erde. Was im siebten Jahr wächst, ist den Geistern der Fruchtbarkeit geweiht.[10] Erst sekundär erhält die Brache eine soziale Begründung im Sinne der Armenfürsorge. Auch die Ausweitung auf Weingärten und Ölbaumpflanzungen dürfte sekundär sein. Trotz Ex 23,12 ist

---

7 Innocenzo CARDELLINI: Erlassjahr/Jobeljahr, in: RGG ^{4}2, 1999, 1423f.

8 Karl ELLIGER: Leviticus, HAT I/4, Tübingen 1966, 293f.

9 Walter DIETRICH: „... den Armen das Evangelium verkünden". Vom befreienden Sinn biblischer Gesetze, in: ThZ 41 (1985) 31–43, hier: 34.36.40 mit Anm. 38.

10 Othmar KEEL/Silvia SCHROER: Schöpfung. Biblische Theologien im Kontext altorientalischer Religionen, Göttingen – Freiburg/Schweiz 2002, 55.

wohl noch nicht an ein allgemeines Brachjahr gedacht, sondern an einen für jeden Acker individuell geltenden Turnus.[11]

In Dtn 15,1–3 erhält nun die Ackerbrache eine neue Interpretation. Nun geht es, auch im siebten Jahr, um den Verzicht eines Gläubigers seinem stammverwandten Schuldner gegenüber. Die Formulierung „er hat die Brache für den Herrn verkündet" weist auf eine sakrale Einrichtung.[12] F. Horst spricht von einer „Legalinterpretation" der Ackerbrache, die auf Schuldverhältnisse ausgedehnt wird, die eine Darlehenshingabe durch Personalhaftung gesichert hatten. „Dem Gläubiger wird im Schemittajahr der Zugriff auf den Schuldner, also die Durchführung der Personalexekution, entzogen."[13] Schwierig ist das Verständnis von Dtn 15,2: „Erlassen soll jeder Besitzer von Pfand seiner Hand, was er seinem Nächsten als Darlehen gegeben hat." Ich schließe mich der Konjektur in BNS an, die – aufgrund einer vermuteten Haplographie – so liest: „Erlassen soll jeder Besitzer von Pfand das Pfand seiner Hand …" Dabei ist unter „Pfand" eine verpfändete Person zu verstehen, die ein Sklave, ein Familienangehöriger oder sogar der Schuldner selbst sein kann.[14] Es geht dabei um einen endgültigen Schulderlass, nicht nur um ein einjähriges Moratorium (vgl. Dtn 15,9). Im Unterschied zu dem relativen Sieben-Jahr-Termin in Ex 21,2–6; 23,10f. ist hier ein absoluter, kalendarischer Termin vorausgesetzt.[15] Hingewiesen sei noch darauf, dass es sich bei dieser Gesetzgebung nicht um Handelskredite handelt, sondern um Konsumptivkredite.[16] Wie schon die Ackerbrache von Ex 23,10f. sekundär eine sozialkaritative Abzweckung bekam, so ist die deuteronomische Gesetzgebung ganz von diesem Anliegen bestimmt.

Hintergrund dieser Gesetzgebung ist eine zunehmende Verstädterung im Israel der späten Königszeit. Die damalige soziale Lage lässt sich aus der prophetischen Kritik bei Amos, Jesaja, Micha, Jeremia erschließen. Am 2,6–9 protestiert gegen den Verkauf Unschuldiger und Armer in die Schuldsklaverei, die Unterdrückung der Hilflosen und Schwachen im

[11] Rainer ALBERTZ: Sabbatjahr, in: NBL III, 2001, 394f.

[12] M. J. MULDER: šāmaṭ, šᵉmiṭṭāh, in: ThWAT VIII, 1994, 198–204, hier: 200.

[13] Friedrich HORST: Gottes Recht. Studien zum Recht im Alten Testament, München 1961 (= ThB 12), 214.

[14] Innocenzo CARDELLINI: Die biblischen „Sklaven"-Gesetze im Lichte des keilschriftlichen Sklavenrechts, Königstein/Ts. – Bonn 1981 (= BBB 55), 270, Anm. 11.

[15] M. J. MULDER: šāmaṭ, šᵉmiṭṭāh, 202f.; W. DIETRICH: „… den Armen das Evangelium verkünden", 37f.

[16] Frank-Lothar HOSSFELD/E. REUTER: nāšāʾ II., in: ThWAT V, 1986, 658–663, hier: 660.

Rechtswesen, den sexuellen Missbrauch israelitischer Schuldsklavinnen und die Ausnützung Verschuldeter.[17] R. Kessler urteilt zu Texten wie Jes 5,8–10.11f.; 3,12a.14f.; 10,1f.: „Nach Jesaja ist das ökonomisch-gesellschaftliche Grundproblem seiner Zeit die Konzentration von Haus- und Grundbesitz in den Händen Weniger."[18] Das Gleiche gilt für den mit Jesaja fast gleichzeitigen Micha (vgl. Mi 2,1f.9f.; 6,9–12; 7,2f.; 3,1–3.10). Und auch mehr als ein Jahrhundert später, zur Zeit Jeremias, ist die Situation nicht anders (vgl. Jer 5,26–28; 9,2–5; 6,6b–7.12; 34,8–22; 21,11f.; 22,15–17). R. Kessler resümiert: „Die Propheten lassen eine Entwicklung erkennen, die als das Auseinanderbrechen einer auf relativer Gleichheit beruhenden Gesellschaft in eine Klassengesellschaft beschrieben werden kann."[19] Diese relative Gleichheit beruhte auf dem jeweiligen Grundbesitz, mit dem das Recht der Teilnahme an der Rechtspflege, am Kult und am Kriegsdienst verbunden war. Der Verfall der sozialen Balance führte zur Verelendung eines Teiles der bisher Freien und Vollbürger.[20]

4. Der Begriff „Sabbatjahr" begegnet erstmals in dem späten, frühnachexilisch zu datierenden Heiligkeitsgesetz (Lev 17–26), näherhin in Lev 25,5. Die Ackerbrache von Ex 23,10f. und der Schuldenerlass von Dtn 15,1–3 sind als Vorstufen zu betrachten.[21] Im Unterschied zum Deuteronomium drängen priesterliche Kreise auf eine Wiederbelebung der Ackerbrache (vgl. Lev 15,1–7). Sie übernahmen die Bracheregelungen von Ex 23,10f. (ohne die Olivenhaine einzubeziehen) und den Sieben-Jahre-Rhythmus aus Dtn 15,1–3 und verbanden ihn mit der im Exil zentral gewordenen Idee des Sabbats (vgl. Lev 25,2.4f.). Die Brache „wird zum sichtbaren Zeichen des Bekenntnisses zu Jahwe als dem Geber des Landes" (Lev 25,2). Die karitativen Elemente in Ex 23,10f. und die sozialen Reformanliegen von Dtn 15,1–3 werden nicht mit dem Sabbat-

[17] Vgl. dazu Franz Josef STENDEBACH: Wege der Menschen. Versuche zu einer Anthropologie des Alten Testaments, Frankfurt a. M. – London 2001 (= Ethik – Gesellschaft – Wirtschaft 11), 39–42.

[18] Rainer KESSLER: Staat & Gesellschaft im vorexilischen Juda. Vom 8. Jahrhundert bis zum Exil, Leiden – New York – Köln 1992 (= VTS XLVII), 42.

[19] Ebd., 117.

[20] Vgl. zum Ganzen Franz Josef STENDEBACH: Die Stellung des Alten Testaments zu Staat und Gesellschaft, in: Maria Hungerkamp/Matthias Lutz (Hg.): Grenzen überschreitende Ethik. Festschrift für Johannes Hoffmann, Frankfurt a. M. 1997, 17–33 (= ders.: Wege der Menschen, 149–174).

[21] R. ALBERTZ: Sabbatjahr, 394.

jahr verbunden, sondern auf die neue Institution des Jobeljahres übertragen (vgl. Lev 25,8–55). Doch hat sich diese Differenzierung nicht durchgesetzt. So verbindet Neh 10,32 mit dem Sabbatjahr sowohl die Ackerbrache als auch den Schuldenerlass. Inwieweit der nun allgemein-kalendarisch bestimmte Siebenjahres-Rhythmus der Ackerbrache wirklich durchgeführt wurde, ist ungewiss. Der früheste Beleg stammt erst aus der Mitte des 2. Jhs. v. Chr. (vgl. 1 Makk 6,49.53).[22]

5. Das Jobeljahr hat seinen Namen von hebr. jôbel „Widder(horn)". Außer in Ex 19,13; Jos 6,4–6.8.13 begegnet das Wort nur im Zusammenhang mit dem 49. bzw. 50. Jahr (vgl. Lev 25 passim; 27,17–24; Num 36,4), wobei das 50. Jahr wohl als aufgerundete Zahl zu verstehen ist. Dieses vervielfachte (7x7) Sabbatjahr hat eine besondere Dignität als „heilig". In ihm soll jeder Israelit zu seinem Grundbesitz bzw. zu seiner Sippe zurückkehren können. Es handelt sich um eine Befreiung (d^{e}rôr) von Lasten, die auf dem Grundbesitz liegen, und von Schuldsklaverei. Diese Freilassung ist mit dem Blasen des Widderhorns (šôpār) zu proklamieren (vgl. Lev 15,9f.). Ziel der Gesetzgebung ist die Verbesserung der sozial-wirtschaftlichen Lage des Einzelnen und damit der ganzen Gesellschaft. Ausgangspunkt ist wohl nicht die reine Agrarbrache von Lev 25,6, sondern eine massive Verelendung der Bevölkerung, die zur Verschuldung weiter Kreise führte.[23] Es war vor allem die neue persische Steuerpolitik seit Darius I. (522–486), die in frühnachexilischer Zeit die kleineren Familienbetriebe in den Ruin stürzte. Die Steuern mussten in Münzgeld abgeführt werden, was die bislang auf Selbstversorgung eingestellten bäuerlichen Betriebe zwang, einen Überschuss zu produzieren, um durch den Verkauf von Naturalien an das nötige Geld zu gelangen. Dies führte zur Verschuldung und in deren Gefolge zur Verpfändung der Arbeitskräfte, der Felder und Häuser, also der Produktionsmittel, und sogar zur Versklavung der Kinder an Fremde (vgl. Jes 58,6; Neh 5,1–13).[24] Dieser Entwicklung wollen die priesterlichen Kreise, die hinter dem Heiligkeitsgesetz stehen, einen Riegel vorschieben. Dazu greifen sie karitative Funktionen und soziale Reformideen auf, die ursprünglich mit den Vorformen des Sabbatjahres, der Ackerbrache von Ex 23,10f.und dem Schuldenerlass von Dtn 15,1–3 verbunden waren, und bauen das

[22] Ebd., 395.

[23] R. NORTH: jôbel, in: ThWAT III, 1982, 554–559, hier: 556f.

[24] Hans G. KIPPENBERG: Religion und Klassenbildung im antiken Judäa, Göttingen [2]1982 (= Studien zur Umwelt des Neuen Testaments 14), 54–60.

Jobeljahr unter Aufnahme älterer familiärer Solidaritätsverpflichtungen wie dem „Löser" (gô'el)-Institut (vgl. Jer 32,6–15; Rut 3,9–13; 4,1–10; Lev 25,23–28.47–54) und sozialer Schutzgesetze wie dem Zinsverbot (vgl. Ex 22,24; Dtn 23,20f.; Ps 15,5; Lev 25,35–38) und der Sklavenbefreiung (vgl. Ex 21,2–11; Dtn 15,12–18; Lev 25,39–42) zu einer umfassenden sozialen Institution aus, wobei im Unterschied zu Dtn 15,1–3 ein Schuldenerlass nicht vorgesehen ist. Dabei ist die Jobelperiode als maximale Zeit von Abhängigkeiten gemeint, da eine frühere Auslösung von Besitz und Personen möglich ist. In diesen Zusammenhang gehört ein neues Verfahren der Schuldberechnung: Die Schulden, wegen derer Land oder Personen an den Gläubiger „verkauft" werden, sinken in ihrer Höhe proportional zu den bis zum Jobeljahr noch verbleibenden Jahren bis auf Null (vgl. Lev 25,14–17.27.50–54). Es gibt somit keinen wirklichen Verkauf von Land und Personen mehr, sondern verkauft werden nur noch begrenzte Nutzungsrechte. Eigentlicher Eigentümer des Landes und aller Israeliten ist allein JHWH (vgl. Lev 25,23.55). So wird im Jobeljahr-Institut „ein durchaus ernstzunehmender Versuch gemacht, die meist überhöhten Pfändungs- und Haftungsansprüche im antiken Kreditwesen zu begrenzen und den überschuldeten Kleinbauern eine Chance zu geben, ihre wirtschaftliche Selbständigkeit wiederzuerlangen".[25] Jedenfalls überwiegt in der Jobelgesetzgebung das Interesse an einer Verbesserung der sozialen Verhältnisse; die alte Ackerbrache wird nur noch oberflächlich erwähnt.[26]

E. Otto urteilt zusammenfassend zu Lev 25: „JHWHs Eigentum des Landes wird zur Grundlage der sozialen Gesetzgebung gemacht [...] Nicht an der Logik der Optimierung des menschlichen Nutzens sollen die sozialen Bestimmungen orientiert werden, sondern am Willen Gottes, der [...] im Exodus auf Befreiung aus der Knechtschaft zielt und also auch eine den Nächsten von der Knechtschaft bewahrende Praxis will, die sich mit dem Jobeljahr verbindet."[27]

Ist das Jobeljahr-Institut jemals realisiert worden? K. Elliger hatte einst zu Lev 25 geschrieben: „Zweifellos spiegelt das Kapitel viel Brauchtum und Recht der Königszeit wider, das nach seiner ursprünglichen Tendenz Auswüchse des Kapitalismus und das Entstehen eines Proletariats verhindern und die alte Sitte (jede Familie auf ihrem eigenen

---

[25] Rainer ALBERTZ: Jobeljahr, in: NBL II, 1995, 346f.

[26] R. NORTH: jôḇel, 558f.

[27] Eckart OTTO: Theologische Ethik des Alten Testaments, Stuttgart – Berlin – Köln 1994 (= Theologische Wissenschaft 3,2), 252.

Grund und Boden) schützen will."[28] I. Cardellini urteilt, dass das Jobeljahr eine rein literarische Fiktion blieb, die die großartige Feierlichkeit des Befreiungsjahres 538/37 v. Chr., der Ermöglichung der Rückkehr aus dem babylonischen Exil, zum Ausdruck bringen sollte (vgl. Esr 1,1–3). Deshalb wird außer Lev 25 und der davon abhängigen Stelle Num 36,4 nirgend sonst im Alten Testament von dieser Institution gesprochen.[29] Auch nach R. Albertz wurde das Jobeljahr-Gesetz wohl nie verwirklicht. „Dennoch bleibt es als der detaillierteste Versuch der Bibel, vom Glauben her in die ‚Eigengesetzlichkeit' der Wirtschaft humanisierend einzugreifen."[30] Bei aller Utopie der Jobeljahr-Idee wird an ihr jedenfalls deutlich, „welch große Rolle im israelitischen Rechtsdenken der Schutz der sozial Schwachen und wirtschaftlich Abhängigen vor dem Zugriff der Mächtigen und Vermögenden spielt".[31] Und E. Otto erklärt: Das Jobeljahr ist wohl Programm geblieben, „dessen programmatisches Ethos aber Bedeutung über die Einzelbestimmungen hinaus hat. Aus dem Wissen um die Herrschaft Gottes wird eine Grenze der Verfügung des Menschen über das Land abgeleitet, die dort gezogen wird, wo Gefahr droht, dass dem Mitbürger die ökonomischen Lebensgrundlagen genommen werden [...] Das Jobeljahrprogramm ist von dem Grundsatz, dass alle Menschen das gleiche Recht auf einen Zugang zu den natürlichen Lebensressourcen haben, durchzogen. Der Redaktor ist aber so realistisch, dass er einräumt, dass es immer wieder eine Ausdifferenzierung von mehr oder weniger Erfolgreichen geben wird, sodass soziale Mechanismen greifen müssen, um die Lebensbedingungen einander wieder anzugleichen."[32] Wenn auch die Jobeljahrgesetzgebung auf das Gottesvolk eingeschränkt ist (vgl. Lev 25,44–46), bietet jedoch die vom Heiligkeitsgesetz vorausgesetzte, aber nicht genutzte priesterliche Theologie in Gen 1,27; 9,6, nach der der Mensch als solcher Abbild Gottes ist, den Schlüssel zur Universalisierung dieser Ethik der Befreiung.[33]

---

[28] K. ELLIGER: Leviticus, 349.

[29] I. CARDELLINI: Erlassjahr/Jobeljahr, 1424; vgl. Gnana ROBINSON: Das Jobel-Jahr. Die Lösung einer sozial-ökonomischen Krise des Volkes Gottes, in: Dwight R. Daniels / Uwe Gleßmer/Martin Rösel (Hg.): Ernten, was man sät. Festschrift für Klaus Koch, Neukirchen-Vluyn 1991, 471–494, hier: 472. – In Ez 46,17 ist – gegen Cardellini – nicht von einem Jobel-Jahr, sondern von Erlass (d^{e}rôr)-Jahr die Rede.

[30] R. ALBERTZ: Jobeljahr, 347.

[31] W. DIETRICH: „... den Armen das Evangelium verkünden", 40.

[32] E. OTTO: Theologische Ethik des Alten Testaments, 255f.

[33] E. OTTO: Theologische Ethik des Alten Testaments, 256; zu Gen 1,26f; 9,6 P vgl. Franz Josef STENDEBACH: ṣaelaem, in: ThWAT VI, 1989, 1046–1055, hier: 1051–1055; ders.: Wege der Menschen, 64–68.

6. Die biblischen Erlassinstitutionen haben in nachexilischer und frühjüdischer Zeit eine eschatologische Interpretation erhalten, die bis in das junge Christentum hineingewirkt hat. Ausgangspunkt ist Jes 61,1f., das in der Verdeutschung von Martin Buber und Franz Rosenzweig wiedergegeben sei: „SEIN, meines Herrn, Geist ist auf mir,/ weil ER mich gesalbt hat,/ mich entsandt hat,/ Glücksmär zu bringen den Demütigen,/ zu verbinden die gebrochenen Herzens,/ zuzurufen Gefangenen: Loskauf!/ Eingekerkerten: Auferhellung!/ auszurufen ein Jahr SEINER Gnade,/ einen Tag der Ahndung unseres Gottes,/ alle Trauernden zu trösten [...]" W. Zimmerli hat darauf hingewiesen, dass wir in diesem frühnachexilischen Text (Tritojesaja) eine geistliche Zweitverwendung einer Sprache vor uns haben, die in manchen Ausdrücken während der Exilszeit in ihrer eigentlichen Erstverwendung gebraucht worden sind. Er nennt im Einzelnen die Geistbegabung des Gottesknechts (vgl. Jes 42,1), die Bezeichnung des Perserkönigs Kyrus als Gesalbten (Messias) JHWHs (vgl. Jes 45,1, mit Verweis auf 1 Kön 19,15f.), das Motiv des Freudenboten (vgl. Jes 40,9; 41,27; 52,7: Evangelium!), die Rede von den gebrochenen Herzen (vgl. Jes 42,3) und von der Freilassung der Gefangenen (vgl. Jes 42,7; 49,9; 52,2), das Motiv des Tröstens (vgl. Jes 40,1; 49,13; 51,3.12; 52,9).[34] Das Ausrufen der Freilassung (d^{e}rôr) der Gefangenen knüpft an Lev 25,10 an. Die Besonderheit von Jes 61,1f. besteht darin, „dass dieses Ausrufen nicht den Sinn einer Forderung an das Gottesvolk enthält, für die Freilassung der in ihm durch Schulden Verknechteten besorgt zu sein, sondern dass der Prophet ein göttliches Handeln über seinem Volk verkündet [...] die Frohbotschaft von der Freilassung der Deportierten und Gebundenen des Volkes".[35] Im Kontext uneigentlicher Rede ist „die tröstende Aufrichtung des im Lande befindlichen Volkes beabsichtigt, das mit seinen Aufbauproblemen nicht fertig zu werden droht".[36]

Für R. Albertz ist – wohl mit Recht – Lev 25 wahrscheinlich jünger als Jes 61,1f.[37] Der Text „redet bildhaft in umfassender Weise von einer großen, wunderbaren Heilswende, die der Prophet mit seiner Verkündigung heraufzuführen meint, ohne dass man sie auf bestimmte Vorstellungsinhalte [...] festlegen könnte. In gleicher Weise sind auch die

[34] Walter ZIMMERLI: Das „Gnadenjahr des Herrn", in: Arnulf Kuschke/Ernst Kutsch (Hg.): Archäologie und Altes Testament. Festschrift für Kurt Galling, Tübingen 1970, 321–332, hier: 322–324.

[35] W. ZIMMERLI: Das „Gnadenjahr des Herrn", 326.

[36] Ebd., 327.

[37] Rainer ALBERTZ: Die „Antrittspredigt" Jesu im Lukasevangelium auf ihrem alttestamentlichen Hintergrund, in: ZNW 74 (1983) 182–206, hier: 188, Anm. 32.

Adressatenbezeichnungen im übertragenen Sinn zu verstehen [...]: ganz allgemein Israel in seiner Not, das sich um seine Verheißungen betrogen fühlt und um sie trauert."[38]

Im Melchisedek-Midrasch aus Qumran, dessen zentrales Thema die Gestalt des Melchisedek als himmlischer Hoherpriester, endzeitlicher Befreier und Richter ist, wird die Jobeljahr-Institution aufgenommen und auf die Endzeit bezogen: „... *In* [*diesem*] *Jobeljahr* [*sollt ihr ein jeder wieder zu seinem Besitz kommen,* (Lev 25,13) wie es geschrieben steht: *Und die*]*se* [*Be*]*wandtnis* [*hat der Erlass:*] *Erlassen soll jeder Schuldherr, was er [seinem Nächsten] geliehen hat;* [*er soll seinen Nächsten und seinen Bruder nicht drängen, denn man hat ausgerufen einen Erlass für Gott.* (Dtn 15,2) (vacat?). [Seine] Deut[ung] hinsichtlich des Endes der Tage bezieht sich auf die Gefangenen, [über die] es heißt: [*um den Gefangenen Freilassung auszurufen.* (Jes 61,1)]."[39]

In der lukanischen Fassung der Antrittspredigt Jesu in Nazaret bezieht sich Jesus ausdrücklich auf Jes 61,1 f. und erklärt: „Heute ist diese Schrift vor euren Ohren erfüllt worden" (Lk 4,18–21). „Hier stehen wir am Anfang: am Anfang der neuen Zeit (des Gnadenjahres), der Verkündigung Jesu, des Amtes Jesu, auch der menschlichen Reaktion auf all dies. Dieser Anfang ist nicht nur in der Zeit, sondern auch im Raum verankert. Von diesem einen Ort aus wird er sich auf der ganzen Erde entfalten. Programmatisch ist das Wort Jesu, das die Botschaft Gottes und die Vermittlerrolle des Messias ankündigt. Programmatisch ist ebenso der soteriologische Inhalt, leider aber auch die menschliche Ablehnung."[40]

Die Jobeljahr-Idee mit all ihren Implikationen hat sich auch ausgewirkt auf das Leben der jungen christlichen Gemeinde mit ihren egalitären Tendenzen, die auf die Beseitigung gesellschaftlicher Schranken zielen (vgl. Apg 2,43–45; Gal 3,28). Heute wären diese Tendenzen weiterzuschreiben in Richtung auf die weltweite Befreiung von Unterdrükkung, Ausbeutung und Sklaverei, in Richtung auf eine weltweite Befreiung der Frauen, in Richtung auf einen universalen Schuldenerlass für die armen Völker, in Richtung auf soziale Gerechtigkeit in unserem Land – Themen, denen sich der Jubilar seit Jahrzehnten verpflichtet fühlt.

---

[38] R. ALBERTZ: Die „Antrittspredigt" Jesu, 189.

[39] 11 Q Melch II, 2–4; zit. nach Annette Steudel (Hg.): Die Texte aus Qumran II, Darmstadt 2001, 179.

[40] François BOVON: Das Evangelium nach Lukas (Lk 1,1–9,50), EKK III/1, Zürich – Neukirchen-Vluyn 1989, 216.

„Erschreckt nicht! Denn siehe, ich verkünde euch …“ (Lk 2,10)

Spirituelle und sozialethische Herausforderungen der lukanischen Kindheitsgeschichte

VON CLAUS F. LÜCKER

Disidentifikation – ein Praxistext

Wer sind die Reichen der Erde? Wer sind die Einflussreichen in Wirtschaft und Politik? – Die TeilnehmerInnen von Besinnungstagen zur Theologie des Lukasevangeliums, Frauen und Männer von 50 Jahren und älter aus verschiedenen Gemeinden im Bistum Aachen, konnten schnell Namen zusammentragen: Bill Gates, die Brüder Albrecht, J. K. Rowling z. B. auf die erste, Georg W. Bush, Angela Merkel, den Vorstandsvorsitzenden des Nestlé-Konzerns u. a. auf die zweite Frage. Ähnlich spontan konnten sie Personen(gruppen) nennen, die zu den Armen bzw. zu den Einflusslosen gehören: Obdachlose, Hartz IV- und SozialhilfeempfängerInnen, BilligarbeiterInnen in Asien, Afrika und Lateinamerika … Die Listen sind hinreichend vertraut und lassen sich problemlos verlängern.

Was geschieht, trägt man die Genannten in den Text des Magnifikats (Lk 1,46–55) ein? – „… er stürzt Georg W. Bush, Angela Merkel, den Vorstandsvorsitzenden des Nestlé-Konzerns … (= die Mächtigen) vom Thron und erhöht die BilligarbeiterInnen, die Einflusslosen, die Behinderten (= die Niedrigen). Die Hungernden, Obdachlosen, die Hartz IV- und SozialhilfeempfängerInnen … beschenkt er mit seinen Gaben und lässt Bill Gates, die Brüder Albrecht, J. K. Rowling … (= die Reichen) leer ausgehen“ (nach Lk 1,52–53).[1]

Zunächst war es nur überraschend und irritierend, den aus adventlichen Gottesdiensten und aus dem Ritus des kirchlichen Vespergebets so vertrauten Text dergestalt verheutigt zu lesen und zu hören. Dann regte sich Widerstand: So könne das im Evangelium nicht gemeint sein! Die Reichen täten doch auch viel Gutes, viele Einflussreiche würden sich

---

[1] Diese und nachfolgende biblische Texte werden, wenn nicht eigens vermerkt, nach der Einheitsübersetzung zitiert (Die Bibel. Einheitsübersetzung der Heiligen Schrift. Altes und Neues Testament, Stuttgart 2005).

sehr für die Menschen engagieren! Und die Armen und Einflusslosen seien doch i. d. R. gar nicht in der Lage, sinnvoll Leitungs- und Gemeinwesenverantwortung zu übernehmen. Was war passiert?

Zum einen lasen und verstanden die Teilnehmenden den Text offensichtlich als Außenstehende, als Nicht-Betroffene, aus der Distanz heraus. Sie zählten sich weder zu den Reichen / Einflussreichen, noch zu den Armen/Einflusslosen, d. h. sie nahmen sich selbst nicht als die spirituell und praktisch primär Angesprochenen wahr. Zum zweiten empfanden sie das Gelesene und damit Gottes Verheißung, über die Maria im Magnifikat „jubelt" (Lk 1,47), als ungerecht, weil undifferenziert, und als unrealistisch. Sie, von denen sich etliche für Benachteiligte engagieren, finanziell und mit ihrer Zeit, wehrten sich innerlich gegen die grundlegenden strukturellen Ziele des Magnifikats.

Mit einer so drastischen Distanzierung gegenüber diesem kirchlich-spirituellen Basistext hatte ich nicht gerechnet. Wird tatsächlich im Stundengebet etwas gebetet, das engagierte ChristInnen inhaltlich ablehnen?

Identifikation

Dabei hatte gerade ein politisches Verständnis des Magnifikat in den 70er und 80er Jahren in Lateinamerika wie auch in Europa breite Zustimmung erfahren, und der Lobpreis Mariens war zu einem Kerntext der Befreiungstheologie[2] geworden. Die einen durch Identifikation, die anderen durch Solidarisierung fanden hierin Gottes Zusage für sich selbst und für eine gerechtere Welt.

Beispielhaft möchte ich dafür auf ein Schriftgespräch über das Magnifikat verweisen, das formal dem obigen Praxistest vergleichbar ist. Der nicaraguanische Priesterschriftsteller Ernesto Cardenal hat es in einem Sonntagsgottesdienst seiner Gemeinde in Solentiname moderiert,[3] einer Gemeinde, die vorwiegend von Campesinos und Fischern gebildet wurde.

---

[2] S. zum Kontext Giancarlo COLLET: Art. Befreiungstheologie. I. Historische, geographische u. politische Wurzeln, in: LThK³, durchgesehene Sonderausgabe 2006, Bd. 2, 130–134.

[3] Ernesto CARDENAL: Das Evangelium der Bauern von Solentiname. Gespräche über das Leben Jesu in Lateinamerika, Bd. 1, Wuppertal ⁴1979; Bd. 2: Bis zu Tod und Auferstehung, Wuppertal 1978. – Die Gemeinde entstand 1966 und wurde Ende der 70er Jahre von den Truppen Somozas zerstört. S. dazu ausführlich Ernesto CARDENAL: Die Jahre in Solentiname. Erinnerungen, Bd. 2, Wuppertal 2002.

Bei diesem Schriftgespräch identifizierten sich die GottesdienstteilnehmerInnen aufgrund ihrer politisch-ökonomischen Situation explizit mit den Armen, manche Frauen unter ihnen auch mit der schwangeren Maria, und die Reichen und Mächtigen verkörperten im Drama der realen gesellschaftlichen Zusammenhänge ihrer Zeit das unterdrückende und ausbeuterische Gegenüber. „– Und was würden sie in Nicaragua sagen, wenn sie uns hier in Solentiname hörten? Mehrere: – Wir wären Kommunisten.“[4]

Offensichtlich liegen zwischen den beiden skizzierten Erfahrungen mit dem Magnifikat Welten: zeitliche, geographische, sprachliche, politische …; vor allem aber ökonomische Welten – und die Welt der lukanischen Theologie.

Identifikation mit den Reichen, Solidarität mit den Armen

„Vorgeschichten“[5] nennt Jakob Kremer in seinem Lukaskommentar die lukanischen Kindheitsgeschichten Lk 1–2. Sie sind ureigene Komposition des Lukasevangelisten, sie geben eine Vor-stellung von dem Heil, das Gott in Jesus Christus und durch ihn welt-wirklich werden lässt, und sie skizzieren so das Programm des Doppelwerkes Lukasevangelium und Apostelgeschichte.

Während Zacharias, Repräsentant des Stammes Levi im priesterlichen Dienst, angesichts der späten Nachkommenverheißung ungläubige Rückfragen stellt und daraufhin vom Engel zum temporären Schweigen verurteilt wird (Lk 1,18–23), und während Josef, Nachfahre der königlichen Familie Davids, als Verlobter und Ehemann Marias[6] nicht einmal zu Wort kommt, preisen die mit neuem Leben Schwangeren: Elisabet und Maria (Lk 1,39–56) und die visionären Alten: Simeon und Hannah (Lk 2,21–40) Gottes Eingreifen.[7] Das Lob Elisabets und Marias ge-

[4] E. CARDENAL: Das Evangelium der Bauern von Solentiname, Bd. 1, 32–33. Das Schriftgespräch über Lk 1,46–55 insgesamt: ebd., 29–33.

[5] Jakob KREMER: Lukasevangelium. Die Neue Echter Bibel. Kommentar zum Neuen Testament mit der Einheitsübersetzung, Bd. 3, Würzburg ^{2}1992, 8.

[6] Zur juristischen Qualität des jüdischen Ehevertrags („Verlobung“) vor der Hochzeit s. J. KREMER: Lukasevangelium, Kommentar zu Lk 1,26f.

[7] Das zentral in Lk 1–2 positionierte „Benediktus“, der Lobgesang des Zacharias (Lk 1,68–79), als dessen erste Worte nach Aufhebung des Schweigens, dokumentiert das Bekehrungspotential des Geistes Gottes und die Hoffnung auf Umkehrbereitschaft und -willigkeit auch unter den Etablierten.

schieht buchstäblich aus dem Bauch heraus; sie sagen aus, womit sie – Gott sei Dank – schwanger gehen, welch „guter Hoffnung“ sie sind. Im Magnifikat ist die ganze Heilsbotschaft enthalten – anfanghaft wie das neue Leben in den ersten Schwangerschaftswochen. Die wichtigsten Linien werden prägnant[8] aufgezeigt, noch undifferenziert und doch mit eindeutigen Konturen.[9] In Maria verbindet sich „die Niedrigkeit“ (Lk 1,48) und damit Zugehörigkeit zu denen, welchen Gott aufhelfen wird,[10] mit ihrer levitisch-priesterlichen Abstammung (Lk 1,36) und der Hineinnahme durch Verlobung/Heirat in das königlich-davidische Geschlecht (Lk 2,4–5). So repräsentiert sie als einzelne und darin zugleich als Niedrige das Volk Israel als Ganzes. Jeder/jedem im Volk Israel wird somit Verortung und Identifikationsmöglichkeit eröffnet.

Doch der Horizont dieser Botschaft reicht weit über Israel hinaus, er umspannt die ganze (damals bekannte) Welt: „Die Verknüpfung der Anfänge Jesu mit einem Erlass des Kaisers Augustus stellt zugleich eine Beziehung zum Imperium Romanum und zur gesamten Ökumene her.“[11] Diesen weltweiten Blick eröffnet die Geburtsgeschichte Lk 2,1–21[12] unmittelbar in ihrem ersten Vers: „In jenen Tagen erließ Kaiser Augustus den Befehl, alle Bewohner des Reiches in Steuerlisten einzutragen.“ Auffallend ist, dass der Kaiser nicht mit seinem Namen – Oktavian – genannt wird, sondern nur mit dem an seine Göttlichkeit erinnernden Herrschertitel.[13] Diesem werden im Zentralsatz der konsequent strukturierten Perikope Lk 2,11 die Titel des göttlichen Kindes gegenübergestellt: Sotēr, Christus, Kyrios: „Geboren wurde euch heute ein Retter, der ist (der)

[8] Von „prägnans“ – „schwanger“: dieses in die deutsche Sprache aufgenommene Wort für „kurz, treffend, gehaltvoll“ (s. Richard von KIENLE: Fremdwörterlexikon, München o. J.) entspricht eindrücklich der lukanischen Bildsprache in Lk 1,41–55.

[9] René KRÜGER: Gott oder Mammon. Wirtschaftstexte im Lukasevangelium, in: BuK 62 (2007) 22–29, hier 23.

[10] Explizit gemeint sind im Magnifikat neben den Frauen, die in der damaligen Gesellschaft qua Geschlecht geringer geschätzt wurden als die Männer, die Armen, die Hungernden, die ökonomisch Benachteiligten und Ausgegrenzten. S. auch J. KREMER: Lukasevangelium und Gerhard SCHNEIDER: Das Evangelium nach Lukas, Gütersloh 1977 (= ÖTK 3/1), Kommentare zu Lk 1,48 i.V.m. Lk 1,51.

[11] Walter RADL: Das Evangelium nach Lukas. Kommentar, Bd. 1, Freiburg i. Br. 2003.

[12] Zur Einbeziehung von V 21 in die Geburtsgeschichte argumentiert schlüssig W. RADL: Lukas, 103 und zur Stelle.

[13] Der Titel wurde Augustus von „Senat und Volk von Rom 27 v. Chr.“ als Ehrenname verliehen und lautet vollständig: „Imperator Caesar Divi filius Augustus“. Wilfried ECKEY: Das Lukasevangelium. Unter Berücksichtigung seiner Parallelen, Bd. 1, Neukirchen-Vluyn 2004, zur Stelle.

Christos, (der) Herr, in (der) Stadt Davids.“[14] Jedoch ist die Bewegungsdynamik genau umgekehrt: Wird in Augustus der ungenannte Mensch durch Menschen ins Göttliche erhoben, so gibt sich der Unaussprechliche[15] aus sich heraus ganz in die Menschlichkeit hinein, in eine Bewegung von oben nach unten, Leben werdend in einem Kind mit einem konkreten irdischen Namen: „Als acht Tage vorüber waren und das Kind beschnitten werden sollte, gab man ihm den Namen Jesus, den der Engel genannt hatte, noch ehe das Kind im Schoß seiner Mutter empfangen wurde“ (Lk 2,21).

So die Botschaft. – Was lässt sich sagen über den Lukas genannten Autor dieser Zeilen, über seine ökonomische und soziale Herkunft, über seine Betroffenheit und Identifikationen? Eine Antwort auf diese Fragen ist dadurch erschwert, dass er vollständig hinter seine Schriften zurücktritt; bei ihm, der so differenziert mit der Nennung von Namen umgeht, ist selbst die Namenszuordnung bis heute ungesichert.[16] Sein Werk allerdings weist ihn aus als einen gebildeten, schriftstellerisch begabten Menschen, der in der hellenistischen Kultur ebenso zu Hause ist wie in der jüdischen Frömmigkeit und der jüdischen Bibel in der griechischen Übersetzung der Septuaginta. Möglicherweise war er ein Proselyt, also heidnischer Herkunft, der später Anhänger des (neuen) Weges (Apg 9,2) wurde. Wahrscheinlich hat er sein Werk in Antiochia abgefasst, wo nach Apg 11,26 „die Jünger zum ersten Mal Christen [genannt]“ wurden. Er wendet sich werbend nicht nur, aber insbesondere an Menschen seines Milieus. Die „direkten Adressaten des Lukas sind offenbar Christen, ehemalige Heiden und Diasporajuden, in hellenistisch geprägten Großstadtgemeinden. […] Der literarische Anspruch (Lk 1,1–4) und die weltmännische Art der Darstellung in manchen Szenen (z. B. Apg 25,13–26,32) zeigen neben der großen Bedeutung der Reichtumsproblematik, dass Lukas dabei vor allem die Schicht der Gebildeten, der Hohen und Mächtigen im Auge hat“.[17] Lukas weiß sich also (1.) denen zugehörig, die Besitz, Einfluss und Reflexionsmöglichkeiten über die politischen und

---

[14] Übersetzung: Münchener Neues Testament. Studienausgabe, Düsseldorf ^{5}1998.

[15] S. dazu die Erläuterungen von Marie-Theres Wacker zum „Anliegen der ‚Bibel in gerechter Sprache‘ […], ein neues Gespür im Umgang mit dem Namen Gottes zu wecken“ (Marie-Theres WACKER: Die „Bibel in gerechter Sprache“. Vorstellung und Würdigung eines Projekts, in: BuK 62 (2007) 54–59, hier 58).

[16] Gewichtige Argumente sprechen sowohl gegen eine Identifikation mit dem „Arzt Lukas“ (Kol 4,14) als auch gegen die Annahme, es handle sich um einen Begleiter des Paulus. S. zur Diskussion W. RADL: Lukas, 4–6.

[17] W. RADL: Lukas, 8.

makroökonomischen Zusammenhänge haben, er begreift sich (2.) als jemand, der seine finanzielle und strukturelle Verantwortung für die Situation der Armen erkannt hat, mit denen er sich (3.) durch seine Nähe bzw. Zugehörigkeit zu den Juden als Volk des Gottes Jesu Christi zugleich identifiziert. Seine Vision ist die einer Gesellschaft, in der nach dem Vorbild familialer Haus-Kirchen (s. Apg 2,43–47) „am Tisch Jesu alle auf Augenhöhe sitzen“ (Wilhelm Bruners)[18].

Wider-Spruch

Es war zu erwarten, dass diese Vision – trotz und ungeachtet des Siegeszuges, den das Christentum in den ersten Jahrhunderten unserer Zeitrechnung im römischen Reich antrat –, dass die Botschaft Jesu von der Gottesherrschaft, die Lukas ja letztlich „nur“ für die Ökumene seiner Zeit entfaltet, auf Widerspruch stieß. Lukas nimmt diesen Widerstand wahr und reflektiert ihn durch Auswahl, Positionierung und Gewichtung einschlägiger Jesusworte. So ist es wie ein Paukenschlag, wenn er den Seligpreisungen (Lk 6,20–23) unmissverständlich konkret die Weherufe (Lk 6,24–26) gegenüberstellt[19] und damit das ökonomische Auseinanderklaffen innerhalb der (israelitischen) Gesellschaft als den Skandal anprangert, der er ist. „Gott oder Mammon“ (Lk 16,13) lautet die Zuspitzung, mit der er die Mammonvergötzung[20] führender religiös (Lk 16,14) und ökonomisch einflussreicher Kreise angreift, die wie der Mann in Lk 12,13–21 ihre marktpolitische Stellung individuell und strukturell gewinnmaximierend ausnutzen durch Verknappung und damit Verteuerung für breite Schichten notwendigen Saatgutes und notwendiger Lebensmittel.[21]

---

[18] Mündlich in einer Diskussion mit dem Autor.

[19] Lk 6,24–25: „Aber weh euch, die ihr reich seid; [...] Weh euch, die ihr jetzt satt seid; [...]“.

[20] S. dazu R. KRÜGER: Gott oder Mammon, 26–27.

[21] „Die Planung des Reichen ist nicht etwa neutral, sondern besteht in einem präzise bestimmbaren Delikt: Er zieht Getreide aus dem Verkehr, bewirkt dadurch Knappheit, Teuerung und Hunger, was ihm dann durch steigende Getreidepreise größeren Profit einbringt. Diese kritische Sicht der durch die Reichen durchgeführten Manipulation greift viel weiter als eventuelle weisheitliche Warnungen vor der Torheit eines auf Reichtum gegründeten Lebens. Der Text hält die soziale Funktion der Güter fest.“ (R. KRÜGER: Gott oder Mammon, 24). S. auch Lk 16,1–7.19–31 sowie die Begebenheit mit dem führenden(!) reichen Mann Lk 18,18–27. Zur Thematik s.

Hoffnungslos?

Wer hört und liest diese unmissverständliche biblische Botschaft heute noch? (Wie) Kann sie über den „garstig breiten Graben“ zwischen Gesellschaft und Ökonomie damals zu heute transponiert werden?[22]

Der Eindruck, den der eingangs beschriebene, heuristisch konzipierte Praxistest vermittelt, bestätigt und verstärkt sich durch die breit angelegte Milieustudie des Instituts Sinus Sociovision in Heidelberg,[23] die bei den Offiziellen der katholischen Kirche in Deutschland für nicht geringe Aufregung gesorgt hat. Sie offenbart nicht nur, dass die katholische Kirche in Deutschland trotz gesamtgesellschaftlich höchstem Bekanntheitsgrad außerhalb der traditionellen Milieus kaum noch wahrgenommen wird (11) und dass sie selbst diesen als „allzu rückständig [erscheint] und […] aufpassen [muss], vom traditionellen Segment nicht abgehängt zu werden“ (13). Sie zeigt darüber hinaus, dass die Themen und die Spiritualität des konziliaren Prozesses für Frieden, Gerechtigkeit und Bewahrung der Schöpfung weitestgehend verdrängt worden sind zugunsten von die soziale Ordnung einschließlich der eigenen Hierarchien und Ansprüche stabilisierenden Zielen wie auch von betriebswirtschaftlichen Prioritäten. Die Überzeugung „Christentum [ist] […] Fundament unserer Zivilisation und unseres Wertesystems; ohne dieses Fundament würde die soziale Ordnung und Orientierung zusammenbrechen“ (147) findet breite Anerkennung weit über das Milieu der sogenannten „Konservativen“ hinaus bis in ökonomische und gesellschaftliche Führungsschichten.

Magnifikat und „Weihnachtsgeschichte“ dienen dabei den kirchlich Gebundenen nahezu ausschließlich als rein formale Grundbausteine liturgischer und gesellschaftlich-familialer Rituale, deren inhaltlicher Brisanz durch Nichtbeachtung aus dem Weg gegangen wird. Was bleibt, ist eine hohe Spendenbereitschaft für Not und Elendssituationen weltweit,

---

Claus F. LÜCKER: Zinsverbot und Schuldenerlaß. Eine bibeltheologisch-sozialgeschichtliche Studie zur Frage nach ethischen Kriterien für Kapitalanlagen kirchlich-institutioneller Anleger in Deutschland, Frankfurt a. M. 1999 (= Ethik – Gesellschaft – Wirtschaft 7), 227–238.

[22] S. Michael SCHRAMM: Das gelobte Land der Bibel und der moderne Kapitalismus. Vom „garstig breiten Graben“ zur „regulativen Idee“, in: BuK 62 (2007) 37–41.

[23] Carsten WIPPERMANN/Isabel de MAGALHAES: Zielgruppen-Handbuch. Religiöse und kirchliche Orientierungen in den Sinus-Milieus® 2005. Eine qualitative Studie des Instituts Sinus Sociovision zur Unterstützung der publizistischen und pastoralen Arbeit der Katholischen Kirche in Deutschland, München – Heidelberg o. J. Nachfolgende Seitenzahlen beziehen sich auf diese Studie.

quer durch die Milieus und Konfessionen hindurch, der durch die aufgezeigten Defizite jedoch der grundsätzliche Makel des „Almosen statt Strukturveränderung" anhaftet.[24]

Hoffnungsvoll?

Eine beachtenswerte Ausnahme bildet hinsichtlich unserer Thematik in der Studie zu den Sinus-Milieus das Milieu der „Postmateriellen". Ihm gehören knapp 10 % der deutschen Bevölkerung an, darunter nur eine Minderheit kirchlich gebunden. Innerhalb des Milieus gibt es auffällige Nähen mit der lukanischen Programmatik: „Leitmotiv: Aufklärung, Ganzheitlichkeit, Gerechtigkeit und Selbst-Entwicklung" (57); „Sympathie für auf ‚dem Weg sein'" (68); „Politische Utopie von sozialer Gerechtigkeit und echter Ökologie; weltweit das Ende von Armut, Hunger, Kinderarbeit u. a.; das Ende des Wirtschaftsimperialismus" (66), so fassen die AutorInnen der Studie zusammen. Die kirchlich Beheimateten gehören nicht selten zum „Kern der sozialen Bewegung ‚Kirche von unten'" (77). So findet sich bei „Katholiken: Ausgeprägtes Bedürfnis, die Botschaft Jesu für sich selbst, aber auch für die Kirche wieder neu [zu] entdecken, auf die Kernbotschaft fokussieren, sie von amts- und volkskirchlichen Argumenten entschlacken; historisch-kritische Auseinandersetzung mit der Bibel; Interesse für verschiedene Lesarten und Deutungen" (75). Die zugehörigen demografischen Daten weisen die „Postmateriellen" als ein Milieu aus, das deutliche Affinitäten mit dem des Lukasevangelisten erkennen läst: „Hohe bis höchste Formalbildung", „häufig pädagogische, wissenschaftliche, soziale und medizinische Berufe", „gehobenes Einkommensniveau" (55). Bei ihnen scheint somit geradezu lukanisches Potential zu stecken, das seine Grundlegung jedoch im Unterschied zur kirchlichen Aufbruch- und Expansionsphase der ersten nachchristlichen Jahrhunderte heute im Wesentlichen der (philosophischen) Auseinandersetzung mit humanistischen und aufklärerischen Ideen verdankt (67) und nicht Bibel und Kirche (77–80).[25]

---

[24] S. dazu Burkhard HOSE: Kirche der Reichen? Ein neutestamentlicher Denkanstoß, in: BuK 62 (2007) 42–45.

[25] S. hierzu auch die Diskussion in Richard RORTY/Gianni VATTIMO: Die Zukunft der Religion. Hg. v. Santiago Zabala, Frankfurt a. M. 2006, sowie Gianni VATTIMO: Glauben – Philosophieren, Stuttgart 1997.

Die Gemeinschaft des (neuen) Weges (Apg 9,2)

Die Chancen eines Neuaufbruchs im Sinne der weltumspannend gedachten Programmatik Jesu Christi, wie der Lukasevangelist sie beschreibt, liegen also – was die bundesdeutsche Gesellschaft betrifft – nahezu ausschließlich in diesem Milieu. Für die breite Mehrheit der KatholikInnen, mutmaßlich inklusive der Verantwortlichen in den Kirchenleitungen,[26] dürfte der eingangs beschriebene Praxistest typisch sein: die Wahrnehmung der Notwendigkeit, dem schreienden sozialen, ökonomischen und ökologischen Unrecht entgegenzuwirken, wie sie im Magnifikat formuliert ist, wird unterdrückt durch das Festhalten an den bestehenden Grundordnungen und umgelenkt in Spenden und soziale Engagements, die die Frage unabdingbarer Strukturveränderungen weitestmöglich ausblenden. Im Milieu der „Postmateriellen“ hingegen „[sieht] man sich als Vordenker und kritischer Begleiter des sozialen Wandels der Moderne und Postmoderne; hat [man] eine normative Utopie vom aufgeklärten Individuum mit ganzheitlichem Lebensentwurf in einer von Ideologien, überkommenen Strukturen und Populismen emanzipierten Gesellschaft“ (67); – damit überschreitet dieses Milieu historisch und weltanschaulich die Affinität zum ideologischen Kommunismus, wie er in den Auseinandersetzungen mit und innerhalb der Theologie der Befreiung noch eine Rolle spielte.

De facto bildet sich die Avantgarde aus jener Teilgruppe innerhalb der „Postmateriellen“, die ihre intellektuelle und materielle Ausgangssituation ähnlich dem Lukasevangelisten als Chance und Auftrag versteht, sich unter Einbringen dieser Potentiale auf Augenhöhe mit VordenkerInnen weltweit zu verbünden und – im Wissen um fundamentale Gleich-Berechtigung – exemplarisches wie auch Netzwerkarbeiten betreibt.[27] Zu diesem weltweiten Netzwerk gehören auch kirchliche Personen und Institutionen, doch diese „Gemeinschaft des neuen Weges“ hängt nicht mehr prinzipiell an der verfassten Kirche, erst recht nicht der in Deutschland. Ist sie deshalb weniger kyriaké (= dem Herrn gehörig)?

[26] Hierzu bietet die Studie zu den Sinus-Milieus leider nur sehr allgemeine Daten.

[27] S. diesbzgl. das neue Buch von Vandana SHIVA: Erd-Demokratie. Alternativen zur neoliberalen Globalisierung, Zürich 2006.

Die Reue: Ein Problem der theologischen Ethik?

von Christian Beck

Jeder kennt das: man erinnert sich an etwas Eindrucksvolles und meint, es sei gestern passiert. So auch hier: Es muss in einem Februar gewesen sein, mehr lässt die Erinnerung nicht zu. Johannes und ich hatten stundenlang über meine Doktorarbeit diskutiert und dazu jede Menge Kaffee getrunken und herrlichen Kuchen gegessen. Anschließend kamen wir ins allgemeine Theologisieren. „Die Reue", sagte Johannes fast schon gegen Ende des Gesprächs, „die Reue ist ein hinkender Bote. Sie kommt langsam, aber gewiss." Sogleich erläuterte er dieses uralte Sprichwort an einem sehr persönlichen und beeindruckenden Beispiel. Das hat mich seitdem nicht mehr losgelassen und so komme ich an dieser Stelle darauf zurück.

Begriff und theologischer Kontext

Das „Deutsche Wörterbuch" der Gebrüder Grimm widmet sich auf mehreren Seiten dem Wort „Reue" und dessen unmittelbarem Begriffsumfeld.[1] Das genannte Sprichwort findet sich darin unter der Zwischenüberschrift „Reue personifiziert".[2] Um weitere Einordnungen vornehmen zu können, gilt es, sich die Wortbedeutung als solche zu verdeutlichen. Der ursprüngliche Bedeutungskontext des Wortes „Reue", dem die Brüder Grimm die lateinischen Worte „dolor" und „poenitentia" beigesellen, beschränkt sich zunächst auf einen Vorgang: „unbedachte Sachen machen, die die Reue erfordern."[3] Die Reue selbst wird dabei gleichgesetzt mit: „Gram, Kummer, Betrübnis, Schmerz um etwas Verlorenes."[4] Erst

---

[1] Vgl. Jacob und Wilhelm Grimm (Hg.): Deutsches Wörterbuch, Bd. 8, Leipzig 1893, 830–841.

[2] Vgl. ebd., 835.

[3] Ebd., 831.

[4] Ebd.

zu einem späteren Zeitpunkt der deutschen Sprachentwicklung engt sich dieser relativ weit gefasste Horizont auf die heute noch geläufige Einsicht ein, bei der Reue handele es sich um einen „Schmerz über etwas, das durch eigene Schuld geschehen ist und das man nun ungeschehen wünscht.“[5] Ob dieses Verständnis sich aber nur auf Individuen oder auch auf Gruppen beziehen kann, liefern die Brüder Grimm keinen Beleg.

Das Nomen „Reue“ sehen die Sprachforscher mit zahlreichen begleitenden Verben belegt (z. B. Reue kriegen, Reue zeigen, Reue fühlen, Reue um oder an etwas haben).[6] Das zur Reue gehörige Verb „reuen“ wird gleichgesetzt mit „Schmerz empfinden über etwas selbstverschuldetes“, die Reue wird „erregt“ oder es „reut einen etwas“.[7] Auf der Basis dieser semantischen Einsichten dürfen die Reue und ihre Wortkontexte zu den aktiven Worten der deutschen Sprache zählen; allesamt beschreiben sie ein sehr aktives Handeln des Menschen.

Theologisch betrachtet findet sich das menschliche Verhalten des Reuens über eine (schlechte) Tat oder eine verkehrte Handlung bereits im Alten Testament und hat sich von dort in die biblische und systematische Theologie hinein entwickelt. Reue wird im AT verstanden als ein Eingeständnis und Bedauern des Menschen für ein falsches Handeln. Die Reue „signalisiert einen Gesinnungswandel u. schließt oft die Hinwendung zu Gott ein.“[8] Mit der Erkenntnis des Menschen, etwas Falsches getan zu haben, werden im AT das Eingeständnis der Schuld, der Wille zur Übernahme der entsprechenden Verantwortung sowie die grundsätzliche Umkehr verbunden. Ein Bekenntnis zur Schuld der schlechten oder falschen Tat, der Schmerz der Reue und des Eingestehens und die Wiedergutmachung, die zu einer neuen Lebensorientierung führen kann und soll, bilden die Grundlage des alttestamentlichen und später auch des im Leben und Sterben Jesu weiter ausgedeuteten Reueverständnisses des Neuen Testaments, wonach die Reue durch die Botschaft vom Reich Gottes und seiner heilbringenden Kraft eine weiterführende Bedeutung bekommt, die sich vor dem Hintergrund des Zornesbegriffes des AT stärker auf die Vergebung hin ausstreckt.[9]

---

5 Ebd.

6 Vgl. ebd., 832f.

7 Vgl. ebd., 837–841.

8 Heinz GIESEN: Art. „Reue I. Biblisch-theologisch“, in: Lexikon für Theologie und Kirche, Bd. 8, Freiburg. i. Br. – Basel – Wien 2006, 1135. Vgl. weiterführend ders.: Christliches Handeln, Freiburg i. Br. 1982.

9 Vgl. ebd. sowie Jörg JEREMIAS: Art. „Reue I–I. Biblisch“, in: Theologische Realenzyklopädie, Bd. 29, Berlin – New York 1998, 99–101.

Die systematische Theologie hat sich im Laufe ihrer (dogmen)historischen Entwicklung insbesondere mit Blick auf die Sakramentenlehre sehr ausführlich mit der Reue befasst. Primär sind hier die Entscheidungen des Konzils von Trient (1545–1563) sowie die nachtridentinische Entwicklung zu nennen. Zur „Lehre über das Bußsakrament“ formulieren die Konzilsväter in Trient mit Blick auf die Reue folgendes:

> „Die Reue, die den ersten Platz unter den sogenannten Akten des Büßenden innehat, ist der Seelenschmerz und der Abscheu über die begangene Sünde, verbunden mit dem Vorsatz, fortan nicht zu sündigen. Zu jeder Zeit aber war diese Empfindung der Reue notwendig, um Verzeihung für die Sünden zu erlangen, und im Menschen, der nach der Taufe gefallen ist, bereitet sie so erst auf die Vergebung der Sünden vor [...]. Das heilige Konzil erklärt [...], dass diese Reue nicht nur das Ablassen von der Sünde und den Vorsatz und Beginn eines neuen Lebens, sondern auch den Hass auf das alte umfasst [...].“[10]

Die Verantwortung des freien Handelns

Für die theologische Ethik hilft die dogmatische Fundierung allein nicht weiter. Vielmehr erscheint es notwendig, sich auf die anthropologische Grundkonstitution des Menschen mit Blick auf die Reue und deren Phänomenologie zu konzentrieren. Mit Karl Rahner darf festgehalten werden, dass „für ein theologisches Verständnis der Reue [...] zunächst die allgemeine anthropologische Einsicht bedeutsam [ist], dass der Mensch als freie, geschichtliche Geistperson das Seiende ist, das zu sich selbst ein wissendes und freies Verhältnis hat, und zwar hinsichtlich seiner Vergangenheit, Gegenwart und Zukunft in einer unlöslichen Verschränkung dieser drei Bezüge.“[11] Damit greift Rahner die Problematik des abendländischen Geschichtsverständnisses auf, das als lineares zu sehen ist und der Reue als dem vollzogenen „Nein des Menschen zur freien Tat seiner Vergangenheit“[12] einen besonderen Charakter verleiht. Aufgespannt in die Geschichtlichkeit des Handelns, in der jedes Tun im Moment seines

[10] D(S) 1676. Für die dogmatisch-theologische Entwicklung sind die Lehre von der „attritio“ und der „contritio“ in ihrer scholastisch-naturrechtlichen Diskussion weiterführend bedeutsam. Darauf kann an dieser Stelle jedoch nicht weiter eingegangen werden. Vgl. etwa Jürgen WERBICK: Schulderfahrung und Bußsakrament, Mainz 1985 und Anton ZIEGENAUS: Umkehr, Versöhnung, Friede, Freiburg i. Br. 1975.

[11] Karl RAHNER: Art. „Reue“, in: Sacramentum Mundi, Bd. 4, Freiburg i. Br. – Basel – Wien 1969, 301.

[12] Ebd.

Getan-Werdens unwiederbringlich in die Vergangenheit sinkt und einzig in der „memoria“ gegenwärtig gemacht werden kann, braucht der Mensch in seiner Reue eine Hoffnung, die das Nein auf heilende Weise negiert, denn:

> „Es handelt sich [...] um ein Nein der geistigen Person in Freiheit zu dem sittlichen Unwert der vergangenen Tat und der Haltung, aus der jene Tat als Konkretion hervorging. Dieses Nein bedeutet auch keine Flucht und Verdrängung der Vergangenheit, sondern ist die richtige Weise, in der ein geistiges Subjekt sich seiner Vergangenheit stellt, sich zu ihr bekennt und seine Verantwortung für sie auf sich nimmt. Dieses Nein beinhaltet auch keine bloße Fiktion und irreale Hypothese [...], sondern hat eine reale Wirklichkeit zu ihrem Gegenstand: die gegenwärtige Verfassung des Subjekts in dessen Grundentscheidung und Haltung, insofern diese durch die Tat der Vergangenheit mitkonstituiert ist.“[13]

Rahner betont, dass der Mensch als freies Subjekt auch die Reue in Freiheit zu übernehmen und zu verantworten hat. Das, was getan wurde, ist nicht wiedergutzumachen. Die gestörte Beziehung zwischen Mensch und Gott, Mensch und Mitmensch, Mensch und Umwelt wird in der Reue nicht aufgehoben. Sie wird eingebettet in das Leben des konkreten Menschen mit seinem Gott und erfährt so seine heilungsfähige Transformation. Auf der zwischenmenschlichen Ebene redet Brumlik jenseits theologischer Sprache von den Sprechakten des „Verzeihens“ und des „Sich-Entschuldigens“, die mit Blick auf eine beschädigte Beziehung eine heilende Funktion übernehmen können, wobei er stets hervorhebt, dass dies nur retrospektiv geschehen kann.[14]

Die Ethik, die sich in der Regel mit dem beschäftigt, was der Mensch künftig tun soll und jetzt gerade zu tun hat, wird sich schwer tun, die Reue als einen relevanten Begriff zu erfassen. Kennt die Ethik überhaupt eine Reue und wenn ja, wie soll ihr begegnet werden?[15] Mit der von Rahner vorgestellten Anthropologie wird klar, dass der Mensch in die Linearität der Geschichte hinein verwoben ist. Eine vergangene Tat, die in der Vergangenheit Schlimmes angerichtet hat oder gar in die Gegenwart hineinreicht, ist ethisch von Bedeutung, weil sich die ethische Materialität des Geschehens in diesem Fall von ihren Folgen her erschließt.

---

[13] Ebd., 302.

[14] Vgl. dazu Christian BECK: Anwaltschaft – Begriff und ethischer Auftrag am Beispiel der Caritas-Schuldnerberatung, Freiburg i. Br. 2003, 110ff.; insbes. 112–113.

[15] Vgl. dazu Albert ESSER: Art. „Reue II–II. Philosophisch-ethisch“, in: Theologische Realenzyklopädie, Bd. 29, Berlin – New York 1998, 101–104.

Das gleiche tut auch der reuende Mensch. Er bedenkt die Folgen seiner Tat und reut angesichts dessen, was er „angerichtet hat.“ Somit wird die Reue zum Bestandteil einer ethischen Reflexion. Das Bedenken des „Was habe ich getan?“ wendet sich im reuenden Verhalten auf die Grundhaltung der Verantwortung hin, die eine nachträglich positive Wendung der negativen Tat hin zu einem fortwährenden Gutsein-Wollen vornehmen will. Dem Menschen wird bewusst, dass er sich der Freiheit – auch der der Kinder Gottes – bedient hat und nun möglicherweise das gleiche Freiheitshandeln als Grund für sein Reueverhalten verantwortlich macht. Genau darin steckt jedoch der Sinn jeder christlichen Rede von der Freiheit: Sie in Verantwortung, d. h. vor einer rechenschaftsfordernden Instanz, zu nutzen und sie dennoch nicht zum Gefängnis des Menschen und der Gesellschaft werden zu lassen. Schließlich vollzog sich nicht nur das „unwerte“ Geschehen in Freiheit; auch Reue ist nur in verantworteter Freiheit möglich. In diesem Sinne muss dem Existentialismus Sartrescher Provenienz eine Absage erteilt werden, für den die Freiheit zur lebensumfassenden und gelegentlich -zerstörenden Totalität mutiert. Ein zur Freiheit verdammter Mensch wird durch Reue zum Flüchtling, zu einem, der sich der Freiheit zu entziehen versucht, mit dem Ergebnis umfänglichen Scheiterns in allen Beziehungen.[16]

Tugenden neu denken

In Erinnerung an den thomistischen Philosophen Josef Pieper und angesichts einer sich in postmoderne Sinnprovinzen aufgliedernden Welt[17] erscheint es sinnvoll, einige tugendethische Überlegungen mit dem Phänomen der Reue zusammen zu denken. Ethisch gesprochen könnte davon die Rede sein, einen Sachverhalt reuefähig zu machen oder werden zu lassen. Angelehnt an das Moralsystem des heiligen Thomas von Aquin verweist Josef Pieper auf die vier Kardinaltugenden der Klugheit, der Gerechtigkeit, der Tapferkeit und des Maßes.[18] Zwar unternimmt Pieper

---

[16] Vgl. dazu Sartres Hauptwerk „Das Sein und das Nichts“ sowie in Auszügen Jean-Paul SARTRE: Entwürfe für eine Moralphilosophie, Reinbek 2005, bes. 582ff. Sartre entwirft hier mit seinem Freiheitsbegriff eine nihilistische Todeskultur, aus der es kein Entrinnen gibt.

[17] Vgl. Ulrich BECK: Risikogesellschaft – Auf dem Weg in eine andere Moderne, Frankfurt a.M. 1986 sowie ders. u.a. (Hg.): Riskante Freiheiten, Frankfurt a.M. 1994.

[18] Josef PIEPER: Über das christliche Menschenbild, Freiburg 1995 und ders.: Traktat über die Klugheit, München ^{7}1965.

nicht den Versuch, auf der Basis scholastischer Theologie eine vollständige Tugendethik zu entwickeln; er gibt aber Hinweise, wie dies möglich werden kann. Die Klugheit bezeichnet Pieper als eine Tugend, die alle sittliche Tugend überhaupt erst gebäre,[19] denn: „In der Klugheit wird die sachliche Erkenntnis der Wirklichkeit maßgebend für das Tun. Der Kluge blickt [...] einerseits auf die objektive Wirklichkeit der Dinge und andererseits auf das Wollen und Tun. Aber er blickt zuerst auf die Wirklichkeit; und kraft und auf Grund der Wirklichkeitserkenntnis bestimmt er, was zu tun ist und was nicht, und wie es getan werden soll und wie nicht."[20] Der sich der Klugheit bedienende Mensch erkennt durch die Vernunft die Dinge der Welt, die als Gottes Schöpfung „gut" und „heil" geschaffen sind. In der Klugheit, die auf das Gute sich hinordnet, erkennt der Mensch aber auch die zerstörerische Kraft des vom Menschen selbst entwerteten Seins. Die Klugheit versucht, dieser entgegenzutreten, weil sie die Rechenschaft kennt, die sie wird ablegen müssen.

Die Gerechtigkeit „ist das Vermögen, wahrhaft ‚mit dem andern' zu leben. [...] Gerechtigkeit also sei die Seinsvollendung des Wir."[21] Sie fließt aus der Anwendung der Klugheit gleichsam als logische Konsequenz hervor und be-deutet dem Menschen seinen Platz in der Gemeinschaft zum Aufbau des Gemeinwohls für alle.

Die Tugend des Maßes schließlich „setzt eben voraus, daß jene zerstörerische und seinswidrige Auflehnung der Sinne gegen den Geist möglich ist und als möglich erkannt wird."[22] Das Maß stellt sich seiner eigenen Ausbeutung mit aller Macht entgegen und lehrt den Menschen den Respekt vor Gott und Welt. In der Zurücknahme seiner selbst erst gewinnt der Mensch den Blick auf die Dinge. Maß zu halten heißt, umfänglich zu leben und Raum zu schaffen für Werte. Unbegrenzter, also maß-loser Verbrauch hingegen, führt die Normativität in eine fatale Wertehierarchie hinein, die zum ideologischen Selbstläufer wird und sich somit ihre eigene Totalität schafft. Das wiederum bereitet der Erodierung sämtlicher Wertesysteme den Weg. Die Reue hingegen – ernst genommen – nimmt sich der Tugenden tugendhaft an und lässt in Glaube, Hoffnung und Liebe die Welt neu entstehen. Sie wird so zu einer relevanten Größe für die theologische Ethik.

[19] Vgl. J. PIEPER: Über das christliche Menschenbild, 23.

[20] Ebd., 24 f.

[21] Ebd., 31, 33.

[22] Ebd., 47 f.

Zwei Beispiele

Zwei kurze Beispiele nur mögen zeigen, wo Reue aktuell diskutiert werden kann. Dass trotz der glorreichen Erklärungen der UN-Weltsozialgipfel von Kopenhagen (1995) und Genf (2000) die Armutsquote in der Welt rapide ansteigt und immer dramatischere Dimensionen annimmt, lässt sich in jeder Tageszeitung nachlesen. Mehr als ein Drittel der Menschheit lebt heute von weniger als 2 US-Dollar am Tag. Das sichere Dach über dem Kopf, die Versorgung mit sauberem Wasser, ausreichend Lebensmitteln und Medikamenten sowie der Zugang zur Bildung ist für hunderte von Millionen von Menschen ein unerreichbarer, aber nicht geduldeter Wunsch, denn an Geld mangelt es nicht. Ungeachtet dessen nimmt der Kapitalismus aber für sich in Anspruch, das sinnvollste System zur Beseitigung von Armut und Ausgrenzung zu sein. Seit mehr als 16 Jahren bleibt er jeden Beweis dafür schuldig; im Gegenteil: Die Hemmungslosigkeit internationaler Finanzströme zeigt immer wieder aufs Neue ihre lebensraumzerstörende und menschenvernichtende Gewalt.[23] Diesbezüglich ist es eine Aufgabe der Weltgemeinschaft, inner- wie außersystemische Alternativen zu finden, um Armut und Ausgrenzung zu beseitigen. Es gilt, die Logik des unendlichen Wachstums zu durchbrechen und Profit von der menschenwürdigen und menschenrettenden Logik her neu zu definieren.[24] Der Mehrwert von Welt ist in einem begrenzten Raum wie dem Planeten Erde nur durch einen normativ-regulierten Mit-Wert zu erreichen. Dieser Mit-Wert schließt die Bemühungen um eine Nachhaltigkeit sämtlicher Erdressourcen ein und stellt die zerstörte Gemeinschaft wieder her.

Ein anderes Beispiel: Das Rosetta-Archiv zur Rettung aussterbender Sprachen und zahlreiche Linguisten warnen davor, dass aller Voraussicht nach noch im 21. Jahrhundert 90 Prozent aller Sprachen auf dem Globus verschwinden werden.[25] Dahinter verbirgt sich nicht nur eine simple kulturelle Katastrophe; der Nichterhalt bzw. die teilweise bewusste Zerstörung von Sprachen ist eine logische Konsequenz des weltweit anzutreffenden

---

[23] Stellvertretend für die nahezu unüberschaubare Literatur zum Thema sei hier auf die Werke von Viviane FORRESTER verwiesen: 1. Der Terror der Ökonomie, München 1997 und 2. Die Diktatur des Profits, München 2001.

[24] Hier sind alle Bemühungen um eine sozialethische Normierung internationaler Kapitalströme zu nennen.

[25] Vgl. dazu: „Die uralte Weisheit der Worte“, Süddeutsche Zeitung vom 21. Februar 2007.

Verwertungsdenkens, ausgelöst durch die Globalisierung. Die gewünschte Absolutheit einer weltweiten Einheitskultur, die nach rein utilitaristischen Prinzipien der größten Nutzenmaximierung ausgerichtet ist, scheitert am allgemeinen und für jeden verständlichen Sprachprojekt. Für die globale Welt und deren Handeln unverständliche und plurale Sprachprojekte stehen dem einfachen, gewinnorientierten Denken diametral entgegen, weil sie nicht nur die Erkenntnis kognitiver Strukturen ganzer Gesellschaften erfordern. Plurale Sprachprojekte brauchen auch das Verständnis für Sinnstiftungs- und Wirkungszusammenhänge, für Wertvorstellungen sowie für Regeln des Zusammenlebens und zur Nutzung natürlicher Ressourcen.[26] Das Sich-Einlassen auf Pluralität, Multifunktionalität und komplexe Verhaltensmuster ist der Wirtschaft abträglich. Das Komplexe hindert das Effiziente und Effektive an dessen simplifizierender Entwicklung. Die Sprache – und sei sie nur noch von wenigen gesprochen – gebiert einen Raum-, Zeit- und Handlungszusammenhang, der aus einem Geschehen eine Ordnung konstruiert und eine Erfahrung versinnbildlicht. In der symbolischen Formulierung wertorientierter Geltungsansprüche führt die Versinnbildlichung schließlich zur normativen Identität, zu Moral, Transzendenzwillen und -fähigkeit sowie zum Respekt vor Alterität.[27] Der globale Größenwahn hingegen fürchtet sich vor der Alterität, weil diese die menschenverachtende Uniformierung der Vereinheitlichung entlarvt. Schließlich konnte die Megalomanie des babylonischen Turmbaus ebenfalls erst durch eine Sprachverwirrung beendet werden. Diese Erfahrung scheint sich in die Geschichte der Menschheit eingebrannt zu haben. Mit jeder Sprache hingegen, die überlebt, gewinnen die Alterität und mit ihr die Menschen neuen Raum.

Forderungen

Der drohende Klimakollaps, die Ausbeutung ganzer Kontinente oder der Raubbau an der Natur wären weitere Gelegenheiten, aktuell über Reue nachzudenken. Die negative Tat, die Unterlassung, das unverantwortliche Handeln, das schließlich die Reue auslöst, wird so immer als eine Art aufgekündigter Solidarität zu begreifen sein, die wiederhergestellt wer-

---

26 Vgl. Rolf SÜLZER/Arthur ZIMMERMANN: Organisieren und Organisationen verstehen, Wiesbaden 1996, 121ff.

27 Die einzelnen Bereiche werden exemplarisch erläutert in: Friedrich JAEGER/Burkhard LIEBSCH (Hg.): Handbuch der Kulturwissenschaften, Bd. 1, Stuttgart 2004.

den soll bzw. muss.[28] Durch den Versuch einer reuenden Heilung des Schlechten erhält die Reue einen existentiellen Charakter. Sie will die Lebenschancen der zerstörten Gemeinschaft – mit Gott, mit den Mitmenschen, mit der Umwelt – wieder bewahren und aufbauen helfen und wird so zur Umkehr zum Leben. Sie wird ethisch bedeutsam. Das Plädoyer für eine stärkere Etablierung des Reuebegriffs in der theologischen Ethik kann einige Aufgaben für die theologische Ethik formulieren:

1. Der postmoderne Mensch in seiner Gesellschaft muss pädagogisch an die Scham[29] neu herangeführt und zur Nachdenklichkeit gebracht werden. Der Ausgangspunkt aller Reue, nämlich das Bemerken des Falschen und Zerstörenden, ist aufzudecken in einer Welt, die kognitiv alle Möglichkeiten zu besitzen scheint, um der Problemverdrängung Vorschub zu leisten.

2. Der zur Nachdenklichkeit und zur Schamempfindung geführte Mensch (oder auch die Gesellschaft als ganze) braucht Begleitung und Beratung. Diese wiederum schöpft ihre Ideen aus den Quellen tradierter Weisheiten und Lebenstraditionen. Eine so engagierte Beratung und Begleitung weist den Menschen den Weg und gibt Hilfestellung im Erkennen der „Zeichen der Zeit".

3. Erst der begleitete Mensch, der auf den Rat vertraut, ist fähig, der Reue im Leben einen Raum zu gewähren, Verantwortung zu übernehmen und Handlungen eines „Neuen Lebens" auf den Weg zu bringen. Die theologische Ethik mag dazu den Raum stellen, in dem Heilsein wieder entstehen kann.

4. Der Schmerz, der mit der Reue verbunden ist, gewinnt anthropologische Dimensionen, weil es ein Schmerz ist, der ins Zentrum der Welt führt. Er ist existentiell und hat verändernde Kraft, aber er muss ausgehalten werden. Im Sinne der Lehre Jesu vom Doppelgebot der Gottes- und Menschenliebe gewinnt die theologische Ethik hier eine weitere Aufgabe: der je sich neu erschließende Weg aus der memoria des verletzten und jetzt gereuten Seins hin zu Glaube, Hoffnung und Liebe und so auch zur Konkretion der Negierung des Negierten, damit Welt wieder gut sein kann.

---

[28] In dieser Weise muss Stendebach mit seiner Rede von der Solidarität begriffen werden. Vgl. Franz Josef STENDEBACH: Wege der Menschen – Versuche zu einer Anthropologie des Alten Testaments, Frankfurt 2001 (= Ethik – Wirtschaft – Gesellschaft 11). Ebenso auch J. WERBICK: Schulderfahrung und Bußsakrament, 149.

[29] Es geht um die Scham, die die Reue mit auslöst.

5. Es gilt, dass sich die theologische Ethik mit glaubender, hoffender und liebender Vernunft auf den Weg zu ihrer Materialität begibt. Diese findet sie in der Welt; in der realen Realität des Lebens. Hier ist die Materialität zu entbergen und für die Welt sichtbar zu machen. Verweigert sie sich, verliert sie ihre Bedeutung und darf und kann den Menschen nicht mehr ein Berater und Begleiter sein.

Was nun wird den Menschen heute reuen? Wird ihn etwas reuen? Die Frage bleibt offen. Der Hoffnung jedoch, dass er es tut, bleibt ein Raum und so mag man mit Robert Kennedy feststellen:

> „Niemand soll sich durch den Gedanken entmutigen lassen, ein einzelner Mann oder eine einzelne Frau könne nichts gegen all die Übel dieser Welt ausrichten – gegen Elend und Unwissenheit, Ungerechtigkeit und Gewalt [...] Nur wenige besitzen die Größe, den Lauf der Geschichte selbst zu verändern; aber jeder von uns kann einen kleinen Teil dazu beitragen, und die Summe all dieser Handlungen wird die Geschichte dieser Generation ausmachen. Die Geschichte der Menschheit entsteht durch zahllose Taten, in denen Mut und eine gefestigte Überzeugung auf vielfältige Weise zum Ausdruck kommen. Jedes Mal, wenn sich ein Mensch für ein Ideal einsetzt, sich darum bemüht, das Los seiner Mitmenschen zu erleichtern, oder sich gegen Ungerechtigkeiten wehrt, geht davon eine kleine Welle der Hoffnung aus, und wenn sich die Wellen, die von millionenfachen Zentren der Energie und des Wagemuts ausgehen, kreuzen und verstärken, erzeugen sie eine Strömung, die die mächtigsten Mauern der Unterdrückung und des Widerstandes fortspülen kann."[30]

[30] Robert Kennedy zitiert nach: Jeffrey D. SACHS: Das Ende der Armut. Ein ökonomisches Programm für eine gerechtere Welt, München 2005, 443.

Kampf um Anerkennung und soziale Scham

Zur Diskussion um die moralische und soziale Dynamik gesellschaftlicher Konflikte

VON REGINA AMMICHT QUINN

Mit fast schlafwandlerischer Sicherheit scheinen immer wieder Werbebilder die entscheidenden Punkte unserer Gesellschaft zu treffen. Es können Höhepunkte oder wunde Punkte sein – manchmal auch beides.

Vor kurzem warb ein prestigeträchtiger Autohersteller mit Kinderbildern. Unter dem Bild eines blonden Mädchens stand *Die zukünftige Generalsekretärin der Vereinten Nationen;* unter dem Bild eines dunkelhäutigen Jungen *Der zukünftige Präsident der Vereinigen Staaten.* Erst auf den zweiten Blick war zu sehen, dass die *neue Generation,* um die es hier eigentlich geht, eine neue Generation von Autos ist.

Die Werbebotschaft ist in aller metaphorischen Schlichtheit äußerst komplex. Wenn wir davon ausgehen, dass die beiden großen sozialen Bewegungen, die die westliche Welt in der zweiten Hälfte des 20. Jahrhunderts geprägt haben, das Civil Rights Movement – die Bürgerrechtsbewegung der Schwarzen in den USA – und die Frauenbewegung sind, dann sehen wir hier die Zukunftsvision dieser sozialen Bewegungen in angenehmen Bildern und leuchtenden Farben vorgestellt – und zwar aus der – angenommenen – Perspektive derer, die diese Veränderungen anstreben. Gleichzeitig wird damit implizit Bezug genommen auf die aktuelle Situation, die eine solche Zukunftsperspektive hervorbringt, weil die Gegenwart ihr nicht oder noch nicht entspricht. Offenbar ist die Sozialutopie in die Werbewirtschaft abgewandert und hat sich als Prestigeutopie niedergelassen. Dieser Schritt, mit dem es gelingt, die Zukunftsvision der Gruppe eines herrschenden sozialen Konflikts mit dem Prestigeobjekt einer herrschenden Statusgruppe in Einklang zu bringen, lohnt, genauer untersucht zu werden. Die grundlegende Frage, die sich hier stellt, ist damit die nach den sozialen und moralischen Mechanismen des sozialen Fortschritts und nach der Struktur sozialer Konflikte. Es ist das genuine Interesse theologischer Ethik, die Deutung sozialer Konflikte und die Präsentation sozialer Utopien sowohl zu kritisieren als auch selbst zu generieren. Damit tritt sie notwendigerweise in den gesellschaftlichen Diskurs sozialer Theorien ein.

Dieser Diskurs ist in den letzten Jahren von Axel Honneth entscheidend geprägt worden. Honneth hat eine Studie vorgelegt, die ein Modell sozialer Konflikte entwickelt. Sein Ziel – wie es der Untertitel der Arbeit ausweist – ist es, eine „moralische Grammatik sozialer Konflikte" zu entwerfen.[1] Eine Grammatik hat grundsätzlich eine doppelte Funktion und Intention: zum einen die tatsächliche Sprache auf einer Metaebene adäquat wiederzugeben und zum anderen dadurch die kommunikative Kompetenz potentieller Sprecher zu erweitern. Was also leistet Honneths Studie?

Sein Schlüsselbegriff ist derjenige der Anerkennung – und er ist als Gegenbegriff konzipiert. Er ist der Gegenbegriff zu einer an Machiavelli und Hobbes orientierten Tradition; denn für Honneth ist es nicht der Gesellschaftsvertrag, der den ursprünglichen Überlebens- und Verteilungskampf aller gegen alle beendet; der Kampf wird vielmehr – als Kampf um Anerkennung – zum moralischen Medium, das auf eine jeweils höhere Stufe der sittlich-sozialen Verhältnisse hinstrebt.[2]

Dieser Anerkennungsbegriff steht für Honneth in einer Traditionslinie, die vom jungen Hegel bis zur Sozialpsychologie G. H. Meads reicht. Der gemeinsame Nenner dieser sehr unterschiedlichen Wissenschaftsperspektiven ist das Interesse an einer entweder historisch, sozial oder psychisch gedachten primären Intersubjektivität. Grundlegend ist hier die Position Hegels, der als junger Philosophiedozent in Jena den Gedanken entwikkelt, dass sich aus dem Kampf der Subjekte um wechselseitige Anerkennung ihrer Identität ein innergesellschaftlicher Zwang zur praktischen Durchsetzung von freiheitsverbürgenden Institutionen ergibt.[3] Der Anspruch der Individuen auf intersubjektive Anerkennung ihrer Identität produziert eine moralische Spannung, die dem gesellschaftlichen Leben von Anfang an innewohnt. Dieser Anspruch ist es, der das gesellschaftliche Leben „über das jeweils institutionalisierte Maß an sozialem Fortschritt wieder hinaustreibt und so auf den Weg eines sich stufenweise wiederholenden Konfliktes allmählich zu einem Zustand kommunikativ gelebter Freiheit führt".[4]

---

[1] Axel HONNETH: Kampf um Anerkennung. Zur moralischen Grammatik sozialer Konflikte, Frankfurt a. M. 1994.

[2] Ebd., 32.

[3] Ebd., 11. Vgl. Georg Wilhelm Friedrich HEGEL: Jenaer Schriften (1801–07), in: Werke. II. Hg. v. Eva Moldenhauer und Karl Markus Michel, Frankfurt a. M. 1977.

[4] Ebd., 11.

Dieses Hegel'sche Projekt, das in dieser Form mit Hegels Wendung zur Bewusstseinsphilosophie abgebrochen wird, greift Honneth auf. Von Hegel übernimmt er das Stufenmodell der Konflikte und beschreibt, wie auf unterschiedlichen Ebenen – auf der Ebene der Liebe, des Rechts und der Solidarität – Anerkennung eingefordert, aber auch Anerkennung verweigert werden kann. Anerkennung ist lebensnotwendig und zugleich verletzbar. Gerade aus ihrer Verletzbarkeit heraus aber entwickelt sich, so Honneth, eine eigene Dynamik. Der Vorgang der verweigerten Anerkennung – auf der Ebene der Liebe die Misshandlung, auf der des Rechts die Missachtung und auf der Ebene der Solidarität die Entwürdigung – lässt Gefühle entstehen, aus denen die Notwendigkeit der Anerkennung als Erkenntnis hervorgeht und die damit zum Motor sozialer Veränderung werden:

> „Nur weil menschliche Subjekte auf soziale Kränkungen, wie sie die physische Misshandlung, die Entrechtung und die Entwürdigung darstellen, nicht gefühlsneutral reagieren können, haben die normativen Muster der wechselseitigen Anerkennung innerhalb der sozialen Lebenswelt überhaupt eine gewisse Verwirklichungschance."[5]

Damit aber Gefühle wie Beleidigung, Beschämung, Missachtung und Demütigung zum Motor des sozialen Fortschritts werden können, müssen zwei Bedingungen erfüllt sein: Diese Gefühle müssen zum einen als repräsentativ erfahren werden; zum anderen muss für sie eine subkulturelle Semantik zur Verfügung stehen, die die Missachtungserfahrung formulieren, bündeln und auf eine Perspektive künftiger Anerkennung hin öffnen kann. Gelingt dies, dann zeigt sich der Kampf um Anerkennung als „moralische[r] Bildungsprozess, über den sich entlang einer idealisierten Abfolge von Kämpfen das normative Potential wechselseitiger Anerkennung entfaltet"[6].

Was also leistet Honneths Modell: Gibt es die Sprache sozialer Konflikte adäquat wieder und erweitert damit die Kompetenz der Agierenden?

Zunächst fällt auf, dass Honneths moralische Grammatik sozialer Konflikte eine – sicher unintendierte – Nähe aufweist zu der ästhetisch-ökonomischen Grammatik sozialer Konflikte, wie sie in der Werbung präsentiert wird. Hier wie dort zeigt sich eine Form des Geschichtsoptimismus, die – im Fall der Werbung – den aktuellen Zustand des Konflikts nicht in den Blick nehmen darf, weil er das ästhetisch-ökonomische Konzept sprengen würde. Vielleicht lässt sich die unbehag-

[5] Ebd., 224.
[6] Ebd., 271.

liche oder zumindest ungewöhnliche Nähe der Honnethschen Position und der Werbepräsentation ihrerseits nutzen – als Motor des Erkenntnisfortschritts.

Die historische und diskursive Konsistenz des Honnethschen Konfliktmodells steht und fällt mit dem Punkt, an dem das Modell seine soziale Dynamik entwickelt: der Punkt, an dem negative Gefühlsreaktionen auf verweigerte Anerkennung umschlagen in Handlung, der Punkt, wo, wie Barrington Moore es fasst, die erstaunliche Fähigkeit des Menschen, Misshandlungen zu ertragen, aufhört und die Empörung beginnt.[7] Versuchen wir, an diesem Punkt des Umschlagens von Erleiden in Handeln[8] die Probe aus Exempel zu machen.

Eines der zentralen Gefühle, die für Honneth diesen Wendepunkt markieren, ist das Gefühl der Scham:

> „In […] Gefühlsreaktionen der Scham kann die Erfahrung der Mißachtung zum motivationalen Anstoß eines Kampfes um Anerkennung werden. Denn die affektive Spannung, in die das Erleiden von Demütigung den einzelnen hineinzwängt, ist von ihm jeweils nur aufzulösen, indem er wieder zur Möglichkeit des aktiven Handelns zurückfindet; dass diese neu eröffnete Praxis aber die Gestalt einer politischen Gegenwehr anzunehmen vermag, ergibt sich aus den Chancen der moralischen Einsicht, die in jenen negativen Gefühlen unverbrüchlich als kognitive Gestalt eingelassen sind."[9]

Was also ist Scham, welche Funktion hat sie für die Gesellschaft und wie lässt sich die kognitive Gestalt beschreiben, die, wenn Honneths Vermutung richtig ist, *unverbrüchlich* in sie *eingelassen* ist?

Dass das Gefühl der Scham in einen sozialen Kontext gestellt wird, ist keineswegs selbstverständlich. So wird beispielsweise in allen gängigen theologischen Lexika der Begriff der Scham im Zusammenhang mit Geschlechtlichkeit abgehandelt und – häufig mit Hilfe Kierkegaards und des Begriffs der Angst – ontologisch gefasst. Erst das wachsende Interesse der Sozialwissenschaften an der Gefühls- und Empfindungswelt der Menschen[10] hat den Blick dafür geschärft, dass auch die als privat und schlechthin menschlich empfundenen Gefühle – wie das der Scham – mit

---

[7] Vgl. Barrington MOORE: Ungerechtigkeit. Die sozialen Ursachen von Unterordnung und Widerstand, Frankfurt a. M. ²1984, 32.

[8] Dieser Punkt wird auch in Moores großer Studie äußerst vage verhandelt. Vgl. ebd., 121 ff.

[9] A. HONNETH: Kampf um Anerkennung, 224.

[10] Hier v. a. Georg SIMMEL: Soziologie. Untersuchungen über die Formen der Vergesellschaftung (1908), Berlin 1968.

ihren jeweiligen sozialen Kontexten in Wechselwirkung stehen. Wie sieht diese Wechselwirkung aus?

Hans Peter Dreitzels Vermutung, dass die Scham ein durch und durch altmodisches Gefühl sei, nehmen wir zum Anlass, 150 Jahre zurückzugehen. In Dostojewskijs erstem Roman, dem 1846 erschienenen Briefroman *Arme Leute,* ist der Protagonist ein knapp fünfzigjähriger rangniederer Beamter – Dewuschkin Alexejewitsch. Dostojewskijs Roman gilt – neben Gogols *Der Mantel* – als bedeutendes Werk der russischen „Natürlichen Schule", die in der Mitte des 19. Jahrhunderts den Alltag der kleinen Leute literaturfähig machte. Der Typus des kleinen Beamten ist typisch für diese Texte und hat seine realen Wurzeln: Die große Armut dieses großen Personenkreises war eines der drängenden sozialen Probleme in Petersburg. Dostojewskijs Beamter zeigt sich uns in seinem Briefdialog mit einer jungen Frau; seine Haltung schwankt zwischen väterlicher Fürsorge und leidenschaftlicher Liebe. Was sich aber zunehmend als Hauptmotiv in den Vordergrund drängt, ist die Armut. Dewuschkin Alexejewitsch lebt am Rande des Existenzminimums, und wie bei Gogol wird auch für ihn der Mantel zum Symbol: Dewuschkin ist mit ständiger Sorge um seine äußere Erscheinung erfüllt, könnte sie doch seinen wahren Zustand – den der Armut – enthüllen.

„Er, der arme Mensch, ist anspruchsvoll", schreibt Dewuschkin Alexejewitsch an Warwara:

> „er betrachtet auch Gottes Welt anders, und jeden Vorübergehenden sieht er scheel an, und er blickt verlegen um sich und lauscht auf jedes Wort, ob da nicht etwa über ihn geredet wird? Vielleicht darüber, daß er so unansehnlich ist? [...]
> Wen geht es denn etwas an, dass meine Ellenbogen durchgescheuert sind? Ja, wenn sie mir das derbe Wort verzeihen, Warenka, so will ich Ihnen sagen, dass ein armer Mensch in dieser Hinsicht dieselbe Scham besitzt wie Sie beispielsweise Ihre jungfäuliche haben."[11]

Dewuschkin beschreibt hier seine eigene Unsicherheit in der Welt. Seine Armut macht ihn verletzlich, und was hinter dieser Verletzlichkeit zutage tritt, nennt er ‚Scham'. Es ist eine Art von Scham, die er mit Hilfe einer anderen Art von Scham erläutert: Wie es die jungfräuliche Scham gibt, so gibt es auch die Scham der armen Leute.

Der Begriff der sozialen Scham, der hier im folgenden verwendet wird, versucht nicht, eine soziale Art der Scham von einer anderen, vorsozialen abzugrenzen; er betont vielmehr, dass Scham hier nicht – im

[11] Fjodor DOSTOJEWSKIJ: Arme Leute (1846), Stuttgart 1995, 96f.

Sinn des griechischen αιδῶς – als Wert oder Tugend verstanden wird, sondern – im Sinn von αισχυνη – als Bestrafung, die aus der Missachtung eines Wertes resultiert. Soziale Scham ist eine negative emotionale Selbstbewertung, die ein Subjekt durch die Verletzung kultureller Standards erfährt – und zwar eben jener kulturellen Standards, deren Einhaltung zu seinem Ich-Ideal gehören;[12] es ist eine Handlung, die – wie Georg Simmel konstatiert – ihn gleichzeitig exponiert und diskriminiert.[13]

„Scham ist das Gefühl", so lautet die Definition in Sighard Neckels Studie über soziale Scham,

> „in der erlebten Wirklichkeit seine Selbstachtung verloren zu haben. Darin ist Scham sozial: sie entsteht aus dem Geflecht sozialer Beziehungen heraus und dem geringen Maß an Anerkennung, das man in diesem erfährt. Im Schamgefühl vergegenwärtigt sich eine Person, in einer Verfassung zu sein, die sie selbst als defizitär, als mangelhaft und auch als entwürdigend empfindet. Darin ist Scham normativ: sie setzt ein Idealbild des eigenen Selbst voraus, gegen das die Person dann beschämend abfallen kann. Scham ist schließlich von dem Gefühl, gegen eine Norm verstoßen zu haben, nicht zu trennen. Darin ist Scham eine moralische Emotion: der persönliche Wertverlust, den man in ihr empfindet, ist immer auch von dem Gefühl begleitet, dass man sich etwas zu Schulden kommen ließ, für seinen selbst empfundenen Mangel auch selbst verantwortlich ist."[14]

Damit ist Scham unmittelbar mit der Anerkennungsproblematik verknüpft. Sie ist – wie man in Anlehnung an Agnes Heller formulieren könnte – der Affekt des Verhältnisses zu den gesellschaftlichen Verhältnissen.[15]

In den Wissenschaftsbereichen, die sich traditionellerweise mit dem Thema ‚Scham' beschäftigt haben – der Psychologie und der Ethnologie – wird Scham vorwiegend für Kinder und archaische Gesellschaften beschrieben, so, als sei Scham ein Zustand, dem man, zumindest als Erwachsener einer westlichen Gesellschaft, entwächst.[16] Diese Annahme, die möglicherweise auf der gebräuchlichen Prämisse beruht, dass nicht sein kann, was nicht sein darf, lässt sich nicht halten. Denn gerade dort,

---

[12] Vgl. Sighard NECKEL: Status und Scham. Zur symbolischen Reproduktion sozialer Ungleichheit, Frankfurt a. M. – New York 1991, 18.

[13] Georg SIMMEL: Zur Psychologie der Scham (1901), in: ders.: Schriften zur Soziologie, Frankfurt a. M. 1982, 140–150; hier 141.

[14] S. NECKEL: Status und Scham, 16f.

[15] Vgl. Agnes HELLER: Theorie der Gefühle, Hamburg 1980, 111. Vgl. S. NECKEL: Status und Scham, 54.

[16] Als Ausnahme zeigt sich hier das Werk von Richard Sennett.

wo eigentlich nicht nach Scham gesucht wird, tritt sie deutlich zutage – in der modernen westlichen Gesellschaft überall dort, wo Ungleichheit herrscht. Eine Theorie der sozialen Scham ist damit Bestandteil einer Theorie sozialer Ungleichheit.

„Das Herz ist eine Sache für sich", schreibt Dostojewskijs Dewuschkin in einem seiner Briefe,

> „aber bei alledem, sagen Sie selbst, mein Mütterchen, in welchen Stiefeln ich morgen zum Dienst gehen soll! Das ist das Problem, Mütterchen; und so ein Gedanke kann doch einen Menschen zugrunde richten. [...] Mir persönlich ist das ganz egal, wenn ich bei grimmiger Kälte ohne Mantel und ohne Stiefel gehen müsste, ich überstehe das und halte alles aus, mir macht das nichts; ich bin ein einfacher, unbedeutender Mensch. Aber was werden die Leute sagen? Was werden meine Feinde, all die bösen Zungen dazu sagen, wenn ich ohne Mantel ankomme? Man geht ja wegen der Leute im Mantel, und auch die Stiefel trägt man am Ende nur ihretwegen."[17]

Dewuschkin macht hier eine erstaunliche Äußerung: nicht die Kälte, sondern „die Leute" sind Grund für die Notwendigkeit des Mantels. Das Frieren selbst lässt sich leichter ertragen als der Blick der „Leute". An Dewuschkin zeigt sich in Extremform die soziale Struktur sozialer Scham: „Die Leute" sind die anonyme Personifizierung einer sozialen Norm, die zu verfehlen eine statusbedingte und statusgebundene Scham hervorruft. Dieser Scham Dewuschkins aber mangelt es an der kognitiven Gestalt, die den Blick der Leute abwehren oder sogar umkehren könnte. Die Norm, der gegenüber Dewuschkin versagt, wird durch seine statusgebundene Scham nicht in Frage gestellt, sondern vielmehr durch sie reetabliert. Scham wird damit zu einem subjektiven Kontrollfaktor, der sicherstellt, dass das persönliche Handeln auch konformes Handeln ist;[18] Beschämung zeigt sich als Herrschaftsvorgang, der Ungleichheit produziert.

Aber Dewuschkin Alexejewitsch ist kein Zeitgenosse; seine Sorge, die den Blick der Leute über das eigene Befinden stellt, könnte als anachronistisch verstanden werden. Unsere gesellschaftliche Situation, so könnte man meinen, ist eine vollständig andere.

Die postmodernen westlichen Gesellschaften stehen unter dem Zeichen der Individualisierung. Diese Individualisierung stellt den Indivi-

---

[17] F. DOSTOJEWSKIJ: Arme Leute, 110f.

[18] Vgl. Talcott PARSONS: An Analytical Approach to the Theory of Social Stratification (1940), in: ders.: Essays in Sociological Theory, New York 1964, 69–88. Vgl. S. NECKEL: Status und Scham, 198ff.

duen nicht nur einen großen biographischen Freiheitsraum zur Verfügung; sie bewirkt auch, dass das soziale Schicksal in einer bisher nie gekannten Weise als Ergebnis individueller Leistung gilt. Ungleichheit ist in der Regel nicht länger institutionell abgesichert, sondern wird individuell zugeschrieben, sodass die Postmoderne als ein umfassender ‚Zuschreibungsgestus‘[19] verstanden werden kann. In dieser individuellen Zuschreibung des sozialen Schicksals aber bekommt der Blick der anderen eine neue Bedeutung: Die soziale Scham über Statusdefizienz oder Statusverlust verflüchtigt sich nicht, sondern verschärft sich – ein Phänomen, das sich am deutlichsten dort zeigt, wo Öffentlichkeit für Probleme vermieden wird, die zwar öffentlich sind, aber als privat empfunden werden:[20] wie im Beispiel der sogenannten ‚neue Armut‘.

Kehren wir nun zurück zu Honneths konflikttheoretischem Modell. Das Gefühl der Scham und der Modus der Beschämung spielen – wie Honneth betont hat – in Anerkennungskonflikten eine zentrale Rolle. Zugleich wird aber deutlich, dass die Funktion der sozialen Scham eine andere ist als in Honneths Modell vermutet und vorausgesetzt wird. Soziale Scham zeigt sich gerade nicht als Motor des sozialen Fortschritts. Die Chance, dass sie eine kognitive, auf Veränderung zielende Gestalt entwickeln könnte, scheint gering; vielmehr wird Scham zum Modus der Enteignung der moralischen Empörung.[21]

Sobald man beginnt, aus der Perspektive einer – hier nur fragmentarisch vorgestellten – Theorie sozialer Scham Honneths konflikttheoretisches Modell der Anerkennung zu analysieren, wird vor allem der geschichtsoptimistische Charakter des Modells deutlich. Honneths Entwurf lebt von der Sehnsucht nach einem Geschichtsverständnis mit *happy ending* – eine Sehnsucht, die die Werbung schon erkannt hatte, ehe die breite Öffentlichkeit sie überhaupt formulieren konnte. Die Theorie sozialer Scham erweist sich als Sand im Getriebe der sich hoffnungsvoll drehenden Fortschrittsspirale.

Das Gefühl der Scham ist damit nicht bloß ein wenig geeignetes Beispiel, unglücklich im mehrfachen Sinn. Gerade dessen Widerständigkeit gegen eine vorschnelle Einordnung verweist auf die problematische Struktur des anerkennungstheoretischen Modells: So wie vergangenes Leid in gegenwärtigen Fortschritt einfließt, wird auch gegenwärtiges

---

[19] Neckel spricht von einem „Zurechnungsmechanismus“ (S. NECKEL: Status und Scham, 171).

[20] Vgl. ebd., 172.

[21] Vgl. B. MOORE: Ungerechtigkeit.

Leid auf ein gesellschaftlich utopisches Ziel hin transzendiert: Das Leid verweigerter Anerkennung wird zur notwendigen Bedingung des sozialen Fortschritts. Diese Erkenntnis ist entweder banal – oder höchst problematisch. Problematisch wird sie dort, wo individuelles Leid und utopisches Ziel nicht nur zeitlich, sondern auch intellektuell, ökonomisch und geographisch auseinanderfallen und das Leiden ohne utopischen Horizont, der soziale Fortschritt aber – auf Hochglanzpapier sozusagen – ohne den historischen Weg des Leidens wahrgenommen wird.

Damit wird die in Honneths Modell inhärente Gefahr deutlich, in eine Art erkenntnisorientierter Historiodizee zu münden, in der soziales Leid um der in ihr liegenden Erkenntnis und des daraus resultierenden Fortschritts willen in Kauf genommen wird. Drei wesentliche Probleme resultieren aus dieser Struktur: Das erste Problem ist das Problem extremer Erfahrungen sozialen Leids, denen jede Chance genommen ist, in einen Kampf um Anerkennung umzuschlagen. Es sind Erfahrungen, wie sie – je unterschiedlich – Jean Améry und Elaine Scarry für die Folter beschreiben und deren Charakteristikum das Zerbrechen von Welten und das Verstummen der Sprache ist. Diese ‚Verluste' des sozialen Fortschritts finden in Honneths Modell keinen Artikulationsraum. Das zweite Problem ist das des Protestes gegen soziales Leid, das nicht mich selbst, sondern andere betrifft; dieser Protest wird innerhalb des Honnethschen Anerkennungmodells ortlos. Damit verbunden ist das dritte Problem – das Problem der Verantwortung für den sozialen Fortschritt, der ‚umverteilt' und den sozial Benachteiligten selbst zugeschoben wird.

Das Ziel des Honnethschen Anerkennungsmodells – gesellschaftliche Strukturen, in denen symmetrische Anerkennung für alle und von allen praktiziert wird – hat eine große utopische Potenz und ist es wert, festgehalten zu werden. Dass der von Honneth vorgeschlagene Weg dahin aber möglicherweise gerade *nicht* dahin führt, liegt nicht nur am utopischen Charakter des Ziels, der sich gegen eine kartographische Analyse sperrt, sondern auch daran, dass sein Anerkennungsbegriff nicht scharf genug gefasst ist. Der Begriff bleibt vage und ist damit nicht in der Lage, eine Perspektive sicherzustellen, die nicht theoretisch einebnet, wo sich praktische Brüche auftun.

Wenn wir nun *nicht* den Anerkennungsbegriff und damit auch das utopische Anerkennungsziel aufgeben und erneut an Machiavelli und Hobbes anknüpfen wollen, dann bleibt nur der Versuch, den Anerkennungsbegriff weiterzuentwickeln – hin auf eine kritische Theorie der Anerkennung, die nach dem *Kontext* und der *Instanz* von Anerkennung fragt.

Die erste Präzisierung des Anerkennungsbegriffs ist orientiert an der zeitgenössischen psychoanalytischen Forschung, die das lebenslange Bedürfnis nach Anerkennung mit der Notwendigkeit des Sonnenlichts für die Photosynthese gleichsetzt.[22] Die klassische Theorie der Ichwerdung hat sich als Separationstheorie etabliert: Das Ich muss sich aus der ursprünglichen Symbiose ablösen, um Ich sein zu können; an deren Stelle tritt nun im postfreudianischen Kontext eine Theorie der Ichwerdung als gelingende Balance von Autonomie und Anerkennung, als Balance von Ablösung und Verbundenheit, Unabhängigkeit und Abhängigkeit. In fehlschlagenden Individuationsprozessen wird jeweils nur einer der beiden Pole verwirklicht; die Leugnung des Bedürfnisses nach Anerkennung kann dabei in Herrschaft umschlagen wie die Leugnung des Bedürfnisses nach Autonomie in Unterwerfung umschlagen kann. Diese Struktur misslingender Ichwerdungsprozesse ist dabei geschlechtlich markiert. Gerade am Beispiel der geschlechtlichen Markierung fehlschlagender Individuationsprozesse – in denen Frauen Anerkennung gewähren, ohne sie einzufordern, Männer Anerkennung einfordern, ohne sie zu gewähren – wird deutlich, dass Anerkennung nicht einfach in einem sozialmoralischen Sinn ‚gut' ist: Der Anerkennungsbegriff braucht einen *Kontext,* der die Möglichkeit schafft, dass Anerkennung *und* Autonomie gleichgewichtige und gleichberechtigte Forderungen erheben. Eine Ethik, die als theologische den Anerkennungsbegriff reflektiert, könnte hier in paralleler und zugleich grundsätzlicher Weise argumentieren, denn die theologische Basis ihrer Reflexion ist eine Gottesbeziehung, in der Anerkennung und Freisetzung nicht nur koexistent sind, sondern sich vielmehr gegenseitig bedingen und ermöglichen.

In der zweiten Präzisierung des Anerkennungsbegriffs geht es – über den *Kontext* von Anerkennung hinaus – um die *Instanz* der Anerkennung. In Honneths Entwurf gibt es keine Möglichkeit, auf einer Metaebene die Instanz, die Anerkennung gewähren soll, zu hinterfragen. Honneth setzt damit entweder ein radikal reduziertes Gesellschaftsmodell voraus, in dem es keine konkurrierenden Autoritäten gibt oder er spricht dem Vorgang der Anerkennung eher ontologische als moralische Qualität zu. So wenig es aber ein richtiges Leben im falschen gibt, kann Anerkennung losgelöst werden von der Frage, *wessen* Anerkennung es ist, die ich anstrebe. Eine theologische Sozialethik hat hier eine spezifische Aufgabe: die Aufgabe sicherzustellen, dass eine Sozialtheorie nicht abgekoppelt wird von der

[22] Jessica BENJAMIN: Die Fesseln der Liebe. Psychoanalyse, Feminismus und das Problem der Macht, Frankfurt a. M. 1994, 25.

Wahrheitsfrage oder – als andere Form dieser Abkoppelung – die Wahrheitsfrage sich in ein gesellschaftliches Konsensmodell hinein auflöst.

Was aber gewinnen wir mit dieser Weiterentwicklung des Anerkennungsbegriffs?

Deutlich scheint zunächst die Verlustrechnung zu sein. Verloren geht zwar nicht die Utopie, wohl aber die Sicherheit des Weges dorthin, die Sicherheit des Glaubens an einen beständigen sozialen Fortschritt, ein optimistisches Geschichtsverständnis, das auf der ohnehin nicht ganz logischen Überzeugung beruht, dass irgendwann alle Menschen Brüder werden.

Gewonnen wird – auf der Rückseite dieser Unsicherheit – zum einen ein neuer Zugriff auf tatsächliche soziale Konflikte. Die Frage nach Kontext und Instanz der Anerkennung kann helfen, Kriterien für die Beurteilung sozialer Konflikte und Strategien für deren Lösung zu finden. Damit kann eine kritische Theorie der Anerkennung dem ihr inhärenten ethischen Anspruch gerecht werden: eine auf Praxis hin konzipierte Theorie zu sein.

Gewonnen wird zum anderen, dass mit dem Verlust des Geschichtsoptimismus auch die unbehagliche Nähe von Sozialutopie und Prestigeutopie aufgebrochen wird – eine Nähe, in der der Motor des Fortschritts in der Automobilwerbung auf einmal ganz wörtlich genommen wird. Das Aufbrechen dieser Nähe ist entscheidend. Denn wenn die Sozialutopie einer Gesellschaft sich tatsächlich als Prestigeutopie etabliert, dann könnte mit einem Mal Dewuschkins Sorge um seinen Mantel der aktuellen Sorge um das Auto gleichen: entscheidend wird der Blick „der Leute". Dieser Blick „der Leute" ist auf all diejenigen gerichtet, die keine Chancen haben, zu Brüdern zu werden; sie werden angesehen, ohne ein Ansehen zu haben. So wird die im Prestigedenken verschwindende Sozialutopie zum Grund sozialer Scham. Soziale Scham aber tendiert dazu, die Ungleichheitsverhältnisse zu stabilisieren und auch schon erreichten Fortschritt rückgängig zu machen – wie es im Beispiel der von der Caritas auf 1,8 Millionen geschätzten Menschen der Fall ist, die im Versuch, den Statusverlust hinauszuzögern und die Normen des Herkunftsmilieus aufrechtzuerhalten, keine Sozialhilfe in Anspruch nehmen, obwohl die Not und die Berechtigung vorhanden sind.[23]

Dieses Verdecken der Armut hat in der postmodernen Gesellschaft eine besondere Schärfe angenommen. Die Expressivität des Individuums

---

[23] Richard HAUSER/Werner HÜBINGER: Arme unter uns. Teil 1: Ergebnisse und Konsequenzen der Caritas-Armutsuntersuchung, Freiburg i. Br. 1993.

nimmt hier einen so breiten Raum ein, dass die Möglichkeit der Selbstdarstellung schon zu einer Notwendigkeit und damit zu einer kulturellen Norm geworden ist.[24] Scham als „Verbergungsgestus" wird hier zum letzten darstellungs*un*fähigen Rest der Person. Man schämt sich, sich zu schämen, und wenn Scham gesellschaftlich unsichtbar ist, dann weil sie, wie Günther Anders konstatiert, „hinter Sichtbarkeit verborgen"[25] bleibt.

Vielleicht ist es hier die Aufgabe einer theologischen Ethik, eines der letzten Tabus der enttabuisierten Gesellschaft zu brechen: das Scham-Tabu. Im Brechen des Tabus sozialer Scham geht es nicht darum, anderen endlich in den Talk-Shows – die ein großer Verbergungsgestus der Scham sind – auch beim Sich-Schämen zuzusehen, sondern vielmehr darum, die Strukturen der Beschämung sichtbar zu machen, um sie angreifen zu können.[26] Sodass Dewuschkins Mantel, in welcher symbolischen Statusform er auch immer sich in unserer Gesellschaft präsentiert, wegen der Kälte des Wetters notwendig wird und nicht wegen der Kälte der Welt.

---

[24] S. NECKEL: Status und Scham, 179.

[25] Günther ANDERS: Die Antiquiertheit des Menschen. Bd. 1: Über die Seele im Zeitalter der zweiten industriellen Revolution, München ^{7}1989, 29.

[26] Einen solchen Versuch hat der Jerusalemer Philosoph Avishai MARGALIT vorgelegt: Politik der Würde. Über Achtung und Verachtung, Berlin 1997.

Zurück aus dem Jenseits

Zur Bedeutung der Katholischen Soziallehre für die Kirche

VON WOLFGANG FISCHER

„Utopia" ist ein Land, das es nirgendwo gibt. Utopien hat die Katholische Soziallehre nie angehangen, dafür ist schon das ihr zugrunde liegende christliche Menschenbild zu realistisch. Ihr geht es weder um ein unendlich fernes Utopia noch um eine gegenwartsvergessene Verklärung der Vergangenheit. „Die soziale Sorge der Kirche", die sich in besonderer Weise in der kirchlichen Sozialverkündigung manifestiert, hat vielmehr das „Ziel einer wahren Entwicklung des Menschen und der Gesellschaft, welche die menschliche Person in allen ihren Dimensionen achten und fördern soll" (SRS 1). Papst Johannes Paul II. betonte in seiner Sozialenzyklika „Sollicitudo rei socialis" die Eigenständigkeit, die Besonderheit der kirchlichen Soziallehre, sie sei „die genaue Formulierung der Ergebnisse einer sorgfältigen Reflexion über die komplexen Wirklichkeiten menschlicher Existenz in der Gesellschaft und auf internationaler Ebene, und dies im Licht des Glaubens und der kirchlichen Überlieferung" (SRS 41). Ihr Hauptziel sei es, diese Wirklichkeiten zu deuten und zu prüfen, ob sie „mit den Grundlinien der Lehre des Evangeliums über den Menschen und seine irdische und zugleich transzendente Berufung übereinstimmen oder nicht, um daraufhin dem Verhalten der Christen eine Orientierung zu geben" (SRS 41).

Christ-Sein in der Gesellschaft heißt gegenwärtig sein, auch geistesgegenwärtig. Für diese Geistes-Gegenwart galt die Katholische Soziallehre lange Zeit als solide, dialogfähige Grundlage; sie bot Orientierungshilfe und erprobtes Orientierungswissen – und tut es weiterhin.

Bedarf: Ethisches Orientierungswissen

„Ethik" ist gefragt, „Sozialethik" besonders, der Bedarf an einschlägigen Stellungnahmen und Beratungen ist enorm, die Produktion entsprechender Papiere und Veröffentlichungen allein im deutschen Sprachraum kaum noch überschaubar. Die weltweiten Dimensionen vieler neuer „sozialer Fragen", Fragen der möglichen Ausgestaltung und Folgen der Globalisierung, die Wertschätzung und Erhaltung einer Vielfalt der Kulturen, politische Prozesse wie die Gestaltung des vereinigten Europa, die vielfältigen Umbrüche in Gesellschafts- und Wirtschaftsordnungen, die Unübersichtlichkeit heutiger Lebenskontexte, die Ökonomisierung aller Lebensbereiche, ökologische Folgeerscheinungen menschlichen Handelns, der Konsumismus usf. lassen für die Frage nach Wertmaßstäben und die Suche nach ethischen Orientierungen keine einfachen Antworten und Fixpunkte mehr zu; sie fordern nicht zuletzt die Christen neu heraus, die sozialen, wirtschaftlichen und politischen Konsequenzen des Glaubens zu bedenken.

So ist auch die Nachfrage nach christlicher Sozialethik bemerkenswert; es gab eine „intensive wissenschaftstheoretische Diskussion über die Begründung der Ethik im allgemeinen und das Selbstverständnis der Katholischen Soziallehre im besonderen"[1], viele neue Lehrbücher[2] erschienen. Die Annahme, die Soziallehre der Kirche würde innerkirchlich durch andere theologische Orientierungsmuster (wie sie z. B. die Politische Theologie oder die Theologien der Befreiung formulierten) ersetzt, und es gelte, nach neuen Entwürfen für eine christliche Gesellschaftsethik Ausschau zu halten,[3] hat sich allerdings nicht bestätigt. Die Katholische Soziallehre erlebt mittlerweile weltkirchlich geradezu eine Blütezeit.

Die Chronisten der katholisch-sozialen Bewegung müssen in Deutschland mit Sorge registrieren, dass hierzulande bei vielen Errungenschaften

---

[1] Lothar ROOS: Vorwort, in: Joseph HÖFFNER: Christliche Gesellschaftslehre. Neuausgabe. Hg., bearb. u. erg. v. Lothar Roos, Kevelaer ²2000.

[2] Exemplarisch seien genannt: Franz FURGER: Christliche Sozialethik. Grundlagen und Zielsetzungen, Stuttgart u.a. 1991; Wolfgang OCKENFELS: Kleine Katholische Soziallehre. Eine Einführung – nicht nur für Manager, Trier ⁴1992; Arno ANZENBACHER: Christliche Sozialethik. Einführung und Prinzipien, Paderborn u.a. 1997; Hans-Joachim HÖHN (Hg.): Christliche Sozialethik interdisziplinär, Paderborn u.a. 1997; Walter KERBER: Sozialethik, Stuttgart u.a. 1998; Elke MACK: Gerechtigkeit und gutes Leben. Christliche Ethik im politischen Diskurs, Paderborn u.a. 2002; Reinhard MARX/Helge WULSDORF: Christliche Sozialethik. Konturen, Prinzipien, Handlungsfelder, Paderborn u.a. 2002 (= AMATECA. Lehrbücher zur katholischen Theologie 21); Marianne HEIMBACH-STEINS (Hg.): Christliche Sozialethik. Ein Lehrbuch, 2 Bde., Regensburg 2004/2005; Friedhelm HENGSBACH: Die andern im Blick. Christliche Gesellschaftsethik in den Zeiten der Globalisierung, Darmstadt ²2005.

[3] Vgl. Friedhelm HENGSBACH/Bernhard EMUNDS/Matthias MÖHRING-HESSE (Hg.): Jenseits Katholischer Soziallehre. Neue Entwürfe christlicher Gesellschaftsethik, Düsseldorf 1993.

der wirtschaftlichen und politischen Ordnung fast nichts mehr gewußt wird über deren Wurzeln im sozialen und politischen Katholizismus. Zwar ist die gegenwärtige Gesellschaft strukturell immer noch „christlicher“, als man denkt, doch ist das allmähliche Verdunsten des Christlichen unverkennbar. Kann es da noch gelingen, für die Beschäftigung mit der Katholischen Soziallehre und den Einsatz für eine Entwicklung „von weniger menschlichen zu menschlicheren Lebensbedingungen“ (PP 20) zu motivieren?

Vor zehn Jahren gab es in Deutschland mit dem Gemeinsamen Wort der Kirchen zur wirtschaftlichen und sozialen Lage einen dankbar und erfreut registrierten prominenten Zwischenruf der Kirchen, der Hoffnung machte und eine breite gesellschaftliche Diskussion über sozialethische Fragen auslöste.

Rückblick: Das Gemeinsame Wort der Kirchen „Für eine Zukunft in Solidarität und Gerechtigkeit“

Der Rat der Evangelischen Kirche in Deutschland und die Deutsche Bischofskonferenz hatten 1997 unter dem Titel: „Für eine Zukunft in Solidarität und Gerechtigkeit“ ein gemeinsames Wort „zur wirtschaftlichen und sozialen Lage in Deutschland“ vorgelegt.[4] Dieses Gemeinsame Wort – gefeiert als große Stunde ökumenischer Sozialethik – war nicht „vom Himmel gefallen“, vielmehr unternahm die deutsche katholische Ortskirche in ökumenischem Zusammenwirken die vielleicht bedeutendste Anstrengung in der Nachkriegszeit, um eine Stellungnahme zu sozialen Fragen vorzubereiten, mittels eines methodisch wie praktisch neuen, umfänglichen, vorgeschalteten Konsultationsprozesses.

Die Kirchen wollten einen Beitrag leisten „zu einer Verständigung über die Grundlagen und Perspektiven einer menschenwürdigen, freien, gerechten und solidarischen Ordnung von Staat und Gesellschaft“ (GW, Vorwort), sie traten dafür ein – und tun es noch immer –, „daß Solidarität und Gerechtigkeit als entscheidende Maßstäbe einer zukunftsfähigen und nachhaltigen Wirtschafts- und Sozialpolitik allgemeine Geltung erhalten“

---

[4] Kirchenamt der Evangelischen Kirche in Deutschland / Sekretariat der Deutschen Bischofskonferenz (Hg.): Für eine Zukunft in Solidarität und Gerechtigkeit. Wort des Rates der Evangelischen Kirche in Deutschland und der Deutschen Bischofskonferenz zur wirtschaftlichen und sozialen Lage in Deutschland, [Hannover/Bonn 1997] (= Gemeinsame Texte 9) [zit.: GW].

(GW 2). Dabei verheimlichten sie nicht, warum und von welcher Basis aus sie dies überhaupt tun und worin sie ihren „Auftrag und ihre Kompetenz" sehen, nämlich für „eine Wertorientierung einzutreten, die dem Wohlergehen aller dient" und besonders „dem Anliegen jener Gehör zu verschaffen, die im wirtschaftlichen und politischen Kalkül leicht vergessen werden" (GW 4). Sie machten es sich zur Aufgabe, „auf Perspektiven des christlichen Glaubens für ein humanes Gemeinwesen" hinzuweisen, „auf das christliche Verständnis vom Menschen und auf unveräußerliche Grundwerte" (GW 2), nicht weil sie selbst Politik machen wollten, sondern weil sie in einer krisenhaften gesellschaftlichen Situation „Politik möglich machen" wollten.[5] Sie verdeutlichten dabei besonders die fundamentale christliche Anthropologie, die „Weltgestaltung aus dem christlichen Glauben" und eine Reihe grundlegender ethischer Perspektiven. Ein breiter gesellschaftlicher Diskussionsprozeß war angestoßen und eine Reihe weiterer wichtiger Stellungnahmen der Kirchen folgte.

Doch nährte die Rezeption des Gemeinsamen Wortes den Verdacht, dass die ethische Basis, die Grundlagen der Argumentation kaum aufgegriffen und beachtet wurden, was nicht nur der Hektik journalistischer Wirklichkeit, Medienbedürfnissen und selektiven Wahrnehmungen geschuldet sein dürfte. Und die Katholische Soziallehre? Jan Roß bemängelte seinerzeit kurz nach dem Erscheinen des Gemeinsamen Wortes:

> Leider hat man den Eindruck, dass die Kirche mit dieser großen sozialethischen Tradition oft selbst nicht mehr viel anzufangen weiß, daß sie sie, voreilig, für veraltet hält und sich ihrer sogar ein wenig schämt. Die Erklärung „Für eine Zukunft in Solidarität und Gerechtigkeit" ist ein beeindruckender Text, auf der Höhe der Zeitgenossenschaft, sozialwissenschaftlich informiert und auf solide biblische Fundamente gegründet. Aber vom imposanten, kathedralenhaften Bau der klassischen katholischen Soziallehre, die sich noch zu wissen traute, was Gesellschaft ihrem Wesen nach ist und wie sie daher in ihren Grundzügen auszusehen hat – von dieser schönen Ideenarchitektur ist in dem „Sozialwort" nicht viel übrig geblieben. Das hat nicht bloß damit zu tun, daß es ein ökumenisches Dokument ist, ein Produkt evangelisch-katholischer Zusammenarbeit, bei dem nicht die Sondertraditionen einer der beiden Konfessionen im Vordergrund stehen können. Auch viele katholische Theologen haben mit der sozialethischen Überlieferung ihrer Kirche inzwischen gebrochen. Sie ist ihnen nicht modern genug.[6]

---

[5] GW, Hinführung, 1. These.

[6] Jan ROSS: Den Einzelmenschen gibt es nicht. Die Kirche, die Marktwirtschaft und die gesellschaftliche Solidarität: Kleine Erinnerung an die Katholische Soziallehre, in: Berliner Zeitung, 08./09.03.1997.

Es mag sein, dass in Deutschland in theologisch-ethischen Diskussionen, in der akademischen Lehre und der Bildungsarbeit die kirchliche Sozialverkündigung und die klassische Katholische Soziallehre mehr und mehr an Relevanz verloren haben, trotz der einstmals starken christlich-sozialen Bewegung und der bemerkenswerten Beiträge des sozialen und politischen Katholizismus bei der Ausgestaltung der Wirtschafts- und Gesellschaftsordnung der Bundesrepublik.[7] Im weltkirchlichen Kontext kann man feststellen, dass dort die konkrete Nachfrage nach der Katholischen Soziallehre deutlich zugenommen hat. Die Kirche – in der Pflicht, „nach den Zeichen der Zeit zu forschen und sie im Licht des Evangeliums zu deuten" (GS 4) – legt mittlerweile selbst Materialien vor, die den Zugang zu ihr und ihr Studium erheblich erleichtern.

Ein Meilenstein: Das Kompendium der Soziallehre der Kirche

Papst Johannes Paul II. leistete für die Verbreitung und Weiterentwicklung der Katholischen Soziallehre weltweit – in der Kirche selbst und darüber hinaus – einen enormen Beitrag. Nicht zuletzt sind seine Pastoralreisen zu nennen, bei denen er sie immer wieder zur Sprache brachte, aber vor allem seine drei großen Sozialenzykliken („Laborem exercens", 1981, „Sollicitudo rei socialis", 1989, und „Centesimus annus", 1991) und seine kontinuierlichen, unermüdlichen Ansprachen bei verschiedensten Anlässen.[8] Ihm war die Soziallehre der Kirche ein echtes Herzensanliegen. Unter seinem Pontifikat hat das kirchliche Lehramt sich zunehmend in eigenen Reflexionen mit der Katholischen Soziallehre befasst, sie analysiert und durch gehaltvolle Dokumente – außerhalb der Sozialenzykliken – zusätzlich dargelegt und weiterentwickelt, auf die notwendige Vermittlung von Kenntnissen der Soziallehre immer wieder hingewiesen und selbst wichtige Schritte in diese Richtung getan. Von besonderer Bedeutung sind in diesem Zusammenhang drei Dokumente vatikanischer Kongregationen: die Instruktion der Kongregation für die Glaubenslehre

---

[7] Zur Geschichte vgl. Anton RAUSCHER (Hg.): Der soziale und politische Katholizismus. Entwicklungslinien in Deutschland 1803–1963. 2 Bde., München 1981/1982.

[8] Zu nennen ist an dieser Stelle auch das Apostolische Schreiben „Christifideles Laici" (1988), in der die Bedeutung der Katholischen Soziallehre besonders für das Apostolat der Laien hervorgehoben wird (vgl. JOHANNES PAUL II.: Nachsynodales Apostolisches Schreiben Christifideles Laici über die Berufung und die Sendung der Laien in Kirche und Welt. Hg. v. Sekretariat der Deutschen Bischofskonferenz, Bonn 1989 (= VApS 87)).

über einige Aspekte der Theologie der Befreiung „Libertatis nuntius“ (1984),[9] die Instruktion der Kongregation für die Glaubenslehre über die christliche Freiheit und die Befreiung „Libertatis conscientia“ (1986)[10] und die „Leitlinien für das Studium und den Unterricht der Soziallehre der Kirche in der Priesterausbildung“, die die Kongregation für das katholische Bildungswesen 1989 vorgelegt hatte.[11] Nicht von ungefähr fand dann 1994 auch die Gründung einer Päpstlichen Akademie für Sozialwissenschaften statt. Der Päpstliche Rat für Gerechtigkeit und Frieden (Justitia et Pax) legte schließlich im Jahr 2000 „Die Soziale Agenda. Eine Sammlung von Texten aus der Katholischen Soziallehre“ vor,[12] eine systematisch dargebotene Auswahl von wichtigen Textstellen aus den Dokumenten der Sozialverkündigung der Kirche.[13]

Hinzu kommen viele einschlägige Dokumente nationaler und regionaler Bischofskonferenzen, die ebenfalls die zunehmende Aufmerksamkeit für die Soziallehre der Kirche belegen und entsprechende Wirkungen zeitigen, so dass sie nicht mehr wie ein gut gehütetes Geheimnis nur einem kleinen Kreis von Fachleuten bekannt wird.[14]

Jüngster Meilenstein auf diesem Weg ist das 2004 erschienene „Kompendium der Soziallehre der Kirche“[15] des Päpstlichen Rates für Gerech-

---

[9] Vgl. Sekretariat der Deutschen Bischofskonferenz (Hg.): Instruktion der Kongregation für die Glaubenslehre über einige Aspekte der „Theologie der Befreiung“ [„Libertatis nuntius“]. 6. August 1984, Bonn ^{2}o.J. (= VApS 57).

[10] Vgl. besonders das Kapitel „Die Soziallehre der Kirche im Dienst einer christlichen Praxis der Befreiung“ (Sekretariat der Deutschen Bischofskonferenz (Hg.): Instruktion der Kongregation für die Glaubenslehre über die christliche Freiheit und die Befreiung [„Libertatis conscientia“]. 22. März 1986, Bonn ^{2}o.J. (= VApS 70), Kapitel V (LC 71–96)).

[11] KONGREGATION FÜR DAS KATHOLISCHE BILDUNGSWESEN: Leitlinien für das Studium und den Unterricht der Soziallehre der Kirche in der Priesterausbildung. 27. Juni 1989, Bonn 1989 (= VApS 91).

[12] PÄPSTLICHER RAT FÜR GERECHTIGKEIT UND FRIEDEN: Die Soziale Agenda. Eine Sammlung von Texten aus der Katholischen Soziallehre, Città del Vaticano 2000, vgl. auch http://www.thesocialagenda.org/pdfs/german.pdf (Abfrage am 26.02.2007).

[13] Eine Sammlung mit vollständigen Texten bietet der Bundesverband der Katholischen Arbeitnehmerbewegung Deutschlands (Hg.): Texte zur katholischen Soziallehre. Die sozialen Rundschreiben der Päpste und andere kirchliche Dokumente. Mit einer Einführung v. Oswald von Nell-Breuning und Johannes Schasching, Bornheim ^{8}1992.

[14] Vgl. Michael J. SCHULTHEIS/Edward P. DE BERRI/Peter J. HENRIOT: Our best kept secret. The rich heritage of Catholic Social Teaching, London 1998.

[15] PÄPSTLICHER RAT FÜR GERECHTIGKEIT UND FRIEDEN: Kompendium der Soziallehre der Kirche, Freiburg i. Br. – Basel – Wien 2006. Die Originalausgabe in italienischer Sprache wurde 2004 in Rom veröffentlicht.

tigkeit und Frieden, das sich als „eine zwar knappe, aber umfassende und systematische Darstellung der Soziallehre“ (KSK 8) versteht. Papst Johannes Paul II. hatte 1999 im Nachsynodalen Schreiben „Ecclesia in America“ den Anstoß zu diesem „Sozialkatechismus“ gegeben, der die erste systematische Zusammenstellung in dieser Art ist.[16]

Das mit einem umfangreichen Stellen- und Sachregister ausgestattete Kompendium bietet in drei Teilen einen wertvollen und nützlichen Zugang zur Katholischen Soziallehre. Im ersten Teil werden ethische Grundlagen erläutert (der Heilsplan Gottes für die Menschheit, die Sendung der Kirche, der Mensch als Person, die Prinzipien der Soziallehre) und im zweiten wichtige Themenfelder behandelt (Ehe und Familie, die menschliche Arbeit, Wirtschaft, Politik, die internationale Gemeinschaft, Bewahrung der Schöpfung, Friedensförderung), bevor der kurze dritte Teil die besondere Bedeutung der Soziallehre für das kirchliche Selbstverständnis und die gelebte Glaubenspraxis entfaltet und sie in die Perspektive einer „Zivilisation der Liebe“ stellt.

Das Kompendium kann natürlich keine erschöpfende Darstellung aller Facetten Katholischer Soziallehre bieten, diese ist viel zu umfangreich geworden, aber es „bietet einen umfassenden Überblick über die grundlegenden Züge des theoretischen ‚Corpus‘ der kirchlichen Soziallehre“ (KSK 9). „Nirgends gewinnt man den Eindruck“, so Karl Kardinal Lehmann, „es handele sich um eine soziologische, ökonomische oder politologische Abhandlung, der noch ein christliches Etikett aufgesetzt wurde. Es ist wirklich Katholische Soziallehre, was das Kompendium bietet.“[17] Es kann erwartet werden, dass durch und mittels des Kompendiums die Beschäftigung mit der Soziallehre der Kirche einen weiteren wichtigen Impuls erhält;[18] das Kompendium will eine Handreichung, eine Orientierungshilfe, ein inspirierender Leitfaden, eine Motivation, eine Anregung zum Dialog für eine menschenorientierte Praxis sein und ermöglichen, „in

---

[16] Vgl. EA 54 (Sekretariat der Deutschen Bischofskonferenz (Hg.): Nachsynodales Apostolisches Schreiben Ecclesia in America von Papst Johannes Paul II. 22. Januar 1999, Bonn o.J. (= VApS 141)).

[17] [Karl LEHMANN:] Das „Kompendium der Soziallehre der Kirche“ in deutscher Übersetzung. Statement des Vorsitzenden der Deutschen Bischofskonferenz, Karl Kardinal Lehmann, bei der Pressekonferenz in Mainz am 01.02.2006, http://dbk.de/aktuell/meldungen/00966/index.html (Abfrage am 26.02.2007).

[18] Neue Wege beschreitet dazu die Katholische Sozialakademie Österreichs, die unter der Adresse www.sozialkompendium.org (Abfrage am 26.02.2007) im Internet eine Lern- und Informationsplattform aufbaut, die insbesondere Inhalte des Sozialkompendiums erschließen und Dialoghilfen bieten will.

angemessener Weise die sozialen Fragen unserer Zeit anzugehen, die in ihrer Gesamtheit betrachtet werden müssen, weil sie sich als immer stärker miteinander verflochten erweisen, einander gegenseitig bedingen und die Menschheitsfamilie mehr denn je betreffen" (KSK 9).

Streiflichter

Glaube und Vernunft. Natürlich ist auch das Kompendium der Soziallehre, das sich nicht nur an katholische Christen wendet, sondern „auch an die Brüder in den anderen Kirchen und kirchlichen Gemeinschaften, an die Angehörigen anderer Religionen und an alle Männer und Frauen guten Willens, die sich für das Gemeinwohl einsetzen" (KSK 12), zu sehen im historisch gewachsenen Gesamt der Sozialverkündigung der Kirche. Es gilt – über das Selbstverständnis hinaus – auch die Erkenntnisquellen, die Methodologie und die verschiedenen Aussageweisen und Verbindlichkeiten zu differenzieren. Im zweiten Kapitel finden sich dazu einige Hinweise, wobei insbesondere die Ausführungen über die Erkenntniswege des Glaubens und der Vernunft bemerkenswert sind:

> „Der Glaube und die Vernunft bilden die beiden Erkenntniswege der Soziallehre, die ja aus zwei Quellen schöpft: der Offenbarung und der menschlichen Natur. [...] Jedoch wird die Rolle der Vernunft durch die zentrale Ausrichtung auf das Geheimnis Christi nicht geschwächt oder ausgeschlossen, sodass die rationale Plausibilität und folglich auch die Allgemeingültigkeit der Soziallehre gewahrt bleiben. [...] Die Soziallehre ist ein vom Glauben erleuchtetes Erkennen, das – gerade deshalb – eine größere Erkenntnisfähigkeit zum Ausdruck bringt. Alle Wahrheiten, die sie verkündet, und alle Pflichten, die sich daraus ergeben, entsprechen der Vernunft: Sie können von allen angenommen und geteilt werden" (KSK 75).[19]

Die Verwendung der Begriffe „Natur", „Naturrecht" und „natürliches Sittengesetz" im Kompendium überrascht nicht wirklich, denkt man daran, dass die Bedeutung des Naturrechts in jüngster Zeit von Papst Benedikt XVI. in seiner Enzyklika „Deus caritas est" noch einmal bestätigt worden ist. In Anbetracht der einschlägigen komplexen philosophischen

[19] Vgl. zum Verhältnis von Glauben und Vernunft die Enzyklika „Fides et ratio" von Johannes Paul II. (Sekretariat der Deutschen Bischofskonferenz (Hg.): Enzyklika Fides et Ratio von Papst Johannes Paul II. an die Bischöfe der katholischen Kirche über das Verhältnis von Glaube und Vernunft. 14. September 1998, Bonn [1998] (= VApS 135)).

und theologischen Diskussionen, die im Kompendium selbstredend nicht aufbereitet werden, sind diese Ausführungen aber besonders bemerkenswert.

Der Sendungsauftrag der Kirche. Wenn sich die Kirche mit gesellschaftlichen und politischen Fragen beschäftigt, wenn sie auch nach den Strukturen der Gesellschaften und Kulturen, in denen sie wirkt und verwurzelt ist, fragt und nach dem jeweiligen Leben der Menschen, wird darauf bisweilen mit Unverständnis reagiert: Warum mische die Kirche sich ein? Sie habe in unserer Zeit so viele Sorgen „ad intra" (Priestermangel, ausgreifende Säkularisierung, Mitgliederschwund, Finanzmangel, theologische Kontroversen etc.), dass sie sich erst einmal darum kümmern müsse, bevor sie sich um so große Themen wie Frieden, Freiheit, Gerechtigkeit, das soziale und wirtschaftliche Miteinander, um die Beziehungen zwischen den Völkern und Kulturen „ad extra" kümmern sollte. Die Pastoralkonstitution „Gaudium et spes" hatte festgehalten, dass die Kirche „immer und überall [...] das Recht in Anspruch" nimmt, „in wahrer Freiheit den Glauben zu verkünden, ihre Soziallehre kundzumachen, ihren Auftrag unter den Menschen unbehindert zu erfüllen und auch politische Angelegenheiten einer sittlichen Beurteilung zu unterstellen, wenn die Grundrechte der Person oder das Heil der Seelen es verlangen" (GS 76,5). Die enge Nachbarschaft zwischen „Glaubensverkündigung" und „Soziallehre kundtun" fällt auf, sie kommt nicht von ungefähr, denn die Soziallehre der Kirche ist nicht irgendeine „Art säkularer Wurmfortsatz in die Theologie hinein, vielmehr hat es die Theologie auch mit den sozialen Dimensionen des Menschen und der Menschheit und der Geschichte zu tun, und zwar im Blick auf die Schöpfungs- und Erlösungsordnung"[20]. Die Beschäftigung mit der Soziallehre ist nicht nur etwas für Zeiten, in denen noch Zeit ist, die Soziallehre der Kirche gehört zum Zentrum christlicher Lehre und christlicher Existenz, denn sie ist „ein integrierender Bestandteil der christlichen Lehre vom Menschen" (MM 222).[21] „Der Mensch in seiner konkreten historischen Situation bildet das Herz und die Seele der katholischen Soziallehre. Denn die gesamte Soziallehre geht von dem Grundsatz aus, dass die Würde des Menschen unantastbar ist" (KSK 107).

Dieser theologische Ort der Soziallehre der Kirche ist eminent wichtig: Der Sendungsauftrag der Kirche zielt auf das „Heil des Menschen in

---

[20] Anton RAUSCHER: Impulse und Wegweisung. Das Kompendium der Soziallehre der Kirche, Köln 2006 (= Kirche und Gesellschaft 328), 6.

[21] „Integrierend" meint „zu einem Ganzen notwendig gehörend; wesentlich, unerläßlich".

der Verherrlichung Gottes durch die Nachfolge Christi"[22], zu diesem Sendungsauftrag gehört unabtrennbar die Soziallehre der Kirche: „Die soziale Dimension ist zwar nicht die einzige, aber eine wesentliche und unumgängliche Dimension der Verkündigung des Evangeliums" (KSK 526). Schon Johannes Paul II. hatte festgehalten: „Ihre Soziallehre vorzutragen und zu verbreiten ist Teil des Verkündigungsauftrages der Kirche" (SRS 41). Daher stelle die Verbreitung der Soziallehre „in der Seelsorge eine echte Priorität dar" (KSK 7)[23], und das Kompendium hält fest: „Mit ihrer Soziallehre entfernt sich die Kirche nicht nur nicht von ihrer eigenen Sendung, sondern ist ihr im strengen Sinne treu" (KSK 64). Das Zweite Vatikanische Konzil formulierte: „Die Sendung der Kirche" erweise sich „als eine religiöse und gerade dadurch höchst humane" (GS 11).

Es geht also nicht um eine (unzulässige) Einmischung, eine theologisch-integralistische Grenzüberschreitung im Sinne einer „Theologisierung der gesellschaftlichen Lebensbereiche"[24], die „Autonomie der irdischen Wirklichkeiten" (GS 36) wird auch vom Kompendium selbstverständlich bestätigt.[25] „Aber die menschliche Person kann und darf nicht von sozialen, wirtschaftlichen und politischen Strukturen instrumentalisiert werden, weil jeder Mensch die Freiheit hat, sich auf sein letztes Ziel hin auszurichten" (KSK 48).

Die christliche Anthropologie. Das, was das Kompendium in seinem dritten Kapitel „Die menschliche Person und ihre Rechte" komprimiert vorlegt, ist das entscheidende, „personale Fundament" der Soziallehre. Unter Rückgriff auf den Katechismus der Katholischen Kirche wird nochmals festgehalten:

> „Weil er nach dem Bilde Gottes geschaffen ist, hat der Mensch die Würde, Person zu sein; er ist nicht bloß etwas, sondern jemand. Er ist imstande, sich zu erkennen, über sich Herr zu sein, sich in Freiheit hinzugeben und in Gemeinschaft mit anderen Personen zu treten, und er ist aus Gnade zu einem Bund mit seinem Schöpfer berufen, um diesem eine Antwort des Glaubens und der Liebe zu geben, die niemand anderer an seiner Stelle geben kann" (KSK 108).

Die christliche Anthropologie, sowohl in ihren sozialtheologischen wie sozialphilosophischen Entfaltungen und Erkenntnissen, ist vielleicht in

22 Walter KASPER/Karl LEHMANN: Die Heilssendung der Kirche in der Gegenwart, Mainz ²1970, 20.

23 Vgl. EA 54.

24 A. RAUSCHER: Impulse und Wegweisung, 6.

25 Vgl. KSK 45.

der öffentlichen Aufmerksamkeit nicht der prominenteste, aber der grundlegendste, wichtigste Beitrag der Soziallehre der Kirche in der gegenwärtigen Orientierungskrise. Die menschliche Person nämlich – so hielt es das Zweite Vatikanische Konzil fest – sei und müsse sein „Wurzelgrund [...], Träger und Ziel aller gesellschaftlicher Institutionen" (GS 25). Erst aus der Anthropologie heraus können die „bleibenden Prinzipien der Soziallehre der Kirche", die die „wahren und eigentlichen Angelpunkte der katholischen Soziallehre" (KSK 160) bilden, in ihrer Tiefe und in ihrem Zusammenhang, in ihrer wechselseitigen Verschränkung verstanden werden. Neben den Prinzipien des Gemeinwohls, der Subsidiarität und der Solidarität werden auch die allgemeine Bestimmung der Güter und die Beteiligung (als „Konsequenz der Subsidiarität" – KSK 189) im Kompendium besonders dargelegt.

Die „Res Novae". Das Kompendium der Soziallehre der Kirche zeigt selbst eindrucksvoll, dass neue gesellschaftliche Entwicklungen auch neue Reaktionen der Kirche erfordern hinsichtlich der Anwendung ihrer Soziallehre bzw. ihrer Weiterentwicklung. Die Katholische Soziallehre ist eben kein ein für allemal festgefügtes starres Lehrgebäude, sondern in ihr wirken Kontinuität und Erneuerung,[26] sie „präsentiert sich als eine ‚Baustelle', auf der immer gearbeitet wird" (KSK 86). Zwei dieser Arbeitsfelder seien besonders erwähnt, bei ihnen geht es um die Globalisierung und das internationale Finanzsystem. Das Kompendium kann hier nicht auf eine breite Lehrtradition zurückgreifen, sondern muss sich vortasten; gleichwohl findet es deutliche Worte.

Die positive Bedeutung der Finanzmärkte für die modernen Marktwirtschaften wird z. B. ausdrücklich bestätigt, aber auch auf gefahrvolle Entwicklungen des Finanzwesens hingewiesen:

> „Eine Finanzwirtschaft, die zum Selbstzweck wird, ist dazu bestimmt, ihren Zielsetzungen zu widersprechen, weil sie sich von ihren eigenen Wurzeln und dem eigentlichen Grund ihres Bestehens, das heißt von ihrer ursprünglichen und wesentlichen Aufgabe löst, der realen Wirtschaft und damit letztlich der Entwicklung der menschlichen Personen und Gemeinschaften zu dienen. Noch besorgniserregender wird der Gesamtrahmen, wenn man sich die stark asymmetrische Struktur vor Augen hält, die das internationale Finanzsystem kennzeichnet: Nur in einigen Teilen der Welt zeichnet sich eine Konsolidierung der Innovations- und Deregulierungsprozesse auf den Finanzmärkten ab. Das gibt zu gravierenden ethischen Befürchtungen Anlass, denn die Länder, die von den genannten Prozessen ausgeschlossen sind, kommen nicht nur

[26] Vgl. KSK 85.

> nicht in den Genuss der mit diesen verbundenen Vorteile, sondern sind nicht einmal vor den eventuellen negativen Auswirkungen der finanziellen Instabilität auf ihre realen Wirtschaftssysteme geschützt, vor allem dann, wenn diese ohnehin schon anfällig und unterentwickelt sind.“ (KSK 369)

Folgerichtig wird für die Schaffung eines normativen Rahmens plädiert, für „institutionelle Lösungen [...], die die Stabilität des Systems wirksam fördern können, ohne seine Leistungsfähigkeit und Effizienz zu verringern“ (KSK 369).

Auch die Chancen und Risiken der Globalisierung werden in den Blick genommen und eine „dem Globalisierungszeitalter angemessene Solidarität“ reklamiert, die „die Verteidigung der Menschenrechte“ erfordere (KSK 365).

Ausblick

Es gibt viele Fragen, bei deren Bearbeitung und Beantwortung Christen – unbeschadet ihres Glaubens – unterschiedlicher Meinung sein können, was die Wahl geeigneter Mittel angeht, die verschiedenen Wege zur Lösung gesellschaftlicher und globaler Problemlagen. Auch das Kompendium löst solche Schwierigkeiten nicht, es gibt kein ethisches Vademecum für alle Lebenslagen, es kann auch keines geben: die Mahnung des Zweiten Vatikanischen Konzils, dass „niemand das Recht hat, die Autorität der Kirche ausschließlich für sich und seine eigene Meinung in Anspruch zu nehmen“ (GS 43) wird daher ebenso aufgegriffen wie der Hinweis, dass die Gläubigen „in einem offenen Dialog sich gegenseitig zur Klärung der Frage zu helfen suchen“ sollen und „dabei sollen sie die gegenseitige Liebe bewahren und vor allem auf das Gemeinwohl bedacht sein“ (GS 43; vgl. KSK 574).

Die Soziallehre der Kirche ist kein unmodernes Konstrukt vergangener Zeiten, sondern höchst aktuell. Man muß natürlich registrieren, dass sie im Kontext pluralistischer westlicher Gesellschaften aber auch weltweit – äußerlich betrachtet – eine Ethik-Konzeption neben anderen ist, mit denen sie in Konkurrenz und damit unter Legitimationsdruck steht. Aber ihre weltweite Verbreitung ist nicht nur ein wichtiger Beitrag zur Gestaltung einer menschenwürdigen globalen Ordnung, sondern für die katholische Kirche selbst ist sie ein bedeutender Teil ihrer Lehre, „wesentlicher Bestandteil des Evangelisierungsauftrages“ (KSK 66), ihr kommt „die Bedeutung eines Instrumentes der Glaubensverkündigung zu“ (KSK 67).

Nachhaltige Lebensstile: Balance von Haben und Sein[1]

VON GERHARD SCHERHORN

1. Unsere Grundbedürfnisse bilden ein Ganzes

Was Nachhaltigkeit auf der Makroebene bedeutet, hat die Brundtland-Kommission 1987 definiert:[2] Gegenwärtige Bedürfnisse sollen so befriedigt werden, dass künftige Generationen nicht daran gehindert werden, gemäß ihren Bedürfnissen zu leben. Sie werden daran gehindert, wenn wir ihnen weniger an Naturkapital und Sozialkapital[3] hinterlassen, als wir selber zur Verfügung haben, – mit anderen Worten: wenn wir die ererbte Substanz verzehren. Substanzverzehr war für unsere Vorväter eine Horrorvorstellung, dabei verbanden sie damit nur das Aufzehren des Finanzkapitals, das Verschleudern des Erbes. Heute bedeutet Substanzverzehr, die Produktivkräfte der Natur, der Gesellschaft und der Wirtschaft zu zerstören. Und im Gegensatz dazu heißt Substanzerhaltung, also Nachhaltigkeit, dass wir uns zum Ziel setzen,

---

1 Überarbeitete Fassung des Vortrags „Wertorientierung, Lebensstil und Lebenslage. Chancen und Grenzen individueller Nachhaltigkeit," gehalten im Seminar „Nachhaltigkeit – eine Frage des Lebensstils?" Das Seminar wurde veranstaltet vom Bund Naturschutz und vom Rat für Nachhaltige Entwicklung im Umweltzentrum Schloss Wiesenfelden am 16. Oktober 2004.

2 WORLD COMMISSION ON ENVIRONMENT AND DEVELOPMENT (WCED): Our Common Future, Oxford 1987 (Brundlandt-Bericht).

3 Unter dem Aspekt des *Naturkapitals* betrachten wir die natürliche Mitwelt als etwas, was die Potenz hat, einen Strom von Nutzungen zu liefern. Eben dies ist der Sinn des Wortes *Kapital,* und es ist durchaus ein Aspekt der Natur, Kapital für den Menschen zu sein. Analog dazu ist *Sozialkapital* die in einer Gruppe, Organisation oder Gesellschaft vorhandene Summe von Wissen, Beziehungen, Werten, Netzwerken, Regeln und Einrichtungen, von der die gesellschaftliche Integration und Produktivität abhängt (vgl. John S. COLEMAN: Social capital in the creation of human capital, in: The American Journal of Sociology 94 (1988) Supplement, 95–120. – Richard D. PUTNAM: Making democracy work. Civic traditions in modern Italy, Princeton, N. J. 1993).

- Energie aus erneuerbaren Ressourcen zu gewinnen,
- nichterneuerbare Ressourcen so zu erhalten, dass sie nach Gebrauch wiederverwendet (in biologische oder technische Kreisläufe zurückgeführt) werden können, und
- das kritische oder essentielle Natur- und Sozialkapital zu bewahren. Darunter verstehe ich die *Intaktheit* der common goods, die die Dienste der Ökosysteme garantieren, wie Biodiversität, Boden, Klima, Luft, Wasser, und die *Funktionsfähigkeit* der sozialen Institutionen, denen wir den Zusammenhalt und die Produktivität der Gesellschaft verdanken.[4]

Das sind gesellschaftliche Ziele, doch wenn sie erreicht werden sollen, müssen die Individuen im Sinne dieser Ziele handeln. Das kommt im Begriff der *individuellen Nachhaltigkeit* zum Ausdruck. Diese verlangt von den Individuen zweierlei: Zum einen sich an konkreten Aufgaben des Substanzerhalts wie Energieeinsparung, CO_2-Reduktion, Rückführung gebrauchter Ressourcen oder Kauf von möglichst nachhaltigen Produkten zu beteiligen, und zum anderen in der Nachfrage nach Marktprodukten so maßvoll zu sein, dass die Gesamtnachfrage nicht schneller steigt als die Effizienz des Ressourceneinsatzes pro Produkt, weil sonst der sog. Rebound- oder Rückschlags-Effekt eintritt, der die Fortschritte im Umweltschutz zunichte macht.

Beides kann nur gelingen, wenn die Menschen sich nicht vom Erwerb der Marktgüter allein (oder überwiegend) Wohlergehen versprechen, sondern von einem Miteinander der Marktgüter und der *marktfreien* Befriedigungen (z. B. zwischenmenschliche Beziehungen, Einsatz für die Gemeinschaft, selbstbestimmte Entfaltung, gesunde Lebensführung).

Das entspricht auch dem Bedürfnisbegriff, der dem Nachhaltigkeitskonzept zugrundeliegt, denn der ist durch zwei Annahmen ausgezeichnet, die beide die herkömmliche Betonung des Erwerbs von Marktgütern sprengen. Er bezieht sich erstens nicht auf Güterwünsche, sondern auf Grundbedürfnisse (basic needs), und die sind zweitens nicht nur auf gegenwärtige Befriedigungen gerichtet, sondern auch auf künftige, und nicht nur auf Marktgüter, sondern auch auf marktfreie Güter. Das möchte

[4] Zum *kritischen* Naturkapital vgl. Eric NEUMAYER: Weak versus strong sustainability, Cheltenham/UK 1999, 209. Zum *essentiellen* Naturkapital Andrew DOBSON: Drei Konzepte ökologischer Nachhaltigkeit, in: Natur und Kultur 1 (2000) 1, 62–85. Die Formel „die die Dienste des Ökosystems garantieren" nach Thomas DYLLICK/Kai HOCKERTS: Beyond the business case for corporate sustainability, in: Business Strategy and the Environment 11 (2002) 130–141.

ich mit einer Aufzählung der Grundbedürfnisse veranschaulichen. Zur besseren Übersicht sind sie in psychosomatisch und in soziopolitisch verankerte Bedürfnisse gegliedert.

Psychosomatische Bedürfnisse[5]
- nach Lebensunterhalt (security, sustenance);
- sicherem Selbstgefühl (competence, efficacy, self-esteem);
- menschlichen Beziehungen (connectedness, relatedness);
- Selbstbestimmtheit (autonomy, authenticity).

Diese Bedürfnisse werden in Maslows Sinn[6] als Grundbedürfnisse aufgefasst, weil ihre Nichterfüllung *das Individuum krank macht* (s. Abschnitt 3). Ihre Erfüllung ist zum Teil von Marktgütern abhängig; sie ist nicht minder auf marktfreie Güter mit überwiegendem Individualgutcharakter wie Zuwendung oder eigene Aktivität angewiesen.

Soziopolitische Bedürfnisse[7]
- nach Entfaltung (Bildung, Arbeit, Spiel, Sport, Kunst);
- Gemeinschaft (Heimat, Familie, Nachbarschaft);
- Zusammenhang (Natur, Geschichte, Zukunft);
- Zivilisation (Hygiene, kulturelle Entfaltung, ästhetische Verfeinerung);
- Gesellschaft (Funktionsfähigkeit von Kommune, Staat, Demokratie).

Die soziopolitischen Bedürfnisse können insoweit als Grundbedürfnisse aufgefasst werden, als ihre Nichterfüllung *die Gesellschaft krank macht,* d. h. den gesellschaftlichen Zusammenhalt schwächt und letztlich Desintegration und Anomie verursacht. Sie sind deshalb nicht weniger wichtig als die psychosomatischen. Sie sind auf marktfreie Güter gerichtet, die zwar von Marktgütern gestützt werden können, überwiegend aber Kollektivgutcharakter haben. Und sie bilden mit den psychosomatischen Bedürfnissen ein Ganzes, denn deren Nichterfüllung gefährdet auch sie: Werden die Wünsche im Übermaß auf Individualgüter gelenkt, so kommen die Kollektivgüter zu kurz.

---

[5] Nach Tim KASSER: The high price of materialism, Cambridge 2002, 24f.

[6] Abraham H. MASLOW: Motivation and Personality, New York 1954 (deutsch: Motivation und Persönlichkeit, Reinbek 1981).

[7] Nach Erhard EPPLER: Was der Mensch braucht, Frankfurt a. M. 2000. Die Zusammenfassung in die fünf Kategorien ist von mir.

2. Nachhaltig wäre die Balance zwischen Haben und Sein

So sind auch die soziopolitischen Grundbedürfnisse gefährdet, wenn die Marktgüter die marktfreien überwuchern (Abschnitt 5). Doch was der Mensch für seine Zukunftsfähigkeit braucht, ist das gleiche wie das, was die natürliche und die soziale Mitwelt für die ihre von ihm brauchen, nämlich dass er seine materiellen und immateriellen Befriedigungen – also Marktgüter und marktfreie Güter – in Balance bringt. Eine Definition dafür stammt von Erich Fromm und lautet in freier Formulierung: Nachhaltige Entwicklung erfordert eine Balance zwischen den Werten des Habens und denen des Seins. Sie wurde für die psychologische Forschung wie folgt operationalisiert:[8]

Werte des Habens	**Werte des Seins**
reich sein	menschliche Beziehungen
berühmt sein	Einsatz für die Gemeinschaft
attraktiv sein	inneres Wachstum

Die Werte des Habens sind eher auf Marktgüter gerichtet, die des Seins eher auf marktfreie. Deshalb kann ein übermäßiges Verlangen nach den Befriedigungen des Habens nur extrinsisch motiviert sein. Denn im Übermaß werden Marktgüter nicht so sehr um ihrer selbst willen begehrt, als vielmehr um äußerer Belohnungen willen:

- „*Geld* verschafft Macht und materielle Güter,
- *Ruhm* öffnet Türen und lässt Geschenke regnen,
- ein *attraktives* Äußeres zieht glamouröse Begleiter an, erleichtert das Selbstmarketing und verleiht nicht endende Aufmerksamkeit.“[9]

Dagegen ist das Verlangen nach den Befriedigungen des Seins eher intrinsisch motiviert, „denn sie werden um ihrer selbst willen begehrt, weil sie den Grundbedürfnissen nach Kompetenz, Bezogenheit und Autonomie dienen. Die Freude an

- guten *persönlichen Beziehungen* (good friends, family life),
- *Einsatz für die Gemeinschaft* (making the world a better place through one's actions) und
- *personalem, innerem Wachstum* (psychological growth)

---

[8] Tim KASSER/Richard M. RYAN: A dark side of the American Dream. Correlates of financial success as a central life aspiration, in: Journal of Personality and Social Psychology 65 (1993) 410–422.

[9] Edward L. DECI: Why we do what we do. The dynamics of personal autonomy, New York 1995, 127.

kann in sich befriedigend sein, auch wenn sie zudem noch weitere Gratifikationen wie Anerkennung oder materielle Belohnung nach sich zieht".[10]

Nun gehört extrinsische Motivation ebenso zum menschlichen Leben wie intrinsische, und die Werte des Habens sind nicht weniger lebenswichtig als die des Seins. Problematisch ist die *Imbalance* zwischen beiden, die sich bei einem beträchtlichen Teil der Menschen in Industriegesellschaften als Dominanz materieller Werte äußert.[11] Sie ist es, die nachhaltigen Konsum verhindert, weil sie die Erfüllung der Grundbedürfnisse auf materielle Befriedigungen reduziert, auf den Kauf von Marktgütern, und diese im Übermaß vermehrt.

3. Dominanz materieller Werte macht krank

Doch noch immer ist das offizielle Ziel der Wirtschaftspolitik auch in reichen Ländern materialistisch geprägt. Angestrebt wird die Verbesserung der *Lebenslage,* der materiellen Lebensbedingungen Einkommen, Vermögen, Wohlstand. Die Politik hält an der überholten Erwartung fest, dass sich dadurch das Wohlbefinden der Menschen erhöht. Diese Erwartung trifft solange zu, wie Not gelindert wird. Doch wenn ein mittlerer Wohlstand erreicht ist, hat das Wohlbefinden sein Maximum, von da an wird es durch noch mehr Geld nicht weiter gesteigert, sondern im Gegenteil vermindert.[12] Das veranschaulicht die folgende Graphik:

---

[10] Ebd.

[11] In Interviews wurden die drei zentralen Werte des Habens und die drei wichtigsten des Seins mit Selbstaussagen wie „I usually buy only the things I need" oder „I'd be happier if I could afford to buy more things" erhoben, und die Befragten wurden danach eingestuft, wie wichtig für sie die Werte des Habens im Verhältnis zu denen des Seins waren. Eine Übersicht über die zur Messung materialistischer Werthaltungen eingesetzten Instrumente bei T. KASSER: The high price of materialism, 10, 16f., 19, 20.

[12] Das Glücksempfinden hängt nicht nur von der Gütermenge ab, sondern auch von der Verfügbarkeit von Zeit und Raum. Da die Marktgüter Zeit und Raum absorbieren, bleibt bei immer weiter zunehmender Gütermenge schließlich zu wenig Zeit und Raum für beide, Marktgüter und marktfreie Güter, übrig. Vgl. Gerhard SCHERHORN: Güterwohlstand versus Zeitwohlstand. Über die Unvereinbarkeit des materiellen und des immateriellen Produktivitätsbegriffs, in: B. Biervert/M. Held (Hg.): Zeit in der Ökonomik. Perspektiven für die Theoriebildung, Frankfurt a.M. 1995, 147–168; ders.: Wohlstand – eine Optimierungsaufgabe, in: J. Rinderspacher (Hg.): Zeitwohlstand und Güterwohlstand, Berlin 2002, 95–116; ders.: Zur Messung des Wohlstands, in: S. Hartard/C. Stahmer (Hg.): Magische Dreiecke. Berichte für eine nachhaltige Gesellschaft. Sozio-ökonomische Berichtssysteme Band 3, Marburg 2002, 267–288.

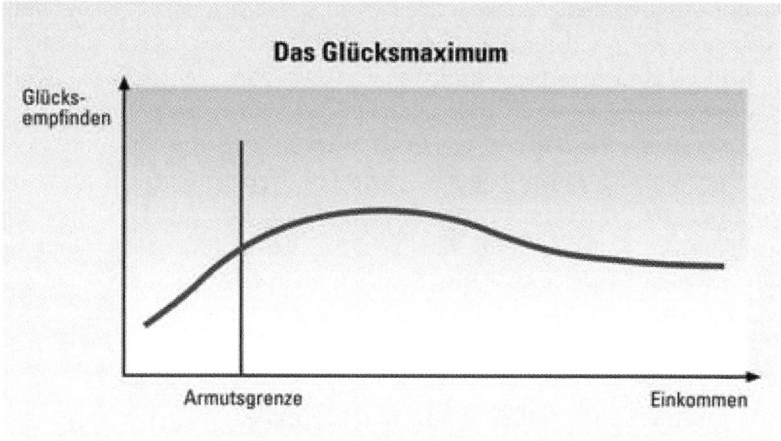

Die Kurve besagt: Solange das Einkommen unter der Armutsgrenze liegt oder nur wenig darüber, kann eine Steigerung des Einkommens die Lebenszufriedenheit und das Glücksempfinden noch erhöhen. Aber wenn das Einkommen über ein mittleres Niveau steigt, koppeln sich Glück und Zufriedenheit ab. Sie steigen nicht weiter mit. Das hat als erster Ronald Inglehart 1977 in einer ländervergleichenden Studie „The Silent Revolution" gezeigt.[13] Edward Diener hat es in einem Zeitvergleich von 5000 Amerikanern über neun Jahre bestätigt.[14] Und David G. Myers hat nachgewiesen, dass der Prozentsatz derer, die sich in Bevölkerungsumfragen als „sehr glücklich" bezeichneten, in den USA von 1995 bis 1998 gleich geblieben ist, obwohl sich das durchschnittliche reale Einkommen in dieser Zeit mehr als verdoppelt hat.[15]

Man deutet das inzwischen so: Die Glücksgefühle steigen nicht mehr mit, weil die Fixierung auf materiellen Wohlstand jene Grundbedürfnisse vernachlässigt, die stärker auf marktfreie Befriedigungen und kollektive Güter gerichtet sind, und weil die Vernachlässigung sich stärker bemerkbar macht, wenn die materiellen und individuellen Wünsche so weit

[13] Ronald INGLEHART: The silent revolution. Changing values and political styles among western publics, Princeton, N. J. 1977. Vgl. auch Ronald INGLEHART: The diminishing utility of economic growth. From maximizing security toward maximizing subjective well-being, in: Critical Review 10 (1996) 509–531.

[14] Edward DIENER /S. OISHI: Money and happiness. Income and subjective well-being across nations, in: Edward Diener/E. M. Suh (Hg.): Subjective well-being across cultures, Cambridge 2000, 185–218.

[15] David G. MYERS: The funds, friends, and faith of happy people, in: American Psychologist 55 (2000) 56–67.

erfüllt sind, dass sie zurücktreten und den marktfreien und den kollektiven Platz machen könnten. In Industriegesellschaften aber bleiben die Wünsche so stark auf Marktgüter fixiert, dass die Frustration der marktfreien Bedürfnisse die Menschen krank macht. Auch wenn sie sich nicht als körperlich krank empfinden, so zeigt doch die Häufung der Symptome, dass ihre Gesundheit gestört ist.[16]

Das wurde Dutzende von Malen nachgewiesen. Ich fasse im folgenden die Befunde all der Studien zusammen, in denen Menschen mit dominierenden materialistischen Werthaltungen (überwiegende Orientierung an Werten des Habens) mit Menschen verglichen wurden, bei denen die Werte des Habens und des Seins besser in Balance waren.[17]

Menschen mit dominierenden materialistischen Werten haben

- *weniger* sichere Selbstwertgefühle und weniger Vitalität, sind weniger selbstbestimmt, ihr psychisches Wohlbefinden ist geringer, sie empfinden seltener positive Gefühle, auch weniger Glücksgefühle; sie sind weniger zufrieden mit ihrem Leben, ihrer Familie, ihrem Einkommen, ihren Freunden. Zugleich haben sie
- *mehr* depressive und Angstgefühle, mehr narzisstische Züge, häufiger ein gestörtes Sozialverhalten und destruktive Einstellungen („Für ein Mitglied unserer sozial lebenden Art besteht die schlimmste Strafe in der sozialen Isolierung" heißt es in der Evolutionsmedizin[18]). Sie leiden häufiger unter physischen Symptomen wie Kopf- oder Rückenschmerzen, Heiserkeit, verspannten Muskeln. Und sie rauchen häufiger, trinken häufiger Alkohol oder nehmen andere Drogen wie Marihuana.

Die Untersuchungen wurden unabhängig voneinander von verschiedenen Forschern und mit unterschiedlichen Methoden durchgeführt. Die Befunde können allgemeine Geltung beanspruchen, denn sie sind nicht

[16] Dies erst recht, wenn man den Gesundheitsbegriff der Weltgesundheitsorganisation zugrundelegt. Die WHO, 1948 gegründet, hat in ihrer Satzung bekanntlich *Gesundheit* als einen Zustand völligen körperlichen, geistigen und sozialen Wohlbefindens definiert. 1986 verkündete sie die Charta von Ottawa, in der als Vorbedingungen für Gesundheit benannt wurden: Frieden, Wohnunterkunft, Bildung, Nahrung, Einkommen, stabiles Ökosystem, zukunftsfähige Ressourcen, Gleichberechtigung der Geschlechter und soziale Gerechtigkeit. „Noch weiter greift die Formulierung der WHO, wonach Gesundheit sich dadurch bestimmt, wie Menschen leben, lieben, arbeiten, lernen und im Spiel ihre Zeit verbringen" (Susanne MOEBUS/Rainer FEHR: Gesundheit, in: B. Breuel (Hg.): Agenda 21. Vision: Nachhaltige Entwicklung, Frankfurt a. M. 1999, 143–154, hier 146.

[17] Nach T. KASSER: The high price of materialism, 5–22.

[18] Randolph M. NESSE/George C. WILLIAMS: Warum wir krank werden, München 1997.

nur für die USA gültig, sondern haben sich auch in Kanada, Australien, Großbritannien, Deutschland, Dänemark, Russland, der Türkei, Rumänien, Südkorea und China bestätigt.[19]

Um jedes Missverständnis auszuschließen: „Nicht dass Materialismus in sich selbst schlecht wäre, denn bis zu einem gewissen Grad machen uns Besitz und Gebrauch von Gegenständen sehr wohl glücklicher. Wir alle sind in einem gewissen Umfang Materialisten, und wir wären nicht Menschen, wenn das nicht so wäre. Jüngste Studien belegen allerdings immer wieder, dass ein übermäßiges Interesse am materiellen Besitz ungesund ist. Menschen mit einer sehr materialistischen Einstellung sind vergleichsweise depressiver, haben weniger Freunde und unterhalten weniger stabile Beziehungen als andere. Sie sind weniger wissbegierig, weniger am Leben interessiert, schneller gelangweilt.“[20]

Es macht übrigens auch Tiere krank, wenn sie auf eine Weise behandelt werden, die nicht artgerecht ist, sondern allein orientiert an maximaler Fleisch-, Milch- oder Eierproduktion. Milchkühe kalben teilweise nur mehr zweimal, dann sind sie nicht mehr fruchtbar und müssen geschlachtet werden. Bei Geflügel hat die getrennte Züchtung von Fleisch- und Eierrassen dazu geführt, dass bei der Legehennenerzeugung fünfzig Prozent der Eintagsküken (die männlichen Tiere, die aufgrund der extremen Spezialisierung auf das Eierlegen nicht für die Fleischerzeugung geeignet sind) gleich getötet werden. Die Hennen werden nur für die Legeleistung gehalten, danach sind sie Biomüll, der in der Regel verbrannt wird, denn beiden Geschlechtern der Eierrasse wurde ja die Fleischigkeit abgezüchtet. Das alte Zweinutzungshuhn, bei dem die männlichen Tiere zur Mast verwendet wurden und die weiblichen am Ende ihrer Legeperiode noch so fleischig waren, dass sie als Suppenhühner Verwendung finden konnten, gibt es nicht mehr.[21]

4. Warum wollen wir trotzdem immer mehr?

Was in uns vorgeht, wenn wir es zulassen, dass unsere materiellen Wünsche die immateriellen Empfindungen – bis hin zum Mitgefühl mit an-

[19] T. KASSER: The high price of materialism, 21.

[20] Mihaly CSIKSZENTMIHALY: Flow im Beruf. Das Geheimnis des Glücks am Arbeitsplatz, Stuttgart 2004, 287 (Originalausgabe: Good business, leadership, flow, and the making of meaning, New York 2003).

[21] Diese Beispiele verdanke ich einem Gespräch mit Prof. Alois HEISSENHUBER, TU München-Weihenstephan, Lehrstuhl für Wirtschaftslehre des Landbaues.

deren Lebewesen – dermaßen verdrängen, ist eine spezifische Variante der „Minderschätzung künftiger Bedürfnisse," die Böhm-Bawerk[22] als ein allgemeines Gesetz des menschlichen Handelns formuliert hat. Werfen wir zunächst einen Blick auf das allgemeine Gesetz. Es besagt, dass die Menschen dazu neigen, ihren momentanen Bedürfnisregungen mehr Ressourcen an Zeit, Geld und Aufmerksamkeit zu widmen, als sie es täten, wenn sie zugleich auch für ihre künftigen (Grund-) Bedürfnisse vorsorgten. Dieses Gesetz scheint die Vernachlässigung des künftigen Wohlergehens gut zu beschreiben, doch rechtfertigen kann es die Abwertung der künftigen Grundbedürfnisse keineswegs.

Was die Beschreibung betrifft, so bringt die Lust an der momentan reizvollen Befriedigung Menschen immer wieder dazu, „risks to long-term well being" einzugehen; das impulsive Streben „to want more of a good thing" ist ein normaler Bestandteil unseres alltäglichen Verhaltens.[23] Man verstößt unbewusst oder bewusst gegen die „Weisheit des Körpers"[24] – gegen die innere Stimme, die uns sagt, wann wir satt sind oder dass wir den Wechsel von Entspannung und Bewegung brauchen, ja sogar wie wir manche Schäden an Leib und Seele selbst heilen können.[25] Diese Stimme wird nicht immer gehört, weil wir äußeren Reizen erliegen, die das instinktive Wissen überspielen, und Gewohnheiten annehmen, die es verdrängen.

Aber die Erfahrung des „Menschlich-Allzumenschlichen" rechtfertigt das Überspielen und Verdrängen nicht, sondern hat schon immer zu dem Schluss geführt, dass Menschen Anleitung brauchen, um das rechte Maß zu finden. Die berühmteste Regel des maßvollen Handelns stand auf dem Apollotempel in Delphi. In der lateinischen Übersetzung lautet sie: Ne quid nimis, *nichts zuviel*. Sie soll der menschlichen Neigung steuern, sich Handlungen zu überlassen, die im Moment befriedigend scheinen, aber auf längere Sicht schädigend wirken.[26]

---

[22] Egon v. BÖHM-BAWERK: Kapital und Kapitalzins. Zweite Abteilung: Positive Theorie des Kapitals, Stuttgart 1888, ^{4}1961.

[23] Thomas PRINCEN: Sufficiency in principle. Discussion paper prepared for the conference „Challenges for Sciences and Engineering in the 21st Century", Stockholm, June 14–18, 2000, Workshop C 4: Steps toward Sustainable Consumption.

[24] Walter B. CANNON: The wisdom of the body, New York 1932.

[25] Heiko ERNST: Die Weisheit des Körper, München 1995.

[26] Gerhard SCHERHORN: Die Logik der Suffizienz, in: M. Linz u. a.: Von nichts zuviel, Wuppertal Institut 2002 (= Wuppertal Paper 125), 15–26.

Scitovsky hat in der „Psychologie des Wohlstands"[27] diese Neigung wie folgt beschrieben:

- Die Bedürfnisbefriedigung stellt sich im Gehirn als ein *Prozess* der Aktivierung betroffener Gehirnzentren dar, der im zentralen Nervensystem als lustvoll empfunden wird, weshalb wir in Versuchung sind, den Prozess über das Optimum hinaus fortzusetzen, z. B. den Vorgang des Essens, den Genuss von Alkohol, das Krimilesen. Scitovsky nannte das die „Verführungskraft der Lust". Freilich wird es irgendwann des Guten zuviel, sodass sich – um bei den drei Beispielen zu bleiben – überflüssige Fettzellen bilden oder Unwohlsein (Völlegefühl, Kater, Übelkeit) und womöglich Krankheit (Leber) entsteht oder man über dem Lesen dringlichere Aufgaben vernachlässigt.
- Auch der *Zustand* der optimalen Aktivierung selbst – Beispiele: das Gesättigtscin oder das Gespanntsein – wird als angenehm empfunden, und deshalb sind wir in Versuchung, ihn ständig beibehalten zu wollen (die „Verführungskraft des Behagens"). Auch das kann des Guten zuviel werden, denn der Organismus braucht den Wechsel zwischen Hunger und Sättigung, Spannung und Entspannung, Sommer und Winter, und reagiert deshalb auf Gleichförmigkeit mit Unlust (Überdruss, Langeweile), auch wenn der gleichförmige Zustand an sich weiter als angenehm empfunden wird.

Nach Scitovsky liegt es an der Verführungskraft von Lust und Behagen, dass die Signale, mit denen der Organismus das *Zuviel* quittiert, vom Bewußtsein so leicht überhört werden und dass man sogar verlernen kann, sie zu empfinden.[28] Auch seine Deutung gilt, wie das Böhm-

[27] Tibor SCITOVSKY: The joyless economy. An inquiry into human satisfaction and consumer dissatisfaction, Oxford 1976 (deutsch: Psychologie des Wohlstands, Frankfurt a. M. 1977).

[28] Man kann diese Erkenntnis auch schon auf den Zoologen Wallace Craig aus dem Jahre 1918 zurückführen (vgl. Till BASTIAN: Zur Psychologie der Gier, in: Psychologie heute, August 2004, 44–47). Er fand, dass innere Antriebe aus zwei Komponenten bestehen, der *Appetenz* und der *Konsumation*. Appetenz ist die Stimulation, z. B. die Vorstellung vom Lieblingsessen oder die Neugier auf ein besonderes Genussmittel, die den Organismus zum Handeln – hier: zur Nahrungssuche – motiviert. Konsumation ist in diesem Beispiel die physische Wirkung der Nahrungsaufnahme, die Versorgung mit Nährstoffen. Beide können beim Menschen voneinander getrennt sein, so wie Sexualität meist ohne Zeugung stattfindet und der Reiz des Autofahrens wenig mit dem Ergebnis, der Beförderung, zu tun hat. Die Appetenz ist dann in sich selbst befriedigend („stimulierend"), ihr Zusammenhang mit der Konsumation geht verloren, und dadurch kann diese die Appetenz nicht mehr begren-

Bawerksche Gesetz, für die übermäßige Bevorzugung *jeglicher* momentaner Bedürfnisregungen, nicht nur der auf Marktgüter gerichteten.

5. Wie marktfreie Befriedigungen verdrängt werden

Wenden wir diese Deutung nun auf die Frage an, warum gerade die Marktgüter vorgezogen und gerade die marktfreien Befriedigungen aufgeschoben und vernachlässigt werden.

Es macht einen Unterschied, ob die Gehirnzellen von äußeren oder von inneren Reizen aktiviert werden. *Interne Stimuli* und die mit ihnen verbundenen Empfindungen bringen wir selbst hervor, wenn wir z. B. unser Bewusstsein auf eine Wahrnehmung konzentrieren, das Wahrgenommene aktiv verarbeiten, es intensiv erleben, produktiv weiterdenken, kreativ umformen, sachbezogen anwenden. In solchen Fällen organisiert sich unser Bewusstsein neu, und sei es auch nur in einem winzigen Aspekt. Wir vertiefen unser Verständnis für eine Sache oder einen Menschen, lösen ein Problem, finden einen neuen Weg, verbessern eine Fähigkeit, erhöhen unsere Kompetenz, erweitern unser Erleben, gleich ob es sich um eine eher handwerkliche oder künstlerische, gärtnerische oder sportliche, schreibende oder konstruierende, soziale oder schriftstellerische, erzieherische oder meditative, analysierende oder organisierende Tätigkeit handelt.

Solche intrinsisch motivierte Aktivität setzt den aktiven Einsatz von psychischer Energie voraus, die Konzentration von Aufmerksamkeit, und verändert das Bewusstsein in einer Weise, die man als Erweiterung betrachten kann, als inneres Wachstum. Als Nebeneffekt stellt sich ein Glücksgefühl ein, das Csikszentmihalyi als *Flow* beschreibt, als ein Gefühl des Fließens, Schwebens oder Getragenwerdens.[29] Die eigentliche Wirkung aber ist die Hervorbringung inneren Wachstums, also eines intensiven Erlebens, einer Erkenntnis, einer Gestaltung, einer Beziehung, einer inneren Haltung, einer Fähigkeit.

Externe Stimuli dagegen haben diese Wirkung nur, wenn sie als feedback für den aktiven Einsatz psychischer Energie erfahren werden. Wer gern lernt, weil ihn die Aufgabe fesselt, kann die gute Note als Bestär-

---

zen. Da unsere Instinkte nicht mehr ausreichen, diese Begrenzung zu besorgen, sind wir auf unsere kognitiven Fähigkeiten und auf gesellschaftliche Regeln angewiesen.

[29] Mihaly CSIKSZENTMIHALYI: Flow. Das Geheimnis des Glücks, Stuttgart 1992 (Originalausgabe: Flow. The psychology of optimal experience, New York 1990).

kung erleben, gerade weil er/sie nicht um der Note willen gelernt hat. Wer sich dagegen durch äußere Stimuli motivieren lässt, durch den Wunsch nach Belohnung oder die Furcht vor Bestrafung, wird durch diese *kontrolliert,* eben weil sie von außen zugeführt werden und die Person sich ihnen unterwirft.[30] Auch diese Reize bewirken Befriedigung, indem sie ein inneres Ungleichgewicht beseitigen oder vermindern – sie sättigen, reduzieren Angst, vermitteln Anerkennung, zerstreuen Langeweile. Aber die bewusstseinsverändernde Wirkung der intrinsisch motivierten Aktivitäten – und das sie begleitende Glücksgefühl – kann sich bei rein extrinsischer Motivation nicht einstellen. Deshalb ist es so problematisch, wenn das Verhalten von den Werten des Habens dominiert wird:

- Die Dominanz tritt bei Menschen bzw. in Situationen auf, die – wie erwähnt (Abschnitt 3) – von geringem Selbstwert- und Kompetenzbewusstsein geprägt sind. Der Selbstwert ist dann abhängig von externen Bestätigungen und damit anfällig für äußere Attribute des Wohlstands, des Ansehens, der Attraktivität. Der Erwerb dieser Attribute kann die innere Sicherheit nur kurzfristig erhöhen, muss also bald wieder erneuert werden, und das fesselt die Person an materialistische Befriedigungen[31] meist narzisstischen Charakters.[32]
- Das Streben nach solchen Befriedigungen wird vom Konsumgüterangebot, der Werbung und den Medien auf Idealvorstellungen von Wohlstand, Ansehen und Attraktivität gelenkt, die für die allermeisten Menschen nicht erreichbar sind und sie daher in *Diskrepanz* zu ihren Ansprüchen bringen: Sie messen sich dann an Leitbildern von

[30] Durch kontrollierende Sozialisation lernen die Menschen, die Belohnung mit möglichst wenig Anstrengung zu erreichen. Sie sind folglich an der Sache weniger interessiert, sie lernen mechanischer, bemühen sich weniger um ein Verständnis für die zugrundeliegenden Konzepte und Zusammenhänge. Sie arbeiten weniger kreativ, sie setzen weniger von ihren Fähigkeiten ein. Sie suchen den begehrten Stimulus auf einem möglichst direkten, abgekürzten Weg zu erreichen, ja sie täuschen womöglich die Leistung nur vor, weil es ihnen ja nur um die Belohnung geht, oder darum, der Strafe zu entgehen. Wer etwas nur – oder in erster Linie – deshalb tut, weil er an der externen Belohnung interessiert ist, fühlt keine Verantwortung für das Produkt seines Handelns, und schon gar nicht für die von seinem Verhalten betroffene soziale und natürliche Mitwelt. Vgl. Gerhard SCHERHORN: Konsumentenverhalten und Wertewandel, in: M. Henze/G. Kaiser (Hg.): Ökologie-Dialog, Düsseldorf 1994, 196–221.

[31] T. KASSER: The high price of materialism, 49f.

[32] Vgl. A. D. KANNER/M. E. GOMES: The all-consuming self, in: T. Roszak/M. E. Gomes/A. D. Kanner (Hg.): Ecopsychology. Restoring the earth, healing the mind, San Francisco 1965, 77–91.

Schönheit und gehobenem Lebensstil, die sie nicht erfüllen können. Aus diesem Grund steht häufiger Fernsehkonsum in Korrelation mit starker Diskrepanz und geringer Lebenszufriedenheit; das ist in zahlreichen Ländern nachgewiesen.[33]

So entsteht ein Teufelskreis: Ein Übergewicht der Werte des Habens verstärkt eine Diskrepanz zwischen Anspruch und Wirklichkeit, diese bestätigt die Unzufriedenheit mit dem Erreichten und bringt neue Wünsche nach Marktgütern hervor, die wiederum die Diskrepanz verstärken, und so fort.

Die Anfälligkeit für extrinsische Belohnungen aber, die Menschen in diesen Teufelskreis hineinbringt, wird insbesondere durch eine Sozialisation bewirkt, die Menschen in kontrollierender oder vernachlässigender oder überbeschützender Umgebung aufwachsen lässt. Diese Sozialisation vorenthält den Heranwachsenden die dreifache Erfahrung,

- dass sie geliebt werden, weil sie sind (und nicht nur, wenn sie brav sind),
- dass sie sich anhand von Vorbildern und doch selbstbestimmt entwikkeln können, und
- dass ihrem Handeln altersspezifische Grenzen gezogen werden.

Das Fehlen dieser Erfahrungen schwächt die innere Sicherheit des Selbst und macht es abhängig von der Kompensation durch äußere Bestärkungen.[34] In einer Gesellschaft, die an äußeren Reizen vor allem Waren anbietet, erzieht eine derartige Sozialisation zur *materialistischen* Überbewertung der Werte des Habens. Ist es nicht auffällig, wie sehr sie in Industriegesellschaften gefördert wird? In ihnen lebt die Mehrheit der Erwachsenen in kontrollierenden Umgebungen: Sie sind fast permanent überflutet von äußeren Reizen und vom Verlangen nach immer neuen Marktgütern; sie werden von Erwerb und Konsum so sehr absorbiert, dass sie nicht genug Zeit für die Kinder haben und sie mit Gütern abspeisen, statt sich ihnen selbst zuzuwenden; das Streben nach Wohlstand, Ansehen, Image entfremdet sie der Nähe zu anderen Menschen und der Sorge für sie, sodass sie die anderen eher als Objekte benutzen denn als ihre Nächsten[35] – kurz: Sie handeln gerade so, als stünden sie im Dienst

[33] Ein Überblick bei T. KASSER: The high price of materialism, 51–59.

[34] Nach Edward L. DECI/Richard M. RYAN: Intrinsic motivation and self-determination in human behavior, New York 1985.

[35] Vgl. die bei T. KASSER: The high price of materialism, 62–65, zusammengefassten Untersuchungen über die Auswirkungen materialistischer Werthaltungen auf die Qualität menschlicher Beziehungen.

einer planvollen Strategie, die lenkbaren Konsumtrottel hervorzubringen, die zum Absatz eines immer weiter anschwellenden Stroms von Marktgütern gebraucht werden.

6. Nachhaltige Lebensstile halten sich bisher nur in Nischen

Zwar kann man nicht behaupten, dass dieser Eindruck durch die Existenz nachhaltiger Lebensstile widerlegt wird. Denn solange die in der Gesellschaft vorherrschenden und propagierten Lebensstile von einem Übergewicht der Werte des Habens geprägt sind, kann individuelle Nachhaltigkeit nur in Nischen existieren. Aber dass sie dort existiert, hält immerhin die Hoffnung wach, sie könnte sich ausdehnen und eines Tages die Mehrheit erringen. Beispiele für individuelle Nachhaltigkeit findet man etwa bei Menschen, deren Konsumverhalten auf die Liebe zum einfachen Leben gegründet ist,[36] oder auf das Bedürfnis nach einem gesunden Leben,[37] oder auf die Maxime „Weniger ist Mehr."[38] Dahinter steht immer die Erkenntnis, dass der Sinn des Lebens sich nicht im materiellen Wohlergehen erschöpft.

Nirgendwo habe ich diese Erkenntnis so prägnant formuliert gefunden, und selten wird sie so umfassend in den Alltag übertragen wie bei der seit 1992 bestehenden italienischen Gruppe *Bilanci di Giustizia.*[39] Ihre Mitglieder – heute rd. 500 Haushalte, verstreut über ganz Norditalien – lassen sich vom Verlangen nach Gerechtigkeit gegenüber der natürlichen und der sozialen Mitwelt leiten. Sie messen das daran, ob sie genug für die Schonung der Umwelt, für den fairen Handel, für soziale Initiativen usw. getan haben. Wenn ja, hat sich das in ihren monatlichen Ausgaben niedergeschlagen. Wenn nein, versuchen sie das nächste Mal mehr zu tun. Darüber ziehen sie regelmäßig Bilanz. Daher der Name; Bilanci di Giustizia bedeutet, dass sie in ihren Geldausgaben Gerechtigkeit üben wollen, und dass sie sich das nicht nur vornehmen, sondern sich darüber auch Rechenschaft geben wollen.

---

[36] Herrad SCHENK: Auf der Suche nach dem einfachen Leben, in: ders. (Hg.): Vom einfachen Leben, München 1997, 9–58.

[37] Svevo BROOKS: The art of good living, Boston 1986, Neubearb. 1990 (deutsch: Von der Kunst, gut zu leben, München 1991).

[38] Elaine ST. JAMES: Living the simple life, New York 1996 (deutsch: In Einfachheit leben, München 1989).

[39] Antonella VALER: Bilanci di giustizia, Bologna 1999.

Auf ihren Zusammenkünften wird auch darüber berichtet und diskutiert, wie sich die Bilanzen entwickelt haben. Denn alle, die neu hinzukommen, schreiben eine Zeit lang monatlich ihre Ausgaben auf, um herauszufinden, ob es ihnen gelungen ist, an unwichtigen Stellen einzusparen und ihr Geld für Wichtigeres auszugeben. Als wichtiger betrachten sie z. B. ökologisch erzeugte Nahrung und Kleidung, Produkte aus fairem Handel, Gastfreundschaft, Spenden für soziale oder solidarische oder kulturelle oder religiöse Zwecke, Investition in ökologisch arbeitende Unternehmen. Und doch geben sie insgesamt weniger aus als die italienische Durchschnittsfamilie, namentlich sind ihre Ausgaben für Nahrung, Kleidung, Auto, Strom, Reinigungsmittel geringer.

Dafür sehe ich im wesentlichen drei Gründe. *Erstens* verfolgen sie bewusst das Ziel, ihren Konsum zu verringern. Sie machen sich Gedanken über die Umweltkonsequenzen übermäßigen Konsums, aber auch über Folgen für die eigene Zeit. Je mehr Konsumgüter man hat, desto weniger Zeit hat man für anderes. Sie wollen aber mehr Zeit für sich, ihre Familien und Freunde, für ihre Gruppe und für andere soziale oder kulturelle oder politische Aufgaben. Und die Aufschriebe zeigen, dass sie das auch erreichen. *Zweitens* haben sie sich vorgenommen, nach Möglichkeit direkt von den Produzenten in der Region zu kaufen, vor allem die Nahrungsmittel, und nach Möglichkeit auch gemeinsam zu kaufen. Man kann dann die Qualität besser kontrollieren, tut etwas gegen das wirtschaftliche Ausbluten der Regionen, und kauft günstiger. *Drittens* wollen sie dort, wo es sinnvoll ist, Produkte und Dienstleistungen nicht kaufen, sondern eigenproduzieren. Auch hier spart man Geld, bekommt bessere oder besondere Qualität und verbringt seine Zeit selbstbestimmt.

Nimmt man das alles zusammen, so verwundert es nicht, dass die Mitglieder der Gruppe von sich sagen, dass sie jetzt mehr Zeit haben für die Dinge, die ihnen wichtig sind, und dass ihr Leben bereichert worden ist. Für die Lebenszufriedenheit, die sie ausstrahlen, spielt es eine erkennbare Rolle, dass sie die soziopolitischen Grundbedürfnisse nicht weniger wichtig nehmen als die psychosomatischen, und dass sie in beiden Bereichen die Marktgüter mit den marktfreien in Balance halten. Auch ihre Kinder wachsen in einem derart ausbalancierten Umfeld auf, d. h. die Gruppe trägt dazu bei, dass sie gegen die materialistische Sozialisation (Abschnitt 5) ein Stück weit immunisiert werden.

7. Noch hat der *mainstream* seine Richtung nicht geändert

Es ist aber nicht zu übersehen, dass die Gruppe eine Nischen-Existenz führt, so wie alle anderen auch.[40] Sicher kann man dabei helfen, dass sich mehr solcher Gruppen bilden und dass die bestehenden sich vergrößern. Aber sie bleiben in der Minderheit. Denn noch werden in der Gesellschaft überwiegend die Werte des Habens vermittelt,

- nicht nur von der Werbung, nicht nur vom Stadtbild, das fast keine anderen Beschäftigungen gewährt als die des Kaufens, nicht nur von der in den Medien kolportierten Gier der Manager, nicht nur von den in Filmen und Magazinen vorgeführten Lebensstilen der oberen Schichten, nicht vom Verhalten der leitenden Politiker, die selbstverständlich die größten Autos als Dienstwagen fahren,
- auch von den Gleichaltrigen in der Schule, auch von den Nachbarn, von den Berufskollegen, von der Ausbildung in Berufs- und Hochschulen. Denn bis in die volkswirtschaftliche Gesamtrechnung hinein sind die gesellschaftlichen Lebensäußerungen von den Werten des Habens geprägt. Für das Sozialprodukt zählen nur die verkauften Güter und die ausgezahlten Einkommen, die geschaffenen immateriellen Werte werden nicht berücksichtigt und die externalisierten Kosten werden nicht abgezogen. Für Nahrungsmittel wird offiziell mit der heilen Welt des traditionellen Bauernhofs geworben (CMA: „Gutes vom Bauern"), die Wahrheit der Tierhaltung wird verschwiegen und verfälscht. Gegen Krankheit werden Medikamente und Apparaturen propagiert, die ärztliche Beratung und erst recht die Prävention wird kaum honoriert. Für das soziale Ansehen zählt nur die Erwerbsarbeit, die nicht entlohnte Arbeit in Familie und Haushalt, in Nachbarschaft und Gemeinde wird wenig beachtet.

Dagegen wäre ein Kraut gewachsen: Die emotionale Ergriffenheit,[41] die nötig ist, um vernachlässigte, verdrängte, aufgeschobene Bedürfnisse in

---

[40] Auf der Landkarte der Sinus-Milieus (http://www.sinus-sociovision.de) kann man nachhaltige Lebensstile vor allem in Traditionsmilieus, bei „DDR-Nostalgikern" und unter den postmateriellen Konsumenten finden (zusammen rd. 30%), doch sicher bilden sie nur Segmente dieser Milieus.

[41] Degenhardt fand in einer exemplarischen Befragung von 22 Menschen, deren Lebensstile von individueller Nachhaltigkeit gekennzeichnet sind, „that emotional consternation is an essential driving force for the implementation of a sustainable lifestyle" (Lars DEGENHARDT: Sustainable Lifestyle pioneers, in: Peter Schmuck/W. P. Schultz (Hg.): Psychology of sustainable development, Boston 2002, 123–147, hier 172).

gegenwärtige zu verwandeln. Die bloße Erkenntnis, dass man sich selbst oder der Umwelt oder Gesellschaft Schaden zufügt, reicht nicht aus. Ein Beispiel: Der menschliche Organismus braucht Bewegung, um sich zu verwirklichen; die Gewöhnung an sitzende Arbeits- und Lebensweise entzieht sie ihm; nach Jahren reagiert er mit Kreislaufschwäche, Herzinsuffizienz, vorzeitiger Senilität. Es ist aber schwierig, sich selbst zu mehr Bewegung zu überreden, denn das Sitzen an Tischen, Computern, Maschinen, in Sesseln, in Autos, vor dem Fernseher wird als so berufsnotwendig bzw. so komfortabel empfunden, dass das Behagen am Sitzen sich mit der Lust am Autofahren, am Fernsehen, am Computer zu einem machtvollen Antrieb verbindet. Mit dem rationalen Entschluss zur Selbstüberwindung allein kommt man gegen diesen Antrieb auf Dauer nicht an, selbst wenn er durch ein aufwühlendes Ereignis ausgelöst wird. Anders ist es, wenn die emotionale Ergriffenheit das vernachlässigte Bedürfnis – hier die Erhaltung oder Wiederherstellung der Beweglichkeit – in ein aktuelles verwandelt, das den Charakter eines *intrinsischen* Motivs hat, wie die Freude an der Bewegung, und wenn dieses Bedürfnis die Chance bekommt, seine befriedigende Wirkung zu beweisen.[42]

Dann tritt der Effekt ein, den Csikszentmihalyi[43] beschreibt, „dass unser Wohlbefinden zunimmt, wenn wir unsere Energien auf Ziele verwenden, die über den Augenblick und das Eigeninteresse hinausreichen. Kurzfristige Ziele zu verfolgen macht uns glücklicher als keinerlei Ziele zu verfolgen; langfristige Ziele zu verfolgen macht uns glücklicher als kurzfristige Ziele zu verfolgen; die Arbeit an der eigenen Vervollkommnung macht uns glücklicher als irgendwelche Vergnügungen; und der Einsatz für das Wohlbefinden eines anderen Menschen, einer Gruppe oder einer größeren Gesamtheit[44] macht uns glücklicher als der Einsatz für egozentrische Ziele.“[45]

Die Verwandlung kurzfristiger in langfristige Ziele, die Ergänzung ichbezogener durch gemeinsame und übergreifende Ziele ist möglich, sie geschieht nicht selten, und sie lässt sich lernen. Dazu kann vieles beitragen, die Vermittlung von Einsichten und Informationen ist unerlässlich, doch im Zentrum muss die Erfahrung der intrinsisch motivierten

---

[42] Das Leben ohne Auto z. B. muss erprobt werden, damit seine Vorteile erfahrbar werden. Vgl. N. HUHN/M. LEMKE (Hg.): Überleben ohne Auto, München 2001.

[43] Unter Bezug auf Peter SCHMUCK/Ken M. SHELDON: Life-goals and well-being, Göttingen 2001.

[44] Hierzu vgl. Gerhard SCHERHORN: Freiheit im Mitsein, in: H. W. Ingensiep/A. Eusterschulte (Hg.): Philosophie der natürlichen Mitwelt, Würzburg 2002, 35–48.

[45] M. CSIKSZENTMIHALY: Flow im Beruf, 287.

Aktivität stehen, die den Menschen emotional ergreift. Dann ist Bildung für Nachhaltigkeit eine Sozialisation zu den Werten des Seins, wie sie oben (Abschnitt 2) skizziert sind. Das ist eine Aufgabe, die *gegen den mainstream* nicht mehr erreichen kann, als die Nischen ein wenig zu erweitern.

Also liegt die eigentliche Herausforderung darin, den Hauptstrom umzulenken, damit individuelle Nachhaltigkeit mehrheitsfähig werden kann. Das bedeutet, die Balance der Werte auch in der Güterwelt zu beachten, sei es im Design der Produktion,[46] sei es im Design der Güter und Dienstleistungen.[47] Es bedeutet, die Balance der Werte auch in den Massenmedien zu verkörpern, was nicht ganz aussichtslos erscheint, wenn in den Redaktionen erst einmal wahrgenommen wird, dass das Interessante, Befriedigende und Unterhaltsame der marktfreien Güter ungestörter und kongenialer vermittelt wird, wenn es nicht mit Marktgütern und den ihnen aufgesetzten Illusionen des Reich-, Berühmt- und Attraktivseins aufgeladen, sondern auf die reale Kraft der menschlichen Beziehungen, des Einsatzes für die Gemeinschaft und des inneren Wachstums aufgebaut ist. Und es bedeutet auch im privaten und schulischen Umgang eine Abkehr von der in Abschnitt 5 beschriebenen materialistischen Sozialisation.

Dazu ist viel Umdenken erforderlich. Bisher denken wir noch in den Vorstellungen und Begriffen der Industriegesellschaft. Noch gibt es kein gängiges Wort für das Gegenteil von Nachhaltigkeit, den Substanzverzehr, den wir im täglichen Leben praktizieren. Noch verstehen wir weder, wie wir in unserem Alltag zu den Werten des Habens verführt werden, noch wie sie in unserem Leben die marktfreien Güter verdrängen

---

46 Ein Ansatz bei Michael BRAUNGART/William MACDONOUGH: Einfach intelligent produzieren, Berlin 2003. Wird z. B. die Produktion schon im Design so angelegt, dass die eingesetzten Stoffe nach dem Verbrauch in geschlossene – biologische oder technische – Kreisläufe zurückgeführt werden, so begrenzt die Menge der wieder einsetzbaren Stoffe den Konsum der Produkte, und diese Begrenzung wird von den Konsumenten leichter akzeptiert, wenn sie an der Rückführung kooperativ beteiligt sind.

47 Das Design eines Produkts umfasst nicht nur die Informationen, die von der Produktgestalt und von dem Produktgebrauch ausgehen, sondern auch produktbegleitende Informationen, wie sie z. B. auf Labels oder im Image des Herstellers oder durch die Werbung gegeben sind. Die Summe dieser Informationen kann materialistische Wertorientierungen verstärken, doch ist es auch denkbar, dass sie diesen entgegenwirkt, etwa indem sie den Gebrauchswert betont und durch Angaben über Produktionsweise, Inhaltsstoffe, Wirkungen und Nebenwirkungen die Frage „brauche ich das" moderiert.

und warum sie krank machen. Noch empfinden wir Nachhaltigkeit als Verzicht auf Annehmlichkeiten, statt in ihr den Gewinn von Erfüllungen zu sehen. Noch ruft die Notwendigkeit, die Emission klimaschädlicher Schadstoffe z. B. im Kfz-Verkehr wirksam zu vermindern, als erstes die Abwehrreaktion des Besitzstandwahrens hervor, bei Konsumenten und Gewerkschaften nicht weniger als beim Management der betroffenen Unternehmen; dass es um eine längst überfällige, fahrlässig verzögerte Korrektur eigener Fehlentscheidungen geht, wird immer noch verdrängt. Wie kann man sich vom nichtnachhaltigen Konsum abwenden, solange man ihn nicht einmal benennt, geschweige denn durchschaut?

Das alles ist nicht durch Bildung und Information allein zu ändern; es erfordert, wie ich woanders dargelegt habe, auch eine andere Ordnungs- und Strukturpolitik. Denn den nichtnachhaltigen Konsum zu durchschauen und ihn abzulegen, das wird der Masse der Menschen erst dann möglich, wenn die gesellschaftlichen und wirtschaftlichen Zielvorstellungen und Strukturen nicht mehr den nichtnachhaltigen, sondern den nachhaltigen Konsum fördern.[48] Noch ist Nachhaltige Entwicklung nicht als Ziel in die Wirtschafts- und insbesondere Wettbewerbsgesetzgebung aufgenommen worden,[49] und noch sind die Strukturen des Wirtschaftens nicht so gestaltet, dass sie eine Sozialisation zu den Werten des Seins fördern können.[50]

[48] Gerhard SCHERHORN: Wo bleibt der nachhaltige Konsum? In: M. Hellwig/R. Hemker (Hg.): Jahrbuch für Nachhaltigkeit 1, Münster 2007, 5–14.

[49] Gerhard SCHERHORN: Markt und Wettbewerb unter dem Nachhaltigkeitsziel, in: Zeitschrift für Umweltpolitik & Umweltrecht 28 (2005) 135–154.

[50] Gerhard SCHERHORN: Halbtagsgesellschaft für Nachhaltigkeit, in: C. Stahmer/A. Schaffer (Hg.): Halbtagsgesellschaft. Konkrete Utopie für eine nachhaltige Gesellschaft, Baden-Baden 2006, 19–33; ders.: Gleiche Chancen für das Kapital, in: K. Woltron/H. Knoflacher/A. Rosik-Kölbl (Hg.): Wege in den Postkapitalismus, Wien 2005, 79–94.

Produktivität, Profit und Partnerschaft

Interkulturelle Kooperation von Unternehmen

VON SIMEON RIES

1. Beobachtungen, Erfahrungen, Horizonte

1.1 Kulturelle Unterschiede und Wettbewerb

Interkulturelle Fragen beschäftigten das Management großer Unternehmen im Zuge ihrer internationalen Wachstumsstrategien in den 1990er Jahren. Auf dem Hintergrund gescheiterter oder unproduktiver Projekte wurden große Investitionen in die Kompetenzen der Führungskräfte und verantwortlicher Mitarbeiter vorgenommen. Die Entdeckung der „Kultur" als Parameter wirtschaftlicher Vorhaben gewann an Bedeutung, als sich der politische Rahmen in Europa veränderte, und die hier bzw. in der sog. westlichen Welt angesiedelten wissenschaftlichen Institutionen sich z. B. Fragen der Inkulturation (Kirche und Theologie), der Gefühlsforschung (Psychologie) oder der Multikulturalität (Politologie und Soziologie) widmeten.

In der Folge entdeckten westliche Unternehmen in anderen Ländern erfolgreiche Management-Praktiken, die sie adaptierten. Besonders der asiatische Raum barg einen reichen Fundus: das Kanban-Lagersystem, die Just-in-time-Produktion, die Miniaturisierung der Produkte, und vieles mehr. Die Übernahme praktischer Modelle scheiterte oft, weil sie weiterhin in unveränderte Managementsysteme eingebunden waren.

Neue Kommunikationsmittel erschlossen einer globalen Öffentlichkeit den unmittelbaren Informationsaustausch über Produktionsweisen, Hintergründe und Verflechtungen eines Unternehmens. Global tätige Unternehmen reagierten mit einer Professionalisierung des Dialogs mit den Stakeholdern. In der konkreten Kooperation mit internen und externen Geschäftspartnern haben sich mittlerweile Standards entwickelt, die interkulturelle Kommunikation beschreiben. Große Unternehmen konnten die Ressourcen bereitstellen, um interkulturelle Fragen über die aktuellen

Projekte hinaus zu untersuchen. Dieser Schritt von der direkten Beobachtung ihrer eigenen Praxis zu einer Evaluation und nachhaltiger Grundlagenforschung sicherte diesen Unternehmen einen wesentlichen Wettbewerbsvorteil, weil sie Prozessverluste minimieren und internationale Kooperationen nachhaltig gestalten lernten. Sie qualifizieren heute ihre taktischen Entscheidungen durch operationale Prozesse und eine strategisch fundierte Lernbereitschaft.

So wurde z. B. das Diversity-Management entwickelt[1] – ein Instrument, das auf der Beobachtung aufbaut, dass die Produktivität der Mitarbeiter um bis zu 90 % eingeschränkt wird, weil sie großen Aufwand betreiben, ihre persönliche Unkonformität mit der erwarteten „Normalität" zu kaschieren. Neben der Entsprechung eines Schönheitsideals, der Geschlechterrolle oder der sexuellen Orientierung spielt die kulturelle Bestimmtheit eine bedeutende Rolle. Wenngleich offensive rassistische Übergriffe mittlerweile geächtet sind, obliegt die Anpassung an die im Unternehmen vorherrschende Kultur der Leistung der Einzelnen. Dies führt zu individualisierten Vermeidungsstrategien, was wiederum dem Unternehmen Arbeitskraft entzieht. Diversity-Management übernimmt die gesteuerte Entwicklung einer Kultur, in der Diskriminierungen aufgedeckt werden, und die Individualität der Mitarbeiter als Quelle für Motivation und Leistung gewertet wird.

Die Diskussion um die Rolle kultureller Differenzen im Business beschäftigt sich weitgehend mit der Ebene der Artefakte,[2] also dem sichtbaren Ausdruck einer Kultur. Ca. 90 % der angebotenen Seminare zielen auf konkrete Verhaltensregeln in einem bestimmten Land. Das Grundangebot „Interkultureller Trainings" umfasst deshalb sowohl kommunikationstheoretische Instrumente, wie auch direkte Verhaltensregeln und -übungen, die sich jeweils auf einen bevorstehenden Auslandseinsatz beziehen. Sie tragen zur Persönlichkeitsbildung ebenso bei wie zur Ausbildung einer zielorientierten Kompetenz der Verantwortlichen. Veröffentlichungen beschreiben Verhaltensmerkmale, die einer Nationalkultur zugeschrieben werden, und geben Tipps, wie sich Führungskräfte z. B. aus Frankreich in Japan verhalten sollen.[3] Mittlerweile wächst der Markt

---

1 Vgl. http://www.diversitymanagement.org.

2 Zum Kulturbegriff vgl. z.B. Rolf SÜLZER: Organisieren und Organisationen verstehen: Wege der internationalen Zusammenarbeit, Opladen 1996. Zur Organisation als Eisberg: 60ff; zur kulturspezifischen Analyse von Organisationen: 120ff.

3 Anschaulich und z. T. amüsant z. B. John MOLE: Mind your manners, London ^{4}1999.

an Unternehmensberatungen, deren Dienstleistung darin besteht, ihre Ortskenntnis, Kontakte, Sprache und Verhandlungstechniken zur Verfügung zu stellen.

Das Ergebnis der Entwicklung ist die Professionalisierung der Reaktion auf das kulturell bedingte Verhalten von Kooperationspartnern. Interkulturelle Herausforderungen unterliegen im unternehmerischen Kontext der grundlegenden Orientierung an wirtschaftlichen Zielen: Kooperationen finden nicht um ihrer selbst willen statt. Ihr Erfolg bemisst sich nach dem Erreichen der strategisch vorgegebenen Ziele. Unter dieser Vorgabe wurden Instrumente entwickelt, die alle Faktoren messen, die Effizienz und Effektivität der Prozesse bestimmen und für den Erfolg oder Misserfolg verantwortlich sind.

Die relevanten Prozesse betreffen vor allem die folgenden Bereiche:

- Kooperationen
- Fusionen und Unternehmensverkäufe
- Marketing und Öffentlichkeitsarbeit
- den Grad an vertical integration, also der Entscheidung, in welchem Maße das Unternehmen die Wertschöpfungskette selbst gestaltet oder an andere Unternehmen überträgt
- Personalmanagement und -entwicklung
- Team- und Projektarbeit.

1.2 Besonderheit mittelständischer Unternehmen

Mittelständische Unternehmen haben in der Regel nicht die Ressourcen, sich angemessen und professionell auf die Herausforderungen vorzubereiten.[4] Vielmehr ist der Arbeitsalltag dadurch bestimmt, dass die entsprechenden Aufgaben und Ressorts nicht explizit in der Organisationsstruktur verankert bzw. durch ein breit gefächertes Arbeitsfeld definiert sind. „Personalarbeit" meint alle notwendigen Aufgaben von der Lohnbuchhaltung über juristische Fragen bis hin zu einer konzeptionellen Personalentwicklung. Die Professionalisierung in kommunikativen Kompetenzen wird zwar vorausgesetzt. In Rücksicht auf aktuelle wirtschaftliche Zwänge werden Investitionen in diesem Bereich aber eher zaghaft bewilligt. Nachhaltig erfolgreiche Unternehmen zeichnen sich durch ein

[4] Vgl. z.B. Nancy J. ADLER: International dimensions of organizational behaviour, Cincinnati [3]1997; Lisa HOECKLIN: Managing Cultural Differences. Strategies for Competitive Advantage, Wokingham 1995.

gutes Wissensmanagement aus, das durch die kommunikativen Kompetenzen seiner Mitarbeiter zu einem Alleinstellungsmerkmal ausgebaut wurde. Erfolgreiche Unternehmen des Mittelstands passen ihre Ressourcenplanung den ausgehandelten Zielen und Strategien an, gestalten Rahmenbedingungen, in denen einzelne Projekte sich an ihrer nachhaltigen Profitabilität orientieren: Das wirtschaftliche Ergebnis einzelner Projekte steht im Kontext der Unternehmensstrategie und der damit verbundenen definierten Ziele. Kommunikative Kompetenz tritt der Tendenz entgegen, auf der faktischen Ebene zu verharren, ohne zugrunde liegende Haltungen bearbeiten zu können, die ihrerseits das Verhalten und damit die Produktivität des Unternehmens bestimmen.

Die Mehrheit lokal oder national operierender Unternehmen misst der Professionalisierung kommunikativer Prozesse nur wenig Bedeutung bei – erst recht im interkulturellen Zusammenhang. Oft hängt dies damit zusammen, dass sich diese Unternehmen an der technischen Innovation, weniger an ihren Kunden orientieren.

Mittelständische Unternehmen gestalten auf der anderen Seite konkrete Projekte oft flexibler und leiten ihre interkulturelle Kompetenz aus der persönlichen Erfahrung ihrer Führungskräfte ab. Dies ist ein probates Vorgehen, um sich ggf. über einen längeren Zeitraum fokussierte Fähigkeiten im Kontakt mit ihren Partnern anzueignen.

Dabei greifen auch mittelständische Unternehmen auf einen reichen Fundus eigener kultureller Erfahrungen und entsprechenden Managements zurück: Kulturelle Unterschiede lassen sich nicht nur im Vergleich nationaler Kulturen nachweisen. Vielmehr existiert in allen Ländern eine kulturelle Diversität, in deren Orchester sich das einzelne Unternehmen einordnet – bedingt durch Branche, Gepflogenheiten, Moden des Managements und das theoretische Konzept der jeweiligen Führungskräfte.

Die Kultur mittelständischer Unternehmen einer Branche weist im weltweiten Vergleich mehr Konvergenzen auf, als die Kultur branchenverschiedener Unternehmen, die einer gemeinsamen nationalen Kultur angehören.

1.3 Standards interkulturellen Managements

Interkulturelle Themen und darauf antwortende Managementsysteme sind im globalisierten Geschäftsleben weitgehend etabliert. Nahezu jedes Unternehmen ist mit den Möglichkeiten und Grenzen der Internationalisierung konfrontiert. Das hat zur Folge, dass kulturrelevante Themen zum Standard-Repertoire erfolgreicher Unternehmen gehören. Internationale Organisationen betreiben, verfolgen und dokumentieren die Diskussion um „corporate citizenship", „ethical management", und cross-cultural management.[5] Unternehmensberatungen bieten fokussierte Produkte an, mit denen Unternehmen die Produktivität ihrer internationalen Kooperationen verbessern können. Viele Wirtschaftsunternehmen haben sich angesichts der Internationalisierung ihrer Tätigkeit der Aufgabe gestellt, ihre eigene Firmenkultur zu definieren. Durch die Entwicklung globaler wirtschaftlicher Verflechtungen hat sich die Organisationsstruktur von Unternehmen weitgehend angeglichen. Gleichzeitig behalten die in den Unternehmen arbeitenden Personen ihre kulturelle Identität bei. So wuchs die Überzeugung, dass die Management-Praktiken weltweit zu 95% identisch seien – und sich trotzdem in allen wesentlichen Merkmalen unterscheiden.[6]

Das Wissen ist weitgehend erschlossen. In der Praxis stehen sich jedoch immer neue Partner gegenüber, die lernen müssen, effizient und effektiv Projekte mit internationalen Partnern umzusetzen.[7]

2. Internationale Projekte kulturübergreifender Teams

2.1 Vérité en deçà des Pyrénées – erreur au-delà (B. Pascal)

Während transnationale Konzerne und deren Zulieferer bereits auf diese Entwicklung reagiert haben, sind mittelständische Unternehmen lediglich punktuell mit interkulturellen Fragen konfrontiert. Sie beziehen ihre Unternehmenskultur auf ihren geographisch definierten Kulturraum und leiten ihre Strategien oft von den Bedingungen dieser Region ab. Ihre kulturelle Kompetenz besteht in der Nutzung des impliziten Wissens der regionalen Kultur. Das Verständnis anderer Kulturen bedingt die Relativierung der eigenen systemimmanenten Logik. Führungskräfte reagieren auf eine andere Wahrheit oft mit der Behauptung der eigenen Kulturhoheit und Definitionsgewalt – oder ignorieren sie schlichtweg.

---

5 Eine Fülle an Beispielen bieten z. B. Christopher BARTLETT/Sumantra GHOSHAL: Transnational Management. Text, Cases and Readings in Cross-Border-Management, Chicago 1995.

6 Jehad AL-OMARI: Lecture on intercultural management to MBA students, Mainz 1999 [Mitschrift des Seminars].

7 So ist der theoretische Rahmen durch die Forschung z. B. von F. Trompenaars, G. Hofstede und E. Schein grundlegend definiert. Die methodische Umsetzung und didaktische Ausarbeitung richtet sich nach den konkreten Fragestellungen.

Wenngleich sie die Existenz kultureller Unterschiede für externe Geschäftskontakte weitgehend akzeptieren, finden interkulturelle Fragen wenig Eingang in die Verbesserung der Produktivität interner Teams. Das mag daran liegen, dass viele Manager annehmen, dass die Unternehmenskultur stärker als die jeweilige nationale Kultur das Verhalten ihrer Mitarbeiter bestimme. Dem steht die Erfahrung gegenüber, dass deutsche Mitarbeiter internationaler Unternehmen im Ausland „deutscher" werden, weil die Produktivität ihrer Arbeit von der expliziten Nutzung kulturell geprägter Annahmen abhängt, die „zuhause" implizit vorgegeben sind.

Interkulturelle Herausforderungen erwachsen der Erfahrung aus direkt sichtbaren Handlungsfeldern, wie die Zusammenarbeit in einer Projektgruppe, die aus Vertretern unterschiedlicher Kulturen zusammengesetzt ist. Teams in Unternehmen haben den Auftrag, ein definiertes Projekt im vorgegebenen Kostenrahmen zu realisieren. Dem liegt eine einfache wirtschaftliche Grundregel zugrunde: Effektive Produktivität = Potenzielle Produktivität – Verluste durch schlechte Prozesse. Solche prozessualen Verluste begründen sich in drei Bereichen: *Haltung* (Missachtung, Misstrauen, fehlende Sympathie), *Wahrnehmung* (Vorurteile, kulturelle Blindheit) und *Kommunikation* (Missverständnis, Ungenauigkeit, Ineffizienz).

Durch die zentrale Orientierung an wirtschaftlichen Faktoren gewinnen interkulturelle Fragen an Verbindlichkeit für das Erreichen der strategischen und operativen Ziele des Unternehmens. Dieser Kontext erlaubt eine Konkretisierung, die in sozialen Organisationen oft weniger eindeutig ist, weil deren Materialobjekt bzw. Produkt das „Wie" sozialer Systeme ist.

Auch teamerfahrene Führungskräfte haben oft Schwierigkeiten, wenn sie mit Partnern aus anderen Kulturen zusammenarbeiten. Konflikte werden dann meist auf der persönlichen Ebene ausgetragen und bleiben ungelöst. Mehrere Untersuchungen haben ergeben, dass die Produktivität monokultureller Teams im Standard der statistischen Normalverteilung liegt. Die Leistung kulturell diverser Teams ist dagegen deutlich unproduktiv oder äußerst produktiv. Da multikulturelle Teams ebenso oft scheitern und entsprechend unproduktiv Kosten verursachen, ist die Ausbildung interkultureller Kompetenzen eine Aufgabe des Managements, die sich nicht risikolos kurzfristig begründen lässt. In der Folge beschränken sich viele Unternehmen auf die „bewährte" Arbeitsform, die für die normal erwartete Produktivität meist ausreicht.

Nachhaltig operierende Unternehmen investieren in die Ausprägung und Nutzung der Diversität ihrer Mitarbeiter, um nicht im internationalen Zusammenhang das Nachsehen zu haben. Sie gehen ein größeres Risiko ein, mit dem sie in den möglichen Erfolg interkultureller Teams investieren. Deren Stärke liegt in allen innovativen Vorhaben: Produktentwicklung, Definition strategischer Optionen, flüssige Kommunikation, zielorientierte Kooperation und die Qualität multipolarer Entscheidungsprozesse.

2.2. Verbesserung der Produktivität interkultureller Teams

Das folgende Beispiel einer interkulturellen Projektgruppe beleuchtet typische Phänomene und weist einen Weg zu professionellen Lösung auf.[8]

Die Leitung eines französischen Konzerns plante einen Produktionsstandort in Asien und den Vertrieb in Japan. Mit dem Geschäftsführer einer japanischen Firma wurde eine Absichtserklärung für das gemeinsame Marketing und die Produktentwicklung in Japan unterzeichnet. Nach dem ersten Treffen der Führungskräfte aus beiden Unternehmen waren die Franzosen zufrieden: sie hatten das Ziel definiert und die Meilensteine des Projektes festgelegt. Sie sahen einen stabilen Rahmen, in dem sich das Projekt durchaus umsetzen ließ.

Die Japaner fühlten sich unsicher. Da nicht alle anwesend waren, die an der Umsetzung beteiligt werden sollten, sahen sie keinen Konsens über die Machbarkeit. Der von den Franzosen vorgegebene und ultimativ verbindliche Terminplan wird deshalb vielleicht nicht eingehalten werden können.

In den folgenden meetings verstrickten sich die Beteiligten in endlose Diskussionen. Die Enttäuschung über die unproduktiven Sitzungen wurde an den unsinnigen Plänen der jeweils anderen Firma festgemacht. In internen Konferenzen wuchs die Einschätzung, dass mit den jeweils anderen keine produktive Zusammenarbeit möglich sei. Die letzten Konferenzen waren dadurch bestimmt, dass sich Einzelne gegenseitig für verrückt erklärten und jeweils an der Professionalität der anderen zweifelten.

Um das für beide Unternehmen profitable Projekt zu retten, einigten sich die Geschäftsführer mit Hilfe eines Beraters auf folgendes Vorgehen:

---

[8] Terence BRAKE: Taking Off the Mask: Cultural Risk and Virtual Teams, 2004, URL: www.tmaworld.com/viewpoint/default.cfm?inviewpointid=10 (Stand 20. Oktober 2004).

a) Analyse kultureller Unterschiede in den praxisrelevanten Bereichen
b) Definition der Konsequenzen für die Produktivität
c) Wahl der strategischen Option
d) Evaluation und Professionalisierung interkultureller Kompetenz.

a) Analyse kultureller Unterschiede

Unterschiedliche Argumentationsweise. Während die japanischen Kollegen lange über kleine Details diskutierten, bezogen sich die Franzosen auf die allgemeinen Grundlagen. Standen für die Japaner die konkreten Fakten für die Umsetzung der Kooperation im Mittelpunkt, argumentierten die Franzosen mit der inneren Logik des Kooperationskonzeptes. Ihre Schlussfolgerungen leiteten die Japaner linear von den gesammelten Daten ab, während die Franzosen unterschiedliche Ebenen der Kooperation konzentrisch aufeinander bezogen.

	Japan	*Frankreich*
Betonung:	Detailfragen	Grundlagen
Bezug:	konkrete Fakten	Konzepte; Logik
Ableitung:	linear	konzentrisch

Unterschiedliche Ordnungsprinzipien. Die Japaner waren sehr darauf bedacht, alle Risiken abzuwägen, um Fehler zu vermeiden. Die Franzosen hatten eher die Chancen der Kooperation vor Augen und waren bereit, auch versteckte Risiken einzugehen. Im Unterschied zu den Franzosen erschienen die Japaner zu allen Treffen sehr pünktlich. In der Definition des role outs steckten die Franzosen den groben zeitlichen Rahmen ab. Über die Vorgehensweise konnten sich die Beteiligten nicht einigen. Die Japaner bewerteten das Projekt induktiv als Summe abgestimmter Elemente, während die Franzosen die Konkretisierung der einzelnen Schritte vom Gesamtziel ableiteten.

	Japan	*Frankreich*
Risiko:	Vermeidung	Bereitschaft
Zeitplan:	pünktlich	flexibel
Vorgehen:	induktiv	deduktiv

Unterschiedliche Gestaltung von Beziehungen und Kommunikation. Alle Franzosen äußerten deutlich ihre persönliche Einschätzung des Vorhabens. Die Japaner ließen sich auf keine Festlegung ein und sprachen meist kurz und in Konditionalsätzen. Sie hielten sich strikt an den Rahmen der formalen sozialen Etikette. Die Franzosen sprachen die „points décisifs“ direkt an und erklärten diese ausführlich, als sie darauf keine spontane Antwort erhielten. Bei diesen Gelegenheiten veränderten sie ihre soziale Etikette.

	Japan	*Frankreich*
Fokus:	Gruppe	Individuum
Etikette:	formal	situativ
Kommunikation:	implizit	explizit
Semantik:	hoch	niedrig

b) Definition der Konsequenzen für die Produktivität

In Bezug auf die strategischen Ziele der Kooperation wurden die direkten Auswirkungen der missglückten Treffen nach deren Bedeutung für den langfristigen Erfolg des Projektes geordnet:
- hohe Prozesskosten; geringe Profitabilität
- unzureichende Entscheidungsfindung
- unproduktive Gestaltung der Meetings
- unzureichende Risikobewertung einzelner Aspekte
- unzureichende Informationspolitik im Unternehmen
- keine Rückbindung an die Strategie des Unternehmens.

Damit waren die kritischen Faktoren beschrieben, auf die die beteiligten Unternehmen reagieren mussten, um den wirtschaftlichen Erfolg des gemeinsamen Projektes zu sichern.

c) Wahl der strategischen Option

Grundsätzlich stehen für die Verbesserung der Produktivität die fünf gleichen Optionen offen, die bei der Konfrontation mit Veränderungen getroffen werden können.

Option 1: Dominanz und Assimilation. Eine Gruppe besteht auf der Grundlage der eigenen Arbeitsweise – unabhängig von situativen Gegebenheiten. Sie erwartet, dass sich die anderen nach dem bewährten Modell richten. Dies entspricht der Strategie von Unternehmen mit großer wirtschaftlicher Macht. Diese setzen ihre starke Verhandlungsposition ein, um auch in konkreten Projekten Umwege zu vermeiden, die die

Produktivität gefährden könnten. Führungskräfte, die diese Option wählen, vertreten oft einen grundsätzlichen ethischen und missionarischen Anspruch.

Für interkulturelle Teams bedeutet diese Option, dass eine Gruppe alle anderen dazu bringt, dem eigenen Modell zu folgen. Wie schon aufgezeigt, sichert sich damit die Gruppe eine normal akzeptierte Produktivität, verzichtet jedoch auf den möglichen größeren Erfolg durch die Einbindung der anderen.

Option 2: Anpassung und Übernahme des anderen Modells. Umgekehrt ist es möglich, die Arbeitsweise des gastgebenden Unternehmens inklusive seiner nationalen Kultur zu imitieren, ggf. zu übernehmen. Unternehmen, die dieser Option folgen, integrieren sich in die lokalen und regionalen Bedingungen, die sie erlernen und nutzen. Führungskräfte im Ausland können dort unter Umständen sehr erfolgreich sein, sehen sich jedoch oft dem Argwohn ihrer Vorgesetzten in der „Heimat" ausgesetzt.

Für interkulturelle Teams bedeutet diese Option, dass die Arbeitsweise der Mehrheit bestehen bleibt – einschließlich ihrer Mängel. Die Kulturleistung der Minderheit, eine Verbindung zwischen den Arbeitsweisen zu schaffen, bedeutet einen versteckten Wettbewerbsvorteil. Die Definitionsmacht besteht offiziell bei den Gastgebern – das höhere Potenzial durch den Beitrag der Gastkultur liegt jedoch bei den „Fremden".

Option 3: Entwicklung eines situationsbezogenen Mix. Diese Option verbindet die beiden ersten Optionen. Beide Seiten beharren auf der Gültigkeit des eigenen Ansatzes, sind jedoch bereit zu Konzessionen, um ein Projekt umzusetzen. Für solche win-win-Ergebnisse wird das stärkere Unternehmen weniger nachgeben als das schwächere; dafür werden die Ressourcen auf beiden Seiten geschont. Führungskräfte, die diese Option ergreifen, haben oft pragmatischen Erfolg, werden jedoch von ihren Vorgesetzten als wenig durchsetzungsstark wahrgenommen.

Für interkulturelle Teams bedeutet diese Option, dass eine direkte Abwägung des erwarteten Ergebnisses mit den Kosten einer umfassenden Klärung geschehen kann. Diese Option ist vor allem bei zeitlich abgegrenzten Projekten hilfreich.

Option 4: Ignoranz und Vermeidung. Ignoranz als Option bezieht sich nicht auf persönliche Verhaltensstrukturen von Personen, die kulturell bedingte Unterschiede nicht reflektieren können oder wollen. Unternehmen mit dieser Grundeinstellung haben Probleme, die sie nur unzureichend einer Ursache zuordnen können. Sie berauben sich eines Werkzeuges, mit dem sie ihre Profitabilität verbessern könnten.

Als bewusst gewählte Handlungsoption eröffnet sie die Möglichkeit, so zu tun, als spielten kulturelle Unterschiede und die damit verknüpften Konflikte keine Rolle. Diese Vermeidungsstrategie wird nur dann angewandt, wenn z. B. durch das Nachverhandeln kleinerer Bedingungen ein ganzer Vertrag zur Disposition stehen würde. Zentrales Kriterium ist die Wahrung der getroffenen Grundvereinbarung.

Für interkulturelle Teams eröffnet diese Option die Möglichkeit, über kleinere Probleme hinwegzugehen, ohne diese auf ihren grundsätzlichen Hintergrund beleuchten zu müssen. Die Prozesssicherheit bleibt für die Gruppen bewahrt. Durch die gewonnene Geschmeidigkeit in der Verhandlung bekunden alle Beteiligten das gegenseitige Vertrauen und den Respekt gegenüber der kulturellen Prägung der anderen.

Option 5: Synergie und Neuschöpfung. Diese Option integriert die Beiträge der beteiligten Kulturen in die Entscheidungsfindung und Produktivitätssteuerung von Teams. Synergetische Lösungen nutzen das kulturell geprägte Problemverständnis der Beteiligten für eine umfassende und nachhaltige Lösung. Unternehmen, die sich dieser Option bedienen, stellen sich einem ständigen Veränderungsprozess, dessen professionelle Bearbeitung zu einem entscheidenden Wettbewerbsvorteil werden kann. Für Führungskräfte besteht die Herausforderung im Transfer erprobter Lösungen auf neue Zusammenhänge – verbunden mit der Aussicht, jeweils von vorn beginnen zu müssen.

Für interkulturelle Teams bietet diese Option die Möglichkeit, konkrete Konflikte zu entpersonalisieren und in den Rahmen des gemeinsamen Projektes einzubinden. Dadurch wird die gemeinsame Mission der Gruppe wie der beteiligten Unternehmen greifbar. Neben der Umsetzung des aktuellen Projektes übernimmt die Gruppe eine wesentliche Aufgabe des Managements.

Die Wahl der „richtigen“ Option richtet sich nach dem Ziel, der Dringlichkeit und den bereitgestellten Ressourcen. Wirtschaftsunternehmen orientieren sich i.d.R. an der erwarteten Wertschöpfung einer bestimmten Option. Dabei wird deutlich, dass sich die Hierarchie der Lösungen situativ verändern kann. In werte-orientierten Organisationen wird die Option Synergie schnell zur Grundhaltung – ohne alternative situative Lösungen mit ggf. angemessenem Aufwand in den Blick zu nehmen.

d) Evaluation und Professionalisierung interkultureller Kompetenz

Im Fall der gefährdeten Kooperation zwischen Franzosen und Japanern wählten die Verantwortlichen die Option „Dominanz und Assimilation“. Die Franzosen mussten sich in dieser Situation der Vorgehensweise der Japaner anpassen. Deren kulturelle Prägung in Bezug auf die Vermeidung von Risiken war so stark, dass der schon manifeste Widerstand verstärkt worden wäre. Diese kurzfristige Lösung entschärfte die Situation. Durch die ausführliche Diskussion der kritischen Faktoren des gemeinsamen Projektes entwickelten beide Gruppen Vertrauen in die Verbindlichkeit ihrer Partner.

Nach Beginn des Projekts entschieden sich die Geschäftsführer für die Bereitstellung von Ressourcen für die Ausprägung der Synergie ihrer Unternehmen. Mittelfristig entwickelten die Beteiligten eine Praxis, in der regelmäßig zwischen Faktoren mit hohem und geringem Risiko unterschieden wurde. Dadurch wuchs die planerische Verbindlichkeit, die den Erfolg der Kooperation sicherte.

Weiterhin wurde analysiert, welche Fähigkeiten die Beteiligten brauchen, um die gewünschten Ziele umzusetzen. Die wichtigsten Bereiche, für die Ausbildung und Coaching bereitgestellt wurden, bezogen sich auf folgende Themen:
- Wahrnehmung kultureller Prägung
- Artikulation der eigenen kulturellen Prägung
- Macht und Hierarchie
- Professionalisierung interkultureller Verhandlungstechnik
- Kommunikationstechniken, insbesondere Feedback
- Konfliktmanagement
- Entwicklung und Definition übergeordneter Ziele.

e) Das Ergebnis

Kernstück der Gewährleistung und Verbesserung der Produktivität interkultureller Teams ist die Schaffung gegenseitigen Vertrauens. Dabei spielt die Prozesssicherheit der Partner eine große Rolle. Die Erwartungen an Meetings, an Ergebnisse und Prozessschritte sind durch die in nationalen Kulturen gelernten Grundwerte tendenziell unterschiedlich. Konflikte begründen sich in den ersten Phasen interkultureller Kooperation in der Personalisierung inhaltlichen Dissenses sowie der unterschiedlichen Wahrnehmung und Wertung des gemeinsamen Vorhabens. Die Kenntnis kultureller Vorprägungen entlastet die Einzelnen, sodass Unterschiede die Möglichkeit eines Dialogs über die dahinter stehenden und berechtigten Anliegen eröffnen können. Der „Umweg“ über als kulturell verstandene Probleme führt in das operative Forum des gemeinsamen Vorhabens.

Nach diesem ersten Schritt bestimmen professionell gemanagte Teams in Unternehmen die Faktoren, die für die nächsten Schritte der Projektentwicklung ausschlaggebend sind. Dazu gehört die Fähigkeit, mehrere strategische Optionen zu entwickeln und sich für die produktivste zu entscheiden.

Die Evaluation der Prozesse führt zu der Beschreibung von Kompetenzen und Fähigkeiten, die die Beteiligten ausprägen werden, um die Qualität und Produktivität des Vorhabens zu steigern.

Erfolgreiche Unternehmen übernehmen die Prozesse des Wissensmanagements und binden ihr Wissen immer neu an die gesamte Organisation an. Dadurch wächst das Wissens- und Kulturkapital der Firma an und stärkt ihre Wettbewerbsfähigkeit. Damit ist der Anstieg genutzter Kompetenzen gemeint, ebenso wie die erzielte Einsparung der Prozesskosten.

3. Warum interkulturelles Management?

Im Grunde herrscht Einigkeit: Gute Unternehmen in aller Welt zeichnen sich durch klare Faktoren aus: Sie haben klare Ziele vor Augen, deren Umsetzung sie kontrollieren können. Die Effizienz ihrer Arbeit wird durch effektive Sitzungen und durchdachte Kommunikationssysteme unterstützt. Die Qualifikation der Mitarbeiter richtet sich nach der geforderten Leistung. Der systematisch geförderte Nachwuchs sichert nachhaltig die Entwicklung des Unternehmens.

Führungskräfte in aller Welt stellen sich der gleichen Frage, wie diese Aufgabe im Kontext ihres Unternehmens umzusetzen sei. Darin besteht die Aufgabe ihres Managements. Diese Umsetzung ist gebunden an die Branche, die Tradition der Firma, das Marktumfeld, die kulturellen Gepflogenheiten und die dahinter stehenden Wertesysteme und sozialen Gegebenheiten. Diese Kontextualisierung ist die geforderte unternehmerische, kulturelle und spirituelle Leistung, auf der sich der Wettbewerbsvorteil für wirtschaftlich orientierte Unternehmen begründet.

In der modernen Welt gibt es keine Verbindung zwischen geographischer Verwurzelung und der Art des Managements.[9] Die Negation der

[9] Fredmund MALIK: Ist Management kulturabhängig? In: Student Business Review, St. Gallen 2002.

Vielfalt unternehmerischen Handelns in jedem beliebigen Land spiegelt die o. g. Option der Dominanz wider: das Postulat kulturbedingter Managementsysteme führt zu einem Ranking, in dem selbstverständlich ganze Nationen oder Kontinente degradiert werden.[10]

Besser als die Unterscheidung zwischen amerikanischem und indischem, togolesischem und nicaraguanischem Management ist die Betonung der Charakteristika eines guten Managements: Gute Führungskräfte richten sich nach den Anforderungen der Organisation und steuern deren Aktivität im Rahmen eines konkreten Umfeldes.

In Bezug auf interkulturelle Fragen des Managements verweist diese Unterscheidung auf eine inhärente Gemeinschaft, die sich in der gemeinsamen Aufgabe eines Kooperationsprojekts realisiert. Die Professionalität der Kooperation von Geschäftspartnern unterschiedlicher Kulturen verbindet oder trennt. Sie ist entscheidend für die Bildung von Vertrauen, das in den meisten Ländern eine grundlegende Bedeutung für die nachhaltig profitable Zusammenarbeit hat.

Vorausgesetzt ist dabei das kleine Einmaleins der Sitten und Gebräuche: eine höfliche Haltung und die davon abgeleitete Anpassung an Verhaltensformen und Anstand. Diese Persönlichkeitsmerkmale sind nicht mit der professionellen Kompetenz zu verwechseln. So ist „die habituelle Bereitschaft, sich empathisch auf das Gegenüber zu beziehen, eine Persönlichkeitseigenschaft. Professionelle Kompetenz zeigt sich erst, wenn die Person die Wahlmöglichkeit hat, das gegenteilige Verhalten zu zeigen, oder beides bleiben zu lassen." Die Professionalisierung interkultureller Kompetenzen darf damit nicht in der Ausprägung eines umfassenderen persönlichen Verhaltens-Portfolios verharren, sondern bedarf der Kontextualisierung innerhalb der beteiligen Unternehmen. Erst wenn die interkulturellen Erfahrungen der Projektpartner Eingang in das Managementsystem und die Strategie der beteiligten Unternehmen finden, entsteht professionelle Kompetenz. Diese zeichnet sich dadurch aus, dass das erworbene Kulturwissen in weitere Projekte weitergegeben und eingebunden wird.

Die Operationalisierung kultureller Unterschiede führt zur Entmythologisierung von Geschäftspartnern und eröffnet das Forum für konkrete und zielorientierte Kooperation. Dies kann die Fremdheit zwischen den

[10] Der Protest, z. B. aus afrikanischer Perspektive, äußert sich musikalisch z. B. mit „If them want to hear, we go tell them many things, why the african man and the african woman find it hard to succeed" (Femi Kuti: If them want to hear, in: Africa Shrine, CD, 2004).

Kooperationspartnern überbrücken, verleitet aber zur Bestätigung der zentralen Rolle des homo oeconomicus für alle Kulturen, und zur Bildung neuer kultureller Zuordnungen.

Die Konstruktion eines Kulturbegriffs in der Komplexität interkultureller Begegnungen ist deshalb so attraktiv, weil „über die Bestimmung ... scheinbar Wissen über die Kultur suggeriert" wird, aus dem sich „messbare Kriterien für richtiges und falsches Verhalten im Kulturkontakt ableiten lassen". Die Reduktion von Komplexität verhindert jedoch das eigentliche „interkulturelle Lernen und die Offenheit einer Situation".[11] In der konkreten Projektarbeit kann Kultur als Erklärungsprinzip missbraucht werden, „als undifferenzierte Projektionsfläche für alles Unverstandene, Unerklärbare und scheinbar Unveränderliche."

Die Beschäftigung mit Interkulturalität in Inhalt und Form befriedigt ihrerseits ein kulturell bedingtes Bedürfnis. Eine intellektuell kategorisierende Methodik stellt einen Schutzschild bereit, um in der konkreten Arbeit den Anfragen an die eigene Kultur zu begegnen. Vertrauen in langfristige Kooperation entsteht erst, wenn beide Partner sich selbst zur Disposition gestellt haben: „Es braucht die emotionale Erschütterung in der Konfrontation zur Bewusstwerdung der Werte der eigenen Kultur. Es braucht immer das Fremde, um das Eigene sehen zu können. In der Konsequenz bestimmt das Eigene das Fremde mit. Erst an dieser Grenze entsteht Kultur."

4. Zusammenfassung

Unternehmen sind in der globalisierten Wirtschaftswelt ständig mit kulturellen Unterschieden konfrontiert. Ihre Aufgabe ist es, aus der professionellen Bearbeitung dieser Unterschiede einen Wettbewerbsvorteil abzuleiten. Dies geschieht zum einen durch die Reduktion von Prozesskosten, zum anderen durch die Erschließung einer höheren Produktivität und neuer strategischer Optionen. Das unternehmerische Risiko, in interkulturelle Kompetenzen zu investieren, ist bestimmt durch die Strategie und Bereitstellung entsprechender Ressourcen.

Durch gemeinsame Projekte entwickeln die beteiligten Unternehmen ein größeres Optionsfeld für die eigenen strategischen Planungen.

---

[11] Alle Zitate: Regina HAUSER: Interkulturelle Kompetenz: Unterschiede fruchtbar machen, Gastbeitrag bei http://www.business-wissen.de vom 05.07.2004.

Die Orientierung am ökonomischen Nutzen verbindet die Kooperationspartner. Kulturunterschiede bestimmen jeweils die Umsetzung der Projekte. Die beteiligten Partner haben dabei die Gelegenheit, ihre Strategie und ihren Werkzeugkasten zu professionalisieren. Professionalität ist bedingt durch die Wahlmöglichkeit verschiedener Instrumente. Diese Wahlfreiheit ist in der Konfrontation mit sich selbst grundgelegt.

Für Unternehmen bedeutet dies, dass internationale Kooperationen in die eigene definierte Kultur und Strategie integriert sein müssen, die sich durch die produktive Arbeit mit Partnern entwickeln können. Die Kunst des Managements besteht in der Ableitung von Alleinstellungsmerkmalen, die sowohl das eigene Unternehmen, als auch internationale Kooperationen nachhaltig sichern. Als „lernende Organisation" bauen erfolgreiche Unternehmen immer neue Brücken zu anderen Wirtschaftskulturen. Die Verbesserung der Produktivität dieser Projekte führt zu der Professionalisierung beider Partner.

Korruption – die Krankheit der Demokratie?

VON FRANZISKA JAHN

> Corruption impedes the development of markets, drives away investment, increases the costs of doing business, and undermines the rule of law. It has a corrosive effect on democracy and the general wellbeing of a nation.[1]

Überall auf der Welt müssen Menschen Tag für Tag unter den direkten oder indirekten Auswirkungen von Korruption und Bestechung leiden. Menschen werden tagtäglich mit Korruption konfrontiert, wenn normale Justizgänge getätigt werden müssen oder medizinische Grundversorgung gebraucht wird. Es muß mitangesehen werden, wie korrupte Staatsvorsitzende ihre Taschen und Truhen mit Reichtum anfüllen und einem Leben in Luxus frönen, während in ihrem Land in größter Armut gelebt wird.

In der Studie „Prävention von Wirtschaftskriminalität – Zur Theorie und Praxis der Korruptionsbekämpfung" der Universität Halle/Wittenberg wird Korruption folgendermaßen definiert: *Als Korruption bezeichnet man den Vertrauensbruch in einer Auftragsbeziehung, also den Missbrauch einer Delegationskompetenz für eigene private Zwecke.*[2]

Korruption kann auch als ein ungerechtfertigter Tausch unter Missbrauch anvertrauter Macht zum persönlichen Vorteil aufgefasst werden. Korruption schädigt die Wirtschaftsordnung gravierend: Unternehmen erhalten einen Anreiz, Wettbewerbsvorteile nicht über den Preis und die Qualität der Produkte, sondern über Korruptionsverbindungen zu suchen. Die vom demokratischen politischen System ausgehenden Anreize für Politiker werden genauso verzerrt: Falls Korruption möglich ist, entscheiden Politiker nicht im Sinne der Bürger, sondern so, dass das Potential der Korruptionszahlungen maximiert wird. So führt Korruption

---

[1] Georg KELL/Stuart GILMAN: Foreword, in: Business against Corruption; Case stories and examples; Implementation of the 10th United Nations Global Compact Principle against Corruption. April 2006, 7.

[2] Ingo PIES / Peter SASS / Henry MEYER ZU SCHWABEDISSEN: Prävention von Wirtschaftskriminalität – Zur Theorie und Praxis der Korruptionsbekämpfung, Halle/Wittenberg 2005, V.

dazu, dass das Eigeninteresse nicht zum Wohle der Allgemeinheit, sondern zu deren Schädigung beiträgt.[3]

Durch Korruption werden die Anreize für produktive Tätigkeiten verzerrt. Betroffen davon sind nicht nur Politik und Verwaltung, sondern auch die wirtschaftlichen Akteure, vor allem die Unternehmen. Korruption ermutigt Rent-Seeking-Aktivitäten. Sie verleitet dazu, Wettbewerbsvorteile zu suchen, indem man gegen die Marktkonkurrenz nicht mit einem guten Preis-Leistungs-Verhältnis antritt, sondern mit „guten Beziehungen". Die Funktionsweise der Wirtschaftsordnung wird hierdurch beeinträchtigt. Deshalb wird Korruption mittlerweile als eines der größten Entwicklungshindernisse eingestuft.[4]

Korrupte Wirtschaftspraktiken – Chance oder Risiko?

> This can benefit the private sector by creating a level playing field where quality and price of the product are more important than whom you know and how much you are willing to pay under the table.[5]

Geschäftspraktiken, welche in manchen Ländern der Welt als korrupt wahrgenommen werden, werden wiederum in anderen Ländern als akzeptables und normales Verhalten in der Wirtschaft gesehen. Oft wird Korruption als ein legitimes Werkzeug zur Vermeidung ineffizienter bürokratischer Vorschriften verstanden und als positives Mittel im Wirtschaftswachstum mancher Länder eingesetzt, wie z.B. im asiatischen Raum der 1990er Jahre.[6] In der Literatur wird die positive Bewertung von Korruption zumeist als Folge von ‚bad governance' begründet. Und „da diese Folge die Missstände durch dezentrale private Initiative zu lindern in der Lage sei, wird sie gerechtfertigt nach Art des Arguments ‚der Feind meines Feindes ist mein Freund'. Bezeichnet wird diese Auffassung als ‚efficient grease'-Hypothese: Korruption ‚schmiere' die Räder des starren Bürokratieapparats."[7] Es wird zum Beispiel argumentiert,

---

3 Ebd., 23.

4 Ebd.

5 G. KELL/S. GILMAN: Foreword, 7.

6 Vgl. John SULLIVAN: Corruption, economic development, and governance: Private sector perspectives from developing countries, in: Business against Corruption; Case stories and examples; Implementation of the 10th United Nations Global Compact Principle against Corruption. April 2006, 40ff.

7 I. PIES/P. SASS/H. MEYER ZU SCHWABEDISSEN: Prävention von Wirtschaftskriminalität, 35.

dass Korruption Innovation fördere, dass Korruption einen Anreiz für Bürokraten darstelle, dass Korruption ein positiver Allokationsmechanismus sei, der die Produktivsten zuerst bedient, oder dass Korruption Überregulierung abbaue.[8]

Realiter werden jedoch durch korrupte Wirtschaftspraktiken ineffiziente und wettbewerbsfeindliche Wirtschaftssysteme geschaffen, der Regulierungsdruck in ineffizienten Bürokratien erhöht, der Wirtschaft extra Kosten auferlegt, es wird Unsicherheit gegenüber Eigentumsrechten gesät und demokratische Institutionen werden gefährdet. Es muß deshalb geschlussfolgert werden, dass Korruption nicht nur ein moralisches sondern auch ein wirtschaftliches Problem ist. Um Korruption zu eliminieren, müssen deshalb diese ‚extra'-Kosten analysiert werden, die der Wirtschaft, Regierungen und der Gesellschaft aufoktroyiert werden, und es müssen zudem transparente Regulationen im privaten wie auch öffentlichen Sektor implementiert werden.

Eine vor kurzem veröffentlichte empirische Studie „International business attitudes to corruption – survey2006"[9] des Risikoberatungsunternehmens Control Risk folgert, dass Korruption einen äußerst negativen Einfluss auf die Geschäftstätigkeit eines international operierenden Unternehmens haben kann. Die Befragung von Unternehmen in verschiedenen Kulturkreisen resümiert außerdem, dass besonders Unternehmen ansässig in Hongkong mit den Problemen, welche mit Korruption in Verbindung gebracht werden, zu kämpfen hätten. Zwei Drittel der in der oben genannten Studie befragten Hongkonger Unternehmen glaubten, dass Großaufträge nicht gewonnen wurden, weil ein Wettbewerbsgegner Schmiergelder bezahlt hatte.

Kann daraus gefolgert werden, dass ein Unternehmen Schmiergelder bezahlen sollte, um wettbewerbsfähig zu bleiben? Welchen Risken sind Unternehmen ausgesetzt?

---

[8] Vgl. z.B. Samuel P. HUNTINGTON (1968, 1999): Modernization and Corruption, in: ders.: Political Order in Changing Societies, New Heaven, 59–71, abgedruckt in: Arnold J. Heidenheimer/Michael Johnston/Viktor T. LeVine (Hg.): Political Corruption. A Handbook, New Brunswick – London, 377–388; Nathaniel H. LEFF (1964, 1999): Economic Development through Bureaucratic Corruption, in: Arnold J. Heidenheimer/Michael Johnston/Viktor T. LeVine (Hg.): Political Corruption. A Handbook, New Brunswick – London, 389–403; Colin LEYS (1965): What is the problem of corruption? In: The Journal of Modern African Studies, 3(2), 215–230; Paul John BECK und Michael W. MAHER (1986): A Comparison of Bribery and Bidding in Thin Markets, in: Economics Letters, 20(1), 1–5.

[9] Vgl. Control Risk Group Limited – Simmons/Simmons: International business attitudes to corruption – survey 2006.

Eine Anhäufung von Berichten über Schmiergeldaffären in den europäischen Nachrichten zeigt, dass das Zahlen von Schmiergeldern an Staatsbeamte, Vermittler oder Lieferanten unkalkulierbar nachteilige Auswirkungen auf die Reputation eines Unternehmens haben kann. Es wird jedoch weniger in Betracht gezogen, dass nicht nur das Ansehen eines Unternehmens substanziell geschädigt werden kann, sondern dass sich ein Unternehmen auch dem sogenannten ‚Kasino Risiko'[10] aussetzt. Der Schmiergeld-Zahlende muss akzeptieren, dass der Schmiergeld-Nehmende keine verlässliche Absicherung geben wird, dass der durch Schmiergelder erkaufte Vorteil auch letztendlich ausgezahlt wird oder eintritt.

Zudem muß aufgezeigt werden, dass der ‚Markt', an dem Schmiergelder gezahlt werden, selbstverständlich höchst intransparent ist. Man kann niemals sicher sein, ob man einen ‚fairen' oder ‚Marktpreis' zahlt. Man kann niemals sicher sein, ob der Preis, den man für den Vorteil oder Service zahlt, mit diesem in einem Gleichverhältnis steht. An diesem ‚Markt' kann auch nicht auf einen Index verwiesen, eine transparente Referenz eingefordert oder ein Kostenvoranschlag verlangt werden, über die man die Kosten des ‚Schmiergelds' quantifizieren könnte. Man kann annehmen, dass in bestimmten Kreisen Zahlen genannt werden oder bekannt sind, ob diese Zahlen jedoch einem ‚normativen Preis' entsprechen oder der Betrag extrem übersteigert ist, bleibt auch hier im Dunkeln. Studien bestätigen, dass „in many countries corruption adds upwards of 10 per cent to the cost of doing business and that corruption adds as much as 25 per cent to the cost of public procurement. This undermines business performance and diverts public resources from legitimate sustainable development."[11]

Die Ökonomie wird durch das Zahlen von Schmiergeldern von innen geschädigt. Denn, wie Dimitri Vlassis schreibt, es wird beim Zahlen von Schmiergeldern dem potential-produktiven Investment das Geld genommen. Korruption ist demnach nachteilig für das Business eines jeden Unternehmens – ob klein oder groß, ob multinational oder lokal. Unternehmen verschwenden wertvolle Ressourcen, um korrupte Geschäfte zu finanzieren, anstatt in die Entwicklung und Fertigung, in das Marketing

---

[10] Vgl. François VINCKE: Anti-corruption: A business case? In: Business against Corruption; Case stories and examples; Implementation of the 10th United Nations Global Compact Principle against Corruption. April 2006, 43.

[11] http://www.unglobalcompact.org/AboutTheGC/TheTenPrinciples/anti-corruption.html.

und die Qualität ihrer Produkte und Dienstleistungen zu investieren. Diese Wirtschaftspraxis wird sich auf Dauer auf die Wettbewerbsfähigkeit eines Unternehmens auswirken und das Schwinden der Wettbewerbsfähigkeit wiederum ist Auslöser, dass das Unternehmen mehr und mehr auf das Zahlen von Schmiergeldern angewiesen ist, um marktfähig zu bleiben.[12]

Um diesen unlauteren Wirtschaftspraktiken entgegenzutreten, wurde dem Global Compact am 24. Juni 2004, während des UN Global Compact Leader Gipfeltreffens, das 10. Prinzip hinzugefügt: „Businesses should work against corruption in all its forms, including extortion and bribery."[13]

Diese leitenden Grundsätze können dem privaten Sektor helfen, indem gleiche Wettbewerbsbedingungen geschaffen werden. Unter diesen Voraussetzungen wären die Qualität und der Preis eines Produktes von größerer Wichtigkeit als der Preis, welcher hinter vorgehaltener Hand angeboten wird.

Kell und Gilman weisen außerdem darauf hin, dass ganz klar verstanden werden muss, "that the private sector cannot solve the problem of corruption alone. But companies can support the fight by making a leadership commitment to ‚zero-tolerance' and the implementation of anticorruption programs throughout their own operations."[14]

Über Jahre wurden Wirtschaftsunternehmen als Opfer gieriger Regierungsbeamter gesehen und nicht als Komplizen im Tätigen illegaler Transaktionen, um unfaire Vorteile auszuhandeln. Es wird jedoch zunehmend eingesehen, dass Korruption den fairen Wettbewerb wie auch die Regeln der freien Marktwirtschaft verzerrt. Korruption hat einen negativen Einfluss auf die Qualität von Produkten und Dienstleistungen, Korruption schwächt die Aussichten der volkswirtschaftlichen Investitionen und Korruption unterminiert Wirtschaftsethik im allgemeinen. In Bestechungszahlungen wird dem möglicherweise produktiven Investment monetäre Ressource entzogen. Diese ‚Transaktionskosten' senken den möglichen Entwicklungsgrad eines Unternehmens. Es kann deshalb gesagt werden, dass Korruption für jede Art von Business schädigend ist – egal ob es sich um ein kleines oder grosses Unternehmen, oder ein interna-

[12] Dimitri VLASSIS: The United Nations Convention against Corruption, in: Business against Corruption; Case stories and examples; Implementation of the 10th United Nations Global Compact Principle against Corruption. April 2006, 13.

[13] Ebd.

[14] G. KELL/S. GILMAN: Foreword, 7.

tionales oder lokales Business handelt. Leider werden jedoch zumeist die Kleinunternehmen am stärksten geschädigt.

Korruption oder freie Marktwirtschaft?

Die Grundgedanke der freien Marktwirtschaft ist in dem Moment unterminiert, in dem Bestechungsgelder jeglicher Art akzeptiert oder toleriert werden. In einer idealen freien Marktwirtschaft sollten Verträge auf der Grundlage freier und unabhängiger Entscheidungen beider Parteien beruhen. Bestechungsgelder korrumpieren Übereinkünfte, welche auf wechselseitigem Einverständnis basieren sollten, und anstelle dessen bildet sich ein komplexes, intransparentes Entscheidungsgefüge. Der freie Wettbewerb ist inexistent in einer Welt der Bestechungsgelder, denn unehrliche Vertreter eines Unternehmens kämpfen nicht am Markt mit legitimen, der freien Marktwirtschaft eigenen Waffen – wie Preissetzung, Qualität, Dienstleistungen und Expertise.

Wie schon zuvor angeführt, wird häufig argumentiert, dass Korruption die Wirtschaft positiv beeinflussen kann, indem sie überflüssige bürokratische Regulationen umgeht. Es muss jedoch festgehalten werden, dass Korruption auch sinnvolle Regeln, die das Funktionieren des Wettbewerbs, die nachhaltige Nutzung der Umweltressourcen oder die Sicherheit der Verbraucher gewährleisten, aushebeln wird.[15] Die Plausibilität dieser Überlegungen wird deutlich, wenn man sich vor Augen führt, dass Korruption nicht einfach verschwindet, wenn alle unsinnigen Regulierungen abgebaut sind. Und die Entscheidungen, welche Regulierungen sinnvoll sind, müssen im Rahmen eines demokratischen, politischen Prozesses getroffen werden, nicht von korruptionswilligen Unternehmen und Bürokraten.[16] Somit steigt der Schaden der Korruption mit der Erhöhung der Anzahl sinnvoller und der Verringerung der Anzahl unsinniger Regulierungen. Deshalb ist gerade eine junge, noch im Prozess der Transformation sich befindende Demokratie enormen Schäden durch Korruption ausgesetzt, da die sinnvollen und dringenden Reformmaß-

[15] Vgl. Robert E. KLITGAARD: Controlling corruption, Berkeley u. a. 1988, 40. Susan ROSE-ACKERMAN: Corruption, in: Peter Newman (Hg.): The New Palgrave Dictionary of Economics and the Law, Houndmills u. a. 1998, 521. Daniel KAUFMANN: Revisiting Anti-Corruption Strategies: A Tilt to Incentive-Driven Approaches? In: United Nations Development Programme (Hg.): Corruption and Integrity Improvement Initiatives in Developing Countries, New York 1998, 67.

[16] Vgl. S. ROSE-ACKERMAN: Corruption, 521.

nahmen genauso umgangen werden wie beim alten Regime die unsinnigen. Folglich ist die Installation von effektiven Präventionsmechanismen gerade in Transformationsländern für den Erfolg des Reformprozesses entscheidend.[17]

Außerdem wird durch korrupte Wirtschaftspraktiken das Vertrauen in die Funktionsfähigkeit des Systems zerstört und normabweichendes Verhalten weitet sich auf andere Bereiche aus.[18] Illegales Verhalten ist immer mit höherer Unsicherheit, aufgrund der rechtlichen Undurchsetzbarkeit von illegalen Vereinbarungen, und mit höheren Transaktionskosten, aufgrund der Notwendigkeit der Geheimhaltung, verbunden.[19] Somit ist Korruption, auch wenn sie im Einzelfall eine Linderung von Missständen herbeizuführen vermag, in keinem Fall die beste aller möglichen Lösungen. Anstelle stillschweigender Tolerierung wären daher legale Mechanismen vorteilhaft, die die gewünschten Effekte besser und ohne adverse ‚Nebenwirkungen' herbeiführen können.[20] Wünschenswert wären politische Reformen, die eine gleichberechtigte Partizipation aller Gruppen sicherstellen. Eine positive Entwicklung würde auch der Abbau von unsinnigen Regulierungen, die Inkraftsetzung des legalen Wettbewerbs oder die Einführung von anreizbasierten Entlohnungssystemen in der Verwaltung darstellen.[21]

Korruption beeinflußt außerdem die Entscheidungen in Wirtschaft und Politik negativ. Sie verzerrt die effiziente Allokation von Produktionsfaktoren, sodass Ressourcen unproduktiv verschwendet werden. Dies hat gravierende Folgen für das Wohlergehen der Gesellschaft.

Kleptokratie versus Demokratie

> At a […] conference on security and development organised by the International Peace Academy, one expert from Nigeria shocked the audience by declaring that many more people have died and will die from corruption than from HIV/Aids.[22]

---

[17] Vgl. I. PIES/P. SASS/H. MEYER ZU SCHWABEDISSEN: Prävention von Wirtschaftskriminalität, 38.

[18] Vgl. S. ROSE-ACKERMAN: Corruption, 17.

[19] Vgl. Shleifer und Vishny.

[20] Vgl. S. ROSE-ACKERMAN: Corruption, 17.

[21] I. PIES/P. SASS/H. MEYER ZU SCHWABEDISSEN: Prävention von Wirtschaftskriminalität, 39.

[22] Errol MENDES: Corruption corroding the global economy and sustainable development: The United Nations Global Compact at risk, in: Business against Corruption; Case stories and examples; Implementation of the 10th United Nations Global Compact Principle against Corruption. April 2006, 27.

Wie ist es möglich, dass mehr Menschen an den Folgen von Korruption sterben, als an HIV/Aids, wo im Jahr 2006 weltweit 2,9 Millionen Menschen an den Folgen des Virus starben?[23]

Die Folgen von Korruption sind weitreichend, oft nicht überschaubar und verwoben mit anderen komplexen Problemfeldern. Es ist schwierig, direkt Verbindungen von Korruption nachzuweisen. Dennoch kann gesagt werden, dass Korruption die Produktivität verringert, das Bruttoinlandsprodukt schmälert, das Wachstum verlangsamt und die Gesundheit und Bildung verschlechtert.

Eine Untersuchung von Gupta, Davoodi und Tiongson, welche Daten von 128 Ländern analysiert, ergibt, dass ein hohes Niveau der Korruption negative Konsequenzen für Sterblichkeitsraten von Kindern und Erwachsenen hat, für den Anteil untergewichtiger Neugeborener sowie für die Schulabbruchquote: In Ländern mit hoher Korruption ist die Kindersterblichkeit um ca. ein Drittel höher als in Ländern mit geringer Korruption. Die Sterblichkeitsrate der Erwachsenen ist sogar doppelt so hoch. Die Schulabbruchquote bei hoher Korruption beträgt das Fünffache der Werte der Länder mit geringer Korruption.[24] Auch die Richtung der Kausalität konnte geprüft werden: Geringe Gesundheit und Bildung werden tatsächlich durch Korruption verursacht. Gupta, Davoodi und Tiongson schließen daraus, dass die positiven Wirkungen einer Reduktion von Korruption immens seien: Die Sterblichkeitsrate und die Schulabbruchquote ließen sich so wesentlich reduzieren.[25]

Der 2006 Report der Nichtregierungsorganisation Transparency International untersucht speziell die Korruption, welche im Gesundheitssektor die Entwicklungen hindert. Robinson fasst im Vorwort zusammen: „Money that should be spent on alleviating poverty and illness ends up instead in private pockets. In this way, corruption literally violates human rights, as people are denied the care that their governments are obliged to provide.“[26]

Im Gesundheitswesen führt Korruption zu überhöhten Preisen, und sie erschwert außerdem den Zugang zu medizinischen Leistungen. Weiterhin kann sie dazu führen, dass sich Therapieformen oder Medikamente

[23] http://www.who.int/hiv/mediacentre/news62/en/index.html.

[24] Sanjeev GUPTA/Hamid DAVOODI/Erwin TIONGSON: Corruption and the provision of health care and education services, in: Arvind K. JAIN (Hg.): The Political Economy of Corruption, London u.a. 2001, 111–141.

[25] Ebd.

[26] Mary ROBINSON: Foreword, in: Global Corruption Report 2006, Berlin 2006.

etablieren, die objektiv betrachtet keine medizinisch optimale Behandlung darstellen. Sogar an Pflegepersonen während der Behandlung verabreichte Trinkgelder bestechen, wenn sie Vorteile bis hin zu Zwei-Klassen-Medizin verursachen können.[27]

Korruption kann auch als ein Hindernis für die Integration der Gesellschaft, für Reformen und Modernisierung angesehen werden. Korruption konserviert die Spaltung einer Gesellschaft, indem sie es ausgegrenzten Gruppen schwerer macht, sich zu integrieren: Zum einen macht Korruption die Gesellschaft intransparent,[28] zum anderen haben die Insider ein Interesse daran, den Kreis der Eingeweihten nicht zu groß werden zu lassen.[29] Diejenigen, die an Korruption profitieren, können die Reformen verhindern. Auch dadurch, dass die oberen Schichten Vorteile der Korruption genießen, während die unteren Schichten die Leidtragenden sind, spaltet Korruption die Gesellschaft.[30]

In den Untersuchungen Transparency Internationals, dem sog. ‚Global Corruption Barometer',[31] wird zudem ausgesagt, dass Korruption die Ungleichheit erhöht, da sie die Armen stärker als die Wohlhabenden trifft. In der Befragung von 40 838 Bürgern in 47 Ländern berichteten 41 % der Befragten mit geringem Einkommen, dass Korruption ihr persönliches Leben stark beeinflusst, wohingegen nur 25 % der Befragten mit hohem Einkommen sich dieser Meinung anschlossen. So lässt sich der asymmetrische Effekt von Korruption auf die verschiedenen Einkommensschichten bestätigen. Dies legt den Schluss nahe, dass Korruption Ungleichheit erhöht.[32]

Im Bereich der öffentlichen Verwaltung führt Korruption zu hohen materiellen, aber auch enormen immateriellen Schäden (Vertrauensverlust der Bürgerinnen und Bürger). So kann es beispielsweise zu Auftragsvergaben an Unternehmen kommen, obwohl sie teurere oder qualitativ schlechtere Leistungen erbringen als solche Unternehmen, die bei einer objektiven und transparenten Ausschreibung ausgewählt würden. Die den Amtsträgern gewährten Vorteile werden in der Regel bei der Rech-

---

[27] Vgl. http://www.transparency.org/publications/gcr/download_gcr.

[28] Vgl. Susan ROSE-ACKERMAN: Corruption and Government: Causes, Consequences, and Reform, Cambridge u. a. 1999, 17.

[29] Vgl. Andrei SHLEIFER/Robert W. VISHNY: Corruption, in: Quarterly Journal of Economics 108 (1993) 599–617.

[30] Vgl. David C. NICE: The Policy Consequences of Political Corruption. In: Political Behavior 8 (1986) 287–295.

[31] Vgl. http://www.transparency.org/policy_research/surveys_indices/gcb/2003__1

[32] Vgl. ebd.

nungsstellung eingerechnet. Deshalb werden dann Leistungen abgerechnet, die entweder gar nicht oder nicht in dem ausgewiesenen Umfang erbracht wurden. Die finanziellen Lasten hat letztlich der Steuerzahler zu tragen. Eine Ausnutzung öffentlicher Positionen zum privaten Vorteil ist gemeinwohlwidrig.[33]

Generell führt Korruption dazu, dass die Leistungen von Organisationen in ihrem Umfang abnehmen oder qualitativ schlechter werden, die dafür zu entrichtenden Beiträge aber steigen. Nach Angaben der Weltbank muß durchschnittlich jeder Mensch rund 7 % seiner Arbeitsleistung für Korruptionsschäden aufbringen.

In der Wahrnehmung von Bürgern und Wirtschaft stellt Korruption, vor allem in Transformationsländern, die beunruhigendste Form von Wirtschaftskriminalität dar. Korruption im Transformationsprozess ist besonders gefährlich, da sie das Vertrauen in die neuen Institutionen der Marktwirtschaft und Demokratie untergräbt und die Zustimmung der Bürger zum Transformationsprozess generell gefährdet.[34]

Korruption und Sozialverträglichkeit

Korruption in Bezug auf Arbeitsgesetzgebungen und -richtlinien kann oft in der Form von ‚Rent-Seeking‘ beobachtet werden. ‚Rent-Seeking‘ generiert finanziellen Zugewinn für die regierende Elite in vielen Ländern. In diesen Elitekreisen, welche ganz besonders im Asien-Pazifik-Raum, Lateinamerika und Afrika zu finden sind, können Entscheidungsträger aus Regierung und Wirtschaft angetroffen werden. ‚Rent-Seeking‘ wird oft praktiziert, um schmale Gehälter aufzubessern.

An dieser Art der institutionalisierten Korruption partizipieren sowohl die regierende Elite als auch Investoren aus dem In- und Ausland. Dabei werden nicht selten auch die einheimischen Arbeitsgesetzgebungen außer Acht gelassen. Die führende Elite hat ausreichend Macht zur Verfügung, um auf die Arbeitsgesetzgebungen eigennützig Einfluss auszuüben. Dieser Teufelskreis kann dazu führen, dass Arbeiter mehr und mehr Stunden arbeiten müssen, da der Stundenlohn der reduzierten Gesetzgebung

---

[33] Hans Herbert von ARNIM: Korruption. Netzwerke in Politik, Ämtern und Wirtschaft, München 2003, 24.

[34] I. PIES/P. SASS/H. MEYER ZU SCHWABEDISSEN: Prävention von Wirtschaftskriminalität, 24.

geringer wird. Dieser Teufelskreis kann außer Kontrolle geraten, wenn keine nachhaltigen Veränderungen implementiert werden, denn der auf Wettbewerb beruhende Markt fordert immer günstigere Arbeitskräfte. Um diesem Genüge zu tun, kann oft illegaler Handel mit Arbeitskräften beobachten werden, und korrupte Politiker ignorieren diese Machenschaften wissentlich, da sie oft selber davon profitieren.

Während der asiatischen Finanzkrise zu Ende der 1990er Jahre waren es diese Arbeiter, die als erste ihren Arbeitsplatz verloren. Es ist berichtet worden, dass sogar zu Ende der Krise, in einem südostasiatischen Land, eine grosse Anzahl von illegalen Arbeitern zusammengetrieben und deportiert wurden. Dieses wiederum führte zu Unruhen und Gewalt und es wurde von schwerwiegenden Misshandlungen gesprochen.[35]

Die ‚Hebel', die der Politik und der Bürokratie zur Verfügung stehen, werden dann nicht zum Wohle der Bürger, sondern zum Maximieren von Renteneinkommen auf Kosten der Bürger und der Wirtschaft betätigt.[36] Aussichten auf Korruptionsgewinne führen dazu, dass sich Politiker bei den Entscheidungen für Ausgaben nicht (nur) am Interesse des Wählers orientieren, sondern an den Aussichten für hohe Renten, was den Entscheidungsprozess verzerrt. So werden überhöhte und unsinnige Regulierungen geschaffen, die die Wirtschaft lähmen. Öffentliche Budgets werden auf Kosten der Steuerzahler aufgebläht und unproduktive kapitalintensive Großinvestitionen produktiven Investitionen in Bildung, in Gesundheit oder in Pflege und Wartung des bestehenden Kapitalstocks vorgezogen.[37]

Korruption und Naturverträglichkeit

Auch auf die Dimension der Naturverträglichkeit haben die Folgen von Korruption negativen Einfluss. Es werden große Renten aus Aktivitäten wie dem Abholzen des Regenwaldes verdient, wo Lizenzen korrupt erworben oder wo Aufsichtsbeamte bestochen werden können. Korruption kann so langwierige Folgen für das Ökosystem haben. Spezielle Folgen können in der Verschmutzung von Grundwasser und Luft gesehen werden, in der Erosion des Erdbodens oder auch im Klimawandel. Diese

---

[35] Vgl. E. MENDES: Corruption, 30.

[36] I. PIES/P. SASS/H. MEYER ZU SCHWABEDISSEN: Prävention von Wirtschaftskriminalität, 67.

[37] Ebd., 75f.

Veränderungen des Ökosystems können globale Reichweite haben und spätere Generationen schädigen.[38]

Es gibt mehr und mehr Grund zur Annahme, dass Korruption die unerkannte Ursache vieler Umweltprobleme ist. So kann die Abholzung weitreichender Waldstücke und der damit einhergehende Verlust von Biodiversität in vielen Regionen der Welt auf unlautere Wirtschaftspraktiken, wie dem Zahlen von Konzessionen an ‚alte Freunde' in der Regierung, zurückgeführt werden. Mendes schließt in seinem Essay zum 10. Prinzip des Global Compact: „The unholy alliance between the elite and corrupt domestic or foreign corporations [...] undermines inspection policies and leads to rigged or special taxation regimes and environmental impact assessment processes, making a mockery of sustainable forest and biodiversity management practices."[39]

Auch Transparency International hat in einer schon 1999 veröffentlichten Studie ‚Corruption and Environment at the Local Level', welche besonders auf die urbane Verschmutzung der Umwelt eingeht, darauf aufmerksam gemacht, dass es unzählbar viele Fälle von Korruption zwischen der Wirtschaft und dem öffentlichen Sektor gibt. Besonders hervorgehoben werden die Industriesektoren ‚Transport' und ‚Energie- und Wasserversorgung' und der Bereich der Städteplanung besonders in den sog. Schwellenländern. Zumeist wird bei der Auftragsvergabe in diesen Bereichen nicht darauf geachtet, ob ein Unternehmen Raum- und Umweltverträglichkeitsprüfungen durchführt. Diese Mechanismen geraten in Vergessenheit, da die lokalen Regierungen keinen politischen Durchsetzungswillen und keine Ressourcen zur Durchsetzung umweltfreundlicher Policen gegenüber großen Wirtschaftsunternehmen besitzen. Oft leiden die ärmsten Bewohner unter den direkten Auswirkungen der Luft- und Wasserverschmutzung und anderen Arten von Zerstörung der Umwelt am stärksten.[40]

Diagnose – Korruption

Es kann zusammenfassend gesagt werden, dass Korruption die soziale, ökonomische und ökologische Entwicklung eines Landes stark hemmt

[38] Helping Countries Combat Corruption; The Role of the World Bank, Washington, D. C. 1997.

[39] E. MENDES: Corruption, 31.

[40] Vgl. Michael LIPPE: Corruption and Environment at the Local Level, in: TI Working Paper, Berlin: Transparency International 1999.

oder sogar verhindert. Ressourcen werden ungebührlich verschwendet, die Qualität von Dienstleistungen und Materialien beeinträchtigt. Die Belastung für arme und ärmste Gemeinschaften und Gesellschaften, welche um eine Verbesserung ihrer Lebensqualität kämpfen, ist oft verheerend. Diese Belastung kann zu Umweltmissmanagement, Unterminierung der Arbeitsrechtsgesetzgebung und Beschneidung grundlegender Menschenrechte führen.

Die Wirtschaft hat ein ureigenes Interesse an sozialer Stabilität und Wirtschaftswachstum kommunaler Gemeinschaften. Es kann deshalb gefolgert werden, dass die Wirtschaft, wenn auch indirekt, über die Auswirkungen vergeudeter Möglichkeiten, Märkte und Lieferantenketten auszuweiten, starken Schaden erlitten hat. Deshalb sollte die Wirtschaft die Eliminierung korrupter Systeme und Strukturen unterstützen. Es ist wichtig anzuerkennen, dass Ressourcen durch Korruption zweckentfremdet werden. Gelder, welche für die Enwicklung kommunaler Projekte zur Verfügung gestellt wurden, landen auf ausländischen Konten, anstatt die kommunale Wirtschaft anzukurbeln. Korruption verzerrt fairen Wettbewerb und erzeugt Unwirtschaftlichkeit in der Wirtschaft als auch im öffentlichen Dienst. Langfristige nachhaltige Entwicklung von Wirtschaft hängt stark von der Durchsetzung freien und fairen Wettbewerbs ab.

Korruption muss in allen Bereichen der Gesellschaft ausgemerzt werden. Die Eliminierung muss von Wirtschaftsunternehmen, Investoren und Regierungen unterstützt werden. Präventive Maßnahmen sind über die Einführung des 10. Prinzips des Global Compacts unternommen worden, Transparency International leistet hervorragende Arbeit, um das Thema Korruption in der Gesellschaft zu thematisieren, und viele Investoren üben schon jetzt Druck auf Unternehmen aus, sich gegen Korruption auszusprechen. Eine solche Initiative kann z.B. in der Eingliederung neuer Kriterien, welche auf die Eliminierung von Korruption ausgerichtet sind, in den FTSE4Good gesehen werden.[41]

[41] The FTSE4Good Index Series has been designed to measure the performance of companies that meet globally recognised corporate responsibility standards, and to facilitate investment in those companies. Transparent management and criteria alongside the FTSE brand make FTSE4Good the index of choice for the creation of Socially Responsible Investment products.

Nachhaltige Renditen?

Zum Spannungsverhältnis zwischen ökonomischen Interessen und ökologischen und sozialen Kriterien in der nachhaltigen Geldanlage

VON KLAUS GABRIEL

Die Menschheit – als Gesamtheit betrachtet – lebt auf zu „großem Fuß“. Unser *Ökologischer Fußabdruck* zeigt, dass wir seit Jahrzehnten mehr ökologische Ressourcen benötigen, als das Ökosystem in der Lage ist zu reproduzieren.[1] Derzeit verbraucht die Menschheit jährlich soviel Ressourcen, wie die Erde in 1,25 Jahren in der Lage ist zu regenerieren. Dazu kommt, dass der Ressourcenverbrauch regional sehr unterschiedlich verteilt ist und vor allem die Industrieländer das Ökosystem weit mehr belasten als die restliche Welt.[2] Dass eine solche Entwicklung unweigerlich in ein globales Dilemma führt und ein Umdenken in Gesellschaft, Politik und Wirtschaft dringend erforderlich ist, lässt sich angesichts der alarmierenden Studien und Szenarien der letzten Zeit – wie zum Beispiel dem UN-Klimabericht 2007 – nicht mehr leugnen. Um diesem Trend entgegenzuwirken, wird der Ruf nach einer „nachhaltigen Entwicklung“, welche die Zukunftsfähigkeit der Menschheit zum Ziel hat, immer lauter. Was meint nun aber „Nachhaltigkeit“?

Eine Untersuchung von 60 repräsentativ ausgewählten und im wissenschaftlichen Bereich angewendeten Definitionen von Nachhaltigkeit fördert eine nahezu beliebige Verwendung des Begriffs „Nachhaltigkeit“ zu Tage.[3] Dabei erfolgt eine Klärung des Begriffs häufig in Anlehnung an den je eigenen wissenschaftlichen Fokus, der den Bezugsrahmen für das jeweilige Verständnis von „nachhaltig“ darstellt. Solcherart „interessengeleitete“ Interpretationen führen schließlich zu Nachhaltigkeitsverständnissen, welche ein weites Spektrum dessen eröffnen, was „nachhaltig“

---

1 Vgl. http://www.footprintnetwork.org/gfn_sub.php?content=footprint_overview (Abfrage am 19.02.2007).

2 WUPPERTAL INSTITUT FÜR KLIMA, UMWELT, ENERGIE (Hg.): Fair Future. Begrenzte Ressourcen und globale Gerechtigkeit, München 2005, 45–63.

3 Jörg TREMMEL: Nachhaltigkeit als politische und analytische Kategorie. Der deutsche Diskurs um nachhaltige Entwicklung im Spiegel der Interessen der Akteure, München 2003.

alles sein kann. So beschreibt z.B. die Gesellschaft für technische Zusammenarbeit (GTZ) Projekte dann als nachhaltig, „wenn die vom Projekt erreichten Innovationen nach Ende der deutschen Leistungen von Projektpartnern und Zielgruppen ohne fremde Hilfe dauerhaft weitergeführt werden können und die dadurch erzielten Situationsverbesserungen andauern.“[4] Die *Heidelberger Erklärung* verweist darauf, dass zur Weiterentwicklung der deutschen Nachhaltigkeitsstrategie besonders dem Konzept des Gender-Mainstreaming stärker Rechnung zu tragen ist,[5] während die OECD/DAC ein Entwicklungsprogramm dann als nachhaltig bezeichnet, „wenn es in der Lage ist, für eine ausgedehnte Zeitperiode ein angemessenes Niveau von Nutzen sicherzustellen, nachdem die finanzielle, organisatorische und technische Hilfe eines externen Gebers beendet ist.“[6] Googelt man das Wort „nachhaltig“, erhält man über 8 Millionen Einträge – dabei werden Unternehmensstrategien, Verkehrskonzepte und Staatshaushalte ebenso als nachhaltig bezeichnet wie Musikstile oder Karrierewege.

Tatsächlich gibt es bis heute auch keine präzise und einheitlich als verbindlich anerkannte Definition von Nachhaltigkeit. Die wohl bekannteste und wirkungsgeschichtlich bedeutsamste Definition von Nachhaltigkeit, die sogenannte Brundtland-Definition aus dem Jahr 1987, beschreibt Nachhaltigkeit als eine Entwicklung, welche „die Bedürfnisse der gegenwärtigen Generation befriedigt, ohne die Möglichkeit zukünftiger Generationen zu beeinträchtigen, ihre eigenen Bedürfnisse zu befriedigen.“[7] Die im Hintergrund dieser Definition stehenden drei normativen Prinzipien – die Bewahrung der Funktionssysteme der natürlichen Umwelt, das effiziente Funktionieren der Wirtschaft und die soziale Gerechtigkeit – bestimmen Nachhaltigkeit zwar inhaltlich, jedoch sehr allgemein und unspezifisch. Von daher ist es auch verständlich, dass Politik, Wissenschaft, Wirtschaft und andere Akteure Nachhaltigkeit aus dem Blickwinkel ihrer jeweiligen Kontexte selbst definieren und ihr jeweiliges Nachhaltigkeitsverständnis in den allgemeinen Nachhaltigkeitsdiskurs einbringen.

Die gegenwärtige Nachhaltigkeitsdebatte ist demnach von der Frage geprägt, was Nachhaltigkeit nun eigentlich bedeutet, zumal sich an dieser

---

[4] Ebd., 104.

[5] Ebd., 105–106.

[6] Ebd., 110.

[7] Volker HAUFF (Hg.): Unsere gemeinsame Zukunft. Der Brundtland-Bericht der Kommission für Umwelt und Entwicklung, Greven 1987, 46.

Frage auch die Diskussion über die Authentizität und Legitimität verschiedener Nachhaltigkeitskonzepte und -maßnahmen entzündet. Besonders an der Diskussion um das Drei-Säulen-Modell wird deutlich, welche Auswirkungen unterschiedliche Verstehensweisen von Nachhaltigkeit bzw. nachhaltiger Entwicklung für Nachhaltigkeitskonzepte und -maßnahmen haben können.

Das Drei-Säulen-Modell

Bereits auf der UN-Konferenz von Rio de Janeiro (1992) thematisch angedeutet, gelang dem Drei-Säulen-Modell im deutschsprachigen Raum spätestens mit der Enquete-Kommission *Schutz des Menschen und der Umwelt (1998)* des 13. Deutschen Bundestages der Durchbruch. Vor allem im politischen, aber auch im wissenschaftlichen Diskurs wird Nachhaltigkeit heute als Zusammenspiel der drei Dimensionen Ökologie, Ökonomie und Soziales verstanden, wenngleich auch das Ein-Säulen-Modell oder das Mehr-Säulen-Modell teilweise noch Anwendung finden.

Im Ein-Säulen-Modell dominiert – für gewöhnlich – die ökologische Dimension. Es zielt darauf ab, einerseits die ökologischen Systeme und Ressourcen als Existenz- und Wirtschaftsgrundlage und damit als Grundvoraussetzung für die zukünftige Bedürfnisbefriedigung zu erhalten und andererseits Ökonomie und Soziales als Verursacher von Umweltproblemen zu begreifen und „umweltverträglich" zu gestalten.[8] Dagegen verwenden Mehr-Säulen-Modelle, die gegen Ende der 1990er Jahre eingeführt wurden, neben den drei Säulen Ökologie, Ökonomie und Soziales noch andere Säulen wie eine politische, eine kulturelle, eine pädagogische oder eine institutionelle. Allerdings hat sich das Mehr-Säulen-Modell nicht durchsetzen können, da sich diese zusätzlichen Zielbestimmungen meist in die drei Säulen Ökologie, Ökonomie und Soziales integrieren lassen.

Für das Drei-Säulen-Modell spricht hingegen, dass sich die Ziele des Brundtland-Berichts gut kommunizieren lassen und sich so auch eine politische Anschlussfähigkeit des Nachhaltigkeitskonzeptes ergibt. Charakteristisch für das Drei-Säulen-Modell ist, dass die drei Säulen Ökologie, Ökonomie und Soziales – zumindest theoretisch – als gleichrangig

---

[8] Beate LITTIG: Religion und Nachhaltige Entwicklung. Ein weites Feld im Überblick, in: dies. (Hg.): Religion und Nachhaltigkeit. Multidisziplinäre Zugänge und Sichtweisen, Münster 2004, 15–39, hier 21f.

erachtet werden: eine Entwicklung ist dann nachhaltig, wenn ökologische, ökonomische und soziale Interessen gleichermaßen berücksichtigt werden. Bezogen auf den Brundtland-Bericht, der stets auf „Grundbedürfnisse" reflektiert, kann dies auch zutreffen. Allerdings sind heute praktisch alle sozialpolitischen und ökonomischen Zielsetzungen unter den jeweiligen Säulen angeführt – das betrifft die barrierefreie (und „nachhaltige") Gestaltung von Stiegen[9] ebenso wie die steuerliche (und damit „nachhaltige") Entlastung der Bevölkerung.[10]

Übersehen wird dabei jedoch, dass sich die Ziele der jeweiligen Säulen nicht immer ohne Konflikte bündeln lassen. Spätestens auf der Ebene der Operationalisierung und Indikatorenbildung für die drei Säulen ist festzustellen, dass hier weder Konsens noch Klarheit besteht. Konflikte können zwischen allen Säulen auftreten, z.B. zwischen der ökonomischen und der sozialen (wenn etwa ein „nachhaltiger" Staatshaushalt verstanden als Senkung des Budgetdefizits Abstriche bei den Sozialleistungen zur Folge hat), zwischen der ökonomischen und der ökologischen (wenn die Senkung des CO_2-Ausstosses bei Kraftfahrzeugen die Gewinne der Autokonzerne beeinträchtigt), aber auch zwischen der ökologischen und sozialen (wenn eine Ökosteuer auf Kfz-Treibstoffe die Mobilität der Bürger einschränkt).

Diese Konflikte zu lösen stellt eine große Herausforderung dar, führt jedoch in der tagespolitischen Praxis – vor allem gegenüber ökologischen Aspekten – meist zu einem Vorzug der ökonomischen Dimension. Ökonomische Argumente (Arbeitsplätze, Wirtschaftswachstum, Wettbewerb ...) zählen in der Praxis mehr als ökologische (Klimaschutz, Ressourcenverbrauch, Artenvielfalt ...) und können sich auf eine wesentlich durchschlagskräftigere Lobbyarbeit stützen als Umweltanliegen.[11] Als EU-Umweltkommissar Stavros Dimas Anfang 2007 zur Erreichung der Klimaschutzziele die europäische Autoindustrie auf die Herstellung von Automotoren mit geringerem CO_2-Ausstoß verpflichten wollte – nachdem die Autoindustrie von einer diesbezüglichen, bereits 1998 abgegebenen Selbstverpflichtung noch immer weit entfernt ist – drohten die Unternehmenschefs von Volkswagen, DaimlerChrysler, BMW, Ford und

---

[9] Vgl. http://www.agenda21.or.at (Abfrage am 19.02.2007).

[10] ÖSTERREICHISCHE BUNDESREGIERUNG: Österreichs Zukunft Nachhaltig Gestalten. Die Österreichische Strategie zur Nachhaltigen Entwicklung, Wien 2002, 20.

[11] Frank SCHWALBA-HOTH: Aus dem Brüssler Nähkästchen. Lobbying auf europäisch, in: Grünbuch Europa. Von nachhaltigen Visionen und umweltpolitischen Realitäten, München 2006 (= politische ökologie 102–103), 27–30.

Opel mit der massiven Verlagerung von Arbeitsplätzen in Nicht-EU-Länder. Letztlich konnte sich der EU-Umweltkommissar nicht durchsetzen, zumal sich EU-Industriekommissar Günter Verheugen und andere Politiker massiv für die Interessen der Autohersteller einsetzten. Vereinbart wurde schließlich ein für die Autohersteller mehr als akzeptabler Kompromiss. Damit wird auch deutlich, dass sich die Gleichrangigkeit der drei Säulen – geschweige denn der Vorzug ökologischer Anliegen – in der realpolitischen Praxis nicht immer umsetzen lässt. Dass ökonomische Interessen gegenüber ökologischen oder sozialen Themenbereichen mehr zählen, deutet darauf hin, dass hier entweder gar kein oder zumindest ein falsches Verständnis von nachhaltiger Entwicklung vorliegt.

Ökologie, Ökonomie und Soziales in der nachhaltigen Geldanlage

Der Vorzug ökonomischer Interessen vor ökologischen und sozialen Themenfeldern stellt in nahezu allen Aktionsfeldern nachhaltiger Entwicklung eine Herausforderung dar. Besonders deutlich wird dies bei der nachhaltigen Geldanlage. Diese hat zum Ziel, bei der Veranlagung von Geldern durch die Berücksichtigung ökologischer und sozialer Erfordernisse zu nachhaltigen Wirtschaftsweisen beizutragen, und zwar in einer zweifachen Weise: einerseits durch das *Vermeiden* von Produkten, Produktionsprozessen, Dienstleistungen oder Wirtschaftsweisen, die nicht nachhaltig sind, und andererseits durch die gezielte *Förderung* nachhaltiger Produkte, Produktionsprozesse, Dienstleistungen und Wirtschaftsweisen. Die Art und Weise der Geldanlage soll dabei nicht mehr ausschließlich ökonomischen, finanziellen Gesichtspunkten folgen, sondern ökologische und soziale Kriterien in den Anlageprozess mit einbeziehen. Nachhaltig ist eine Geldanlage demnach, wenn die Renditeerwirtschaftung auf der Basis der Natur- und Sozialverträglichkeit erfolgt.

Die Möglichkeiten einer nachhaltigen Geldanlage sind breit gefächert: Spareinlagen können ebenso nachhaltig angelegt werden wie Aktien oder Obligationen. Darüber hinaus können nachhaltige Geldanlagen als Direktinvestitionen in ökologisch oder sozial verantwortlichen Projekten getätigt werden, z.B. durch eine finanzielle Beteiligung am Bau von Windkraftwerken oder durch die Vergabe von Mikrokrediten. Die am häufigsten genutzte Möglichkeit einer nachhaltigen Geldanlage sind nachhaltige Investmentfonds, bei denen in Unternehmensanteile und Obligationen investiert wird, welche einem speziellen Auswahlverfahren unter Nachhaltigkeitsaspekten unterliegen. Zwar ist der Anteil nachhaltiger Investmentfonds im Vergleich zu herkömmlichen Investmentfonds noch gering, doch betrug das Volumen nachhaltiger Publikumsfonds von Finanzdienstleistern in Deutschland, Österreich und der Schweiz Ende 2005 insgesamt ca. 6 Milliarden Euro – nachhaltige Publikumsfonds stellen demnach mit einem Wachstum von 160 Prozent seit dem Jahr 2002 das wachstumsstärkste Segment nachhaltiger Investments dar.[12] Besonders kirchliche Einrichtungen haben in den letzten Jahren zunehmend in nachhaltige Investmentfonds investiert, wohl auch deshalb, weil in den letzten Jahren zahlreiche kirchliche Dokumente die Sozialpflichtigkeit von Geld betont und die Veranlagung der Gelder unter der Berücksichtigung ökologischer und sozialer Kriterien zum Leitbild erhoben haben.[13]

Viele nachhaltige Investmentfonds stützen sich dabei auf das Drei-Säulen-Modell als Referenzpunkt, um ökologische, ökonomische und soziale Zielvorstellungen gleichermaßen zu berücksichtigen. Auch hier wird deutlich, dass sich die Ziele dieser drei Dimensionen nicht immer konfliktfrei bündeln lassen. Die Umsetzung von Umweltschutzmaßnahmen oder das Einhalten von Sozialstandards kann Auswirkungen auf die Gewinnsituation von Unternehmen haben. In Zeiten, wo die kurzfristigen Shareholder-Interessen den Maßstab für „erfolgreiche“ Investments bilden, verwundert es nicht, dass Zielkonflikte zwischen ökologischen und sozialen Aspekten auf der einen Seite und ökonomischen, finanziellen Interessen auf der anderen Seite häufig zugunsten letzterer entschieden werden. Eine solcherart praktizierte Bevorzugung ökonomischer Interes-

---

[12] Forum Nachhaltige Geldanlagen: Statusbericht Nachhaltige Geldanlagen 2005. Deutschland, Österreich und die Schweiz, Berlin 2005, 3.

[13] Kirchenamt der Evangelischen Kirche in Deutschland/Sekretariat der Deutschen Bischofskonferenz (Hg.): Für eine Zukunft in Solidarität und Gerechtigkeit. Wort des Rates der Evangelischen Kirche in Deutschland und der Deutschen Bischofskonferenz zur wirtschaftlichen und sozialen Lage in Deutschland, Hannover – Bonn 1997, Nr. 162; Sekretariat der Deutschen Bischofskonferenz (Hg.): Handeln für die Zukunft der Schöpfung. Erklärung der deutschen Bischöfe, Bonn 1998, Nr. 106, 118–122; Schweizer Bischofskonferenz/Schweizerisch Evangelischer Kirchenbund: Miteinander in die Zukunft. Wort der Kirchen, Bern – Freiburg, September 2001, Nr. 168; Ökumenischer Rat der Kirchen in Österreich (Hg.): Sozialwort des ökumenischen Rates der Kirchen in Österreich, Wien [3]2003, Nr. 201–202; Sekretariat der Deutschen Bischofskonferenz (Hg.): Der Klimawandel: Brennpunkt globaler, intergenerationeller und ökologischer Gerechtigkeit. Ein Expertentext zur Herausforderung des globalen Klimawandels, Bonn 2006 (= Die deutschen Bischöfe, Kommission für gesellschaftliche und soziale Fragen, Kommission Weltkirche Nr. 29), 66.

sen konterkariert letztlich aber eine nachhaltige Entwicklung, welche die Zukunftsfähigkeit menschlichen Zusammenlebens zum Ziel hat. Ökologische und soziale Kriterien unterliegen nämlich dabei einem ökonomischen, finanziellen Vorbehalt, demzufolge bestenfalls nur jene Nachhaltigkeitsaspekte berücksichtigt werden, die den Unternehmensgewinn nicht negativ beeinflussen.

Die „Materialisierung" ökologischer und sozialer Themenfelder in der Geldanlage

In der gegenwärtigen Praxis der nachhaltigen Geldanlage ist zu beobachten, dass ökologische und soziale Themenfelder zunehmend in Hinblick auf ihre ökonomischen und finanziellen Potentiale bewertet werden. In Fachkreisen wird dies unter dem Titel der „Materialität" ökologischer und sozialer Bereiche diskutiert. Dabei wird davon ausgegangen, dass die Berücksichtigung bestimmter ökologischer und sozialer Themenfelder den Unternehmensgewinn optimieren kann. Ökologische und soziale Themen besitzen in diesem Verständnis eine Materialität, eine ökonomische Relevanz, welche Auswirkungen auf den Unternehmensgewinn hat. Die mit ökologischem und sozialem Engagement verbundenen Kosten werden dabei in Kauf genommen, weil sie im Gegenzug einen „return on investment" versprechen, der die Kosten übersteigt und somit einen finanziellen Gewinn für das Unternehmen zur Folge hat und den Unternehmenswert steigert. Energiesparmaßnahmen etwa können die Betriebskosten reduzieren, und wenn die Kosten dieser Maßnahmen geringer sind als die damit verbundenen Kosteneinsparungen, ergibt sich eine win-win-Situation: durch den gesunkenen Energieverbrauch wird die Umwelt geschont und das Unternehmen freut sich über geringere Energiekosten. Auch die Selbstverpflichtung eines Unternehmens, bestimmte Nachhaltigkeitsziele umsetzen zu wollen, kann den Gewinn eines Unternehmens bzw. den Unternehmenswert – z.B. durch ein verbessertes Image in der Öffentlichkeit und eine dadurch höhere Akzeptanz der vom Unternehmen produzierten Güter – positiv beeinflussen. Dass Unternehmen, die ökologisch und sozial verantwortlich wirtschaften, daraus einen finanziellen Nutzen erzielen, ist weder anrüchig noch verwerflich, sondern unter dem Gesichtspunkt der Veränderung der Wettbewerbslogik vielmehr wünschenswert.[14] Die Materialisierung ökologischer und sozialer Themen-

[14] Gerhard SCHERHORN: Markt und Wettbewerb unter dem Nachhaltigkeitsziel, in: Zeitschrift für Umweltpolitik und Umweltrecht 28 (2005) 135–154.

bereiche beinhaltet jedoch ein zentrales Problem: die Einbeziehung von Nachhaltigkeitsthemen beschränkt sich auf *bestimmte* ökologische und soziale Themenfelder – nämlich jene, die Materialität in Sinne von finanziellem Potential enthalten. Damit fallen jedoch jene Nachhaltigkeitsaspekte, die weniger oder gar keine finanziellen Vorteile versprechen, aus dem Blickfeld. Der Umstieg auf einen Stromanbieter, der Energie aus erneuerbaren Ressourcen produziert, aber dessen Strom mehr kostet als der von anderen Anbietern, verspricht keinen finanziellen Nutzen und wird deshalb nicht vollzogen. Die Selbstverpflichtung eines Unternehmens, konkrete Nachhaltigkeitsaspekte – wie zum Beispiel die Reduktion von Treibhausgasen – umzusetzen, wird verworfen, wenn es der Wettbewerb oder die Gewinnerwirtschaftung erfordert bzw. wenn die mit der Einhaltung dieser Selbstverpflichtung verbundenen Kosten den daraus resultierenden finanziellen Nutzen übersteigen. Ökologisches und soziales Engagement büßt seine Berechtigung ein, wo der „return on investment" die Kosten nicht mehr übersteigt und somit kein finanzieller Gewinn oder Mehrwert erzielt werden kann. An der Stelle, wo das ökologische und soziale Engagement dem Unternehmen Kosten verursacht und den Unternehmensgewinn sowie den Unternehmenswert – auch nur kurzfristig – schmälert, liegt auch dessen Grenze. Nach dieser Logik ist nur das nachhaltig, was sich für das Unternehmen „rechnet" und somit die Rendite der Investoren steigert.[15]

Vor dem Hintergrund der Brisanz ökologischer und sozialer Herausforderungen ist dieses Verständnis von Nachhaltigkeit jedoch nicht ausreichend. Solange die ökonomischen Argumente als vorrangig betrachtet werden, können zahlreiche dringliche ökologische und soziale Herausforderungen nicht bewältigt werden.

Der Frankfurt-Hohenheimer Leitfaden: ökonomisches Handeln unter der Voraussetzung von Kultur-, Natur- und Sozialverträglichkeit

Mit dem Frankfurt-Hohenheimer Leitfaden (FHL) – maßgeblich entwickelt von Johannes Hoffmann – wird demgegenüber ein Ansatz vertreten, der kulturelle, ökologische und soziale Kriterien zur Voraussetzung der Renditeerwirtschaftung macht. Dieser im Jahr 1997 präsentierte Leitfa-

[15] Seb BELOE/Jan SCHERER/Ivo KNOEPFEL: Values for Money: Reviewing the Quality of SRI Research, London 2004.

den[16] umfasst ca. 750 Einzelkriterien und stellt den wohl bis heute umfassendsten Kriterienkatalog zur Bewertung von Unternehmen in Hinblick auf deren kulturelle, ökologische und soziale Verantwortlichkeit dar. Damit wird Investoren die Möglichkeit geboten, jene Unternehmen auszuwählen, die in Hinblick auf zentrale Nachhaltigkeitsziele am verantwortlichsten agieren. Die Analyse von Unternehmen sowie der Vergleich zwischen Unternehmen ermöglicht eine Reihung der Unternehmen hinsichtlich deren „Nachhaltigkeitsperformance“: eine Auswahl der am nachhaltigsten agierenden Unternehmen stellt schließlich die Basis für nachhaltige Geldanlagen dar. Der FHL untersucht ganz bewusst nicht die ökonomische, finanzielle Ausstattung von Unternehmen. Spannungen zwischen ökonomischen Interessen einerseits und ökologischen sowie sozialen Kriterien andererseits werden dadurch konsequent vermieden. Das Ziel des FHL besteht einzig in der Identifizierung von Unternehmen, die kulturell, ökologisch und sozial eine Vorreiterrolle einnehmen und sich damit für eine nachhaltige Geldanlage eignen. Erst im Anschluss an dieses Auswahlverfahren werden die Unternehmen einer ökonomischen und finanziellen Bewertung unterzogen, wobei diese Bewertung ein gesondertes Verfahren darstellt und den dafür qualifizierten Spezialisten (Finanzanalysten, Portfoliomanagern, Finanzrating-Agenturen ...) überlassen wird. Dieses Verfahren verdeutlicht auch das Nachhaltigkeitsverständnis des FHL, welches sich in zweifacher Weise beschreiben lässt:

Erstens: Der FHL steht für die Förderung nachhaltiger Wirtschaftsweisen. Zur Bewältigung globaler Herausforderungen wie dem Klimawandel, der Verschwendung von Ressourcen, dem Verlust an Biodiversität, der Armut oder dem Hunger auf der Welt kann die nachhaltige Geldanlage nur dann etwas beitragen, wenn sich die Veranlagungskriterien in erster Linie an diesen Herausforderungen orientieren und nicht an der Optimierung der Investorenrendite. Die Bewertung von Unternehmen nach kulturellen, ökologischen und sozialen Gesichtspunkten bzw. die sich daraus ergebende Vergleichsmöglichkeit zwischen verschiedenen Unternehmen fördert einen „Nachhaltigkeits-Wettbewerb“, welcher die Unternehmen dazu motiviert, ihre Nachhaltigkeitsperformance zu verbessern: „In diesem Wettbewerb profilieren sich die als geeignete Anlagekandidaten, die sich im umfassenden Sinne an Kriterien der Nachhaltigkeit ausrichten, also in ihren Unternehmen natur-, sozial- und kulturverträg-

[16] Johannes HOFFMANN/Konrad OTT/Gerhard SCHERHORN (Hg.): Ethische Kriterien für die Bewertung von Unternehmen. Frankfurt-Hohenheimer Leitfaden, Frankfurt a. M. 1997.

lich wirtschaften."[17] Bei der Geldanlage werden damit nachhaltig agierende Unternehmen ihren nicht nachhaltig agierenden Mitbewerbern vorgezogen und gefördert.

Zweitens: Der FHL ermöglicht eine Einbettung ökonomischen Handelns in das Konzept einer nachhaltigen Entwicklung. Primäres Ziel einer nachhaltigen Geldanlage ist die Förderung nachhaltigen wirtschaftlichen Handelns, welches die Zukunftsfähigkeit globalen Zusammenlebens ermöglicht.[18] Die Steigerung der Unternehmensgewinne bzw. der Investorenrendite ist diesem primären Ziel untergeordnet bzw. erst unter Berücksichtigung ökologischer und sozialer Erfordernisse überhaupt möglich. Dabei kehrt sich das Bild um: die ökonomische Zielsetzung ist den ökologischen und sozialen Zielen nicht vorgeordnet, sondern in diese eingebettet. Das Dilemma des Drei-Säulen-Modells – nämlich die Bevorzugung ökonomischer, finanzieller Interessen gegenüber ökologischen und sozialen Themenfeldern – wird beim FHL dadurch vermieden, dass die Nachhaltigkeitsbewertung dem finanztechnischen Auswahlprozess bei Geldanlagen vorgelagert wird. Dadurch ist die Geldanlage einem *Nachhaltigkeitsvorbehalt* unterstellt, der sich vom faktischen ökonomischen Vorbehalt des Drei-Säulen-Modells maßgeblich unterscheidet: die Renditeerwirtschaftung erfolgt im Kontext einer nachhaltigen Wirtschaft und die Veranlagung erfolgt nur in Unternehmen, die sich unter Nachhaltigkeitsgesichtspunkten dafür bereits qualifiziert haben. Damit wird eine Materialisierung bzw. eine Aufladung kultureller, ökologischer und sozialer Themenfelder mit finanziellem Kalküldenken vermieden und die Renditeerwirtschaftung auf nachhaltig agierende Unternehmen beschränkt. Nachhaltigkeit – ernst genommen – versteht die Ökonomie als eine in die ökologische und soziale Dimension eingebettete Teilmenge, wonach Gewinnerzielung zwar prinzipiell erwünscht ist, aber nur dann vertretbar ist, wenn ökologische und soziale Zukunftsfähigkeit gewährleistet ist. Eine Gewinnerwirtschaftung, die auf der Basis von Umweltzerstörung und der Verschlechterung sozialer Standards erfolgt, ist de facto nicht nachhaltig.

Für die nachhaltige Geldanlage stellt der FHL damit ein bedeutsames und notwendiges Korrektiv gegenüber einer konfliktanfälligen Drei-Säulen-Vorgehensweise dar, welche die Gleichrangigkeit der ökologi-

---

[17] Johannes HOFFMANN/Gerhard SCHERHORN: Saubere Gewinne. So legen Sie Ihr Geld ethisch-ökologisch an, Freiburg i. Br. 2002, 44.

[18] Johannes HOFFMANN/Gerhard SCHERHORN/Timo BUSCH (Hg.): Darmstädter Definition Nachhaltiger Geldanlagen, Darmstadt 2004.

schen und sozialen Säule gegenüber der ökonomischen Säule nicht immer zu gewährleisten in der Lage ist. Darüber hinaus ermöglicht der FHL eine Geldanlage, die eine nachhaltige Entwicklung fördert, indem nachhaltig agierende Unternehmen gegenüber nicht nachhaltig agierenden Unternehmen bevorzugt und gefördert werden. Eine so konzipierte Geldanlage, welche ökonomisches Handeln von Anfang an in einem Kontext verantwortlicher Zukunftsgestaltung verortet, fördert nachhaltiges Wirtschaften und leistet schließlich einen Beitrag zur Bewältigung globaler ökologischer und sozialer Herausforderungen.

Are consumers interested in information on Corporate Social Responsibility?[1]

VON LUCIA A. REISCH

The business of business

In the largest global survey of the public's expectations, the Millennium Poll on Corporate Social Responsibility carried out in 1999, over 25,000 individuals across 23 countries on six continents revealed that they form their impressions of companies by focusing on corporate citizenship. Moreover, two out of three people want companies to go beyond making money and contribute to broader society goals, and over 20% of consumers report having rewarded or punished companies based on their social performance during the past year. During September 2000, MORI (Market Research and Opinion Research International), on behalf of CSR Europe, interviewed 12,000 consumers across twelve European countries on their attitudes towards CSR. 70% said that a company's commitment to social responsibility is important when purchasing a product or service, and one in five would be very willing to pay more for products that are socially and environmentally responsible.

While these studies have serious problems with a positivity bias that threatens the significance of the numbers, they do show that sustainable development has turned into a socially widely accepted norm that triggers socially desired answers. Furthermore, methodologically sounder studies also report significant consumer interest in CSR issues.[2] In the

---

[1] An earlier version of this paper was presented at the Conference „Globalization and Corporate Responsibility", 2nd International Conference in Corporate Social Responsibility, Humboldt University Berlin, October 12–13, 2006.

[2] For Germany: IMUG: Themenspot Verbraucher und Corporate Social Responsibility. Ergebnisse einer bundesweiten repräsentativen imug-Mehrthemenumfrage, Hannover 2003; York LUNAU / Peter ULRICH / Stefan STREIFF: Soziale Unternehmensverantwortung aus Bürgersicht: eine Anregung zur Diskussion. Bericht des Instituts für Wirtschaftsethik an der Universität St. Gallen, München – St. Gallen 2003.

United States, almost 80% of all US consumers do consider CSR an important characteristic for their purchase decision.[3] In Scandinavian countries, according to the Reputation Quotient[4], more than 90% of the general public find that corporations should be responsible for more than just their shareholders. In Sweden[5] and Denmark,[6] the „political consumer“[7] is increasingly perceived as a force to be counted on. Political consumers are defined as people who sometimes boycott or buycott products or services for political, ethical, or environmental reasons – a group which has reportedly increased in the past decades.[8] Following Hirschman's notion that all it takes in some markets is for a small number of consumers to actively voice their dissatisfactions and thereby effectively police an imperfect market,[9] such a core cadre of consumers will be enough to decisively threaten or strengthen a company's and/or a brand's market value.

In order to react to these voices, corporations have intensifely developed, integrated, and communicated their CSR efforts to their stakeholders, mostly via respective labelling and CSR reports, some also via commercials and special events. Others have implemented forums to listen to the consumer citizen via stakeholder dialogues, conferences, and seminars, and have started different transparency initiatives. While critical

[3] C. B. BHATTACHARYA/Sankar SEN: Doing better at doing good. When, why, and how consumers respond to corporate social initiatives, in: California Management Review 47 (2004) 9–24.

[4] www.reputationinstitute.com/main/index.php?pg=res&box=reputation_quotient (accessed 20–01–07).

[5] Michele MICHELLETI/Dietlind STOLLE: Swedish political consumers: Who they are and why they use the market as an arena for politics, in: Magnus Boström/Andreas Føllesdal/Mikael Klintman/Michele Micheletti/Mads P. Sørensen (Eds.): Political consumerism: Its motivations, power, and conditions in the Nordic countries and elsewhere. Proceedings from the 2nd International Seminar on Political Consumerism, Oslo 2004, 145–164.

[6] Vill DYHR: CSR as a competitive factor in a consumer perspective, in: Mette Morsing/Christina Thyssen (Eds.): Corporate values and responsibility – the case of Denmark, Copenhagen 2003, 281–286; Mette TOBIASEN: Political consumerism in Denmark, in: M. Boström et al.: Political consumerism, 113–144.

[7] Following the discussion on corporate citizenship, this phenomenon has also been termed „consumer citizenship“ or „participatory consumerism“. For the latest research see the contributions compiled in the Special Issue on „Shopping for Human Rights“ of the Journal of Consumer Policy, 3/ 2007.

[8] M. MICHELLETI/D. STOLLE: Swedish political consumers.

[9] Albert O. HIRSCHMAN: Exit, voice, and loyalty. Responses to decline in firms, organizations, and states, Cambridge, MA 1970.

voices remain and heated debates on the pros and cons of CSR are still going on, there is growing conviction in management circles that companies will increasingly be assessed on the basis of their social performance, that outperformance presents a competitive advantage,[10] and that the value creation processes around the world will need to become more transparent and intelligible if they are to be seen as politically legitimate.[11] Hence, the latest management literature seems to have changed the wording of Milton Friedman's influential classic from „the business of business is business“ into „the business of business is value creation“. Beyond management talk and conceptual debates, CSR is today well entrenched and amply funded, and most large corporations have in practice accepted to respond to it.

It is against this background, that the present paper presents research on CSR consumer communication as one possible way of CSR based value creation. The key proposition of the paper is that, if carefully employed, CSR communication can successfully involve emotional and entertaining mass-mediated communication and is not necessarily confined to purely fact-based emotionally „neutral“ communication styles. In other words: CSR consumer communication is not just for the brains, but should also reach consumers' hearts and sense of fairness to be effective. Following up this basic assumption, the paper starts out with defining the basic elements of CSR consumer communication. It then reports on prior research on inducing behavioural change and sketches the design and intermediate results of a research project and trendsetting initiative on sustainable consumption and production which is currently carried out in Germany. The potentials and pitfalls of „balance project's“ multi-channel emotions-based cross media strategy are discussed and general implications are drawn.

Defining the basics

a) Corporate Social Responsibility

Following the majority of marketing studies, *corporate social responsibility (CSR)* is defined as the organization's status and activities with

[10] Michael E. PORTER/M. R. KRAMER: The competitive advantage of corporate philanthropy, in: Harvard Business Review 80 (2002) 56–69.

[11] John ELKINGTON/Jed EMERSON/Seb BELOE: The Value Palette. A tool for full spectrum strategy, in: California Management Review 48 (2006) 6–28.

respect to its perceived societal obligations.[12] From a motivational viewpoint, CSR is about the extent to which a company is prepared to examine and improve its impact on all those affected by its activities and to view its long-term reputation within the context of the social and ecological sustainability of its operations.[13] Many authors have highlighted the fuzziness of the concept of CSR and the overlaps with concepts such as responsible corporate governance,[14] the social enterprise,[15] sustainability management,[16] corporate citizenship,[17] corporate social responsiveness,[18] and corporate sustainability.[19] Others have discussed whether the individualistic concept of responsibility can be applied to institutions and corporations at all. As one response, business ethics has developed a „modern" dialogue-based concept of responsibility:[20] Accepting responsibility means to give answers to inquiries of internal (employees) and external (consumers, etc.) stakeholders, to give account for business behaviour, and to develop a culture of transparency, reliability, and trustworthiness in a dialogue on equal terms of sovereign partners. Stakeholders are defined as any group who affects or is affected by the achievement of the firm's objectives.[21]

---

[12] Tom J. BROWN/Peter A. DACIN: The company and the product: corporate associations and consumer product responses, in: Journal of Marketing 61 (1997) 68–84.

[13] Peter FRANKENTAL: Corporate social responsibility – a PR invention? In: Corporate Communications 6 (2001) 18–23.

[14] Michael KUHNDT/Burcu TUNCER/Kristian Snorre ANDERSEN/Christa LIEDTKE: Responsible corporate governance. An overview of trends, initiatives and state-of-the-art elements. Wuppertal Papers No. 139, Wuppertal 2004.

[15] See, e. g., the Social Enterprise Alliance and their publication Stanford Social Innovation Review (www.ssireview.com; accessed 20–1–07).

[16] Muel KAPTEIN/Johan WEMPE: Sustainability management. Balancing conflicting economic, environmental and social corporate responsibilities, in: The Journal of Corporate Citizenship 2 (2001) 91–106.

[17] Dirk MATTEN/Andrew CRANE: Corporate citizenship: Toward an extended theoretical conceptualization, in: Academy of Management Review 30 (2005) 166–179; Philip MIRVIS/Bradley GOOGINS: Stages of Corporate Citizenship, in: California Management Review 48 (2006) 104–126.

[18] Robert W. ACKERMAN/Raymond A. BAUER: Corporate social responsiveness. The modern dilemma, Reston, VI 1976.

[19] Thomas DYLLICK/Kai HOCKERTS: Beyond the business case for corporate sustainability, in: Business Strategy and the Environment 11 (2002) 130–141.

[20] Karl HOMANN/Franz BLOME-DREES: Wirtschafts- und Unternehmensethik, Göttingen 1992.

[21] R. Edward FREEMAN: Strategic management: A stakeholder approach, Marshfield, MA 1984.

From a managerial view, CSR can be viewed as the corporate implementation of the concepts of sustainable development and stakeholder management, and herewith as one element of sustainable management.[22] Multinational institutions (e. g., ILO, UN, AI, OECD), stakeholder round tables, industry associations, and corporate initiatives (e. g., the Global Compact) have worked over more than a decade on the concretion of this umbrella concept. They developed indicators, measurement instruments, industry reporting standards (e. g., AA 1000; SA 8000, ISO 14001), and auditing schemes.[23] In academia, several European research consortia on CSR issues are trying to improve the theoretical foundations of the concept, to further empirical knowledge on CSR practice, and to map out policy recommendations based on that research.[24]

b) CSR communication

CSR communication is part of the broader discussion on „sustainability communication“.[25] Basically, two meanings of the concept have to be distinguished:

Firstly, the meaning of acceptance of responsibility *through* communication which reflects a company's goal for a dialogue based two-way concept of responsibility and transparency as sketched above. Examples are efforts to engage in stakeholder outreach (e. g., in dialogue forums); a voluntary full declaration of ingredients which goes beyond legal obligations; or a general transparency policy regarding business conduct as propagated by the British „Business in the Community“ initiative.

Secondly, there is communication *on* CSR. The instruments include the whole arsenal of product and corporate communication such as product-based sustainability communication, labelling, cross media adver-

---

22 Thomas LOEW/Kathrin ANKELE/Sabine BRAUN/Jens CLAUSEN: Bedeutung der CSR-Diskussion für Nachhaltigkeit und die Anforderungen an Unternehmen. Final Report, Berlin 2004.

23 For instance: CSR Europe (www.csreurope.org); ILO (www.ilo.org); the Global Compact (www.unglobalcompact.com); AI (www.webamnesty.org); OECD Guidelines (www.oecd.org/daf/investment/guidelines); the Global Reporting Initiative (www.globalreporting.org) (accessed 20–1–07).

24 For instance: „Rhetoric and realities: Analysing corporate social responsibility in Europe“ (RARE) (www.rare-eu.net; accessed 20–1–07).

25 Lucia A. REISCH/Martin KREEB: Kommunikation des Nachhaltigen Konsums: Forschung und Praxis, in: Gerd Michelsen/Jasmin Godemann (Eds.): Handbuch Nachhaltigkeitskommunikation, Grundlagen und Praxis, Munich 2007.

tising, consumer advice, point of sale marketing, sponsoring and PR, campaigns, as well as sustainability reporting. CSR messages are also diffused via modern tools such as cause-related-marketing, public-private-partnerships in campaigning, event-marketing, multimedia-marketing, transparency initiatives (websites), podcast shows, CSR testing,[26] and publication of „saints & sinners“ lists.[27]

One can assume that CSR *through* communication will support the credibility of communication *on* CSR, and that the latter is prone to be deemed as „greenwash“ and „window dressing“ if there is just a shadow of a doubt on the company's willingness to listen to and respond to stakeholders. Also, a basically responsive company will be better prepared to detect and to react in case of a crisis situation.[28] Hence, the two strategies are mutually reinforcing, but can also be mutually destructive.

c) Consumer oriented CSR communication

If CSR communication primarily targets consumers, we speak of *consumer oriented CSR communication.* For the purpose of this chapter, it is useful to further specify the concept:[29] In matters of *content,* it refers to the corporate behaviour (i. e., production processes, supply chains, transformative marketing) and/or to social, ethical and ecological aspects of specific products or services (i. e., process quality); it does not, however, cover traditional product quality issues and does not focus on economic aspects. As regards the *sender,* it can be produced and transmit by the company itself (or its agencies), by independent institutions and experts

[26] Between 2004 and 2005, the independent German product testing institute „Stiftung Warentest“ has performed and published several „CSR tests“ of corporations as a pilot study. The tests were based on a set of 39 core criteria and 15–25 product specific criteria. The results were published in the same issue as the product tests of the respective companies. The pilots proved successful, test magazine readers gave positive feedback, and CSR testing has become a regular content since then.

[27] For instance, the „Perception Index“ published by the British Echo Research Group, listing „Saints and Sinners“ and tracking their rise and fall (ECHO RESEARCH: CSR 3: Corporate Social Responsibility and the financial community – friends or foes? Report prepared by Echo Research, Surrey, UK 2003).

[28] E.g., Jill KLEIN/Niraj DAWAR: Corporate social responsibility and consumers' attributions and brand evaluations in a product-harm crisis, in: International Journal of Research in Marketing 21 (2004) 203–217.

[29] Ulf SCHRADER/Silja HALBES/Ursula HANSEN: Konsumentenorientierte Kommunikation über Corporate Social Responsibility (CSR). Erkenntnisse aus Experteninterviews in Deutschland, Hannover 2005 (= Imug Arbeitspapier 54).

(e. g., NGOs, consumer councils, product testing institutions), the media, government, science, or other sources; the perceived credibility of the sender is a decisive determinant for attention to and relevance of the information.[30] In reference to *format,* it can have the form of one-way information („push") or of a two-way dialogue and exchange („pull") between corporation and consumers as well as other stakeholder groups; it can be presented in either strictly content-oriented or emotionalized forms, depending on the target group (target group orientation) and the aim of the communication process (e. g., raise attention, convince stakeholders, retrieve knowledge from consumers). In respect of *goals,* it aims at enabling consumers to make consumption decisions that are in line with their personal values regarding ethical, social, and/or environmental aspects of corporate behaviour; it also aims at sensitizing and educating consumers and at heightening their awareness for CSR issues; finally, it wants to provide an opportunity for the corporation to exchange views with consumers in multiple forms and herewith stay close to the market.

Prior research

a) Management studies on CSR and stakeholder outreach

As outlined in the stakeholder management approach, some companies perceive themselves as part of a larger political-social-economic network with more or less intense exchange relations with external (e. g., consumers, community, government, competitors) and internal (e. g., employees, owners) groups that assert their claims as regards information, resources, programmes, and products.[31] Stakeholders employ a combination of four basic strategies to implement their concerns: the mobilization of public pressure via mass media; of political pressure via political parties and institutions; of market forces via „exit and voice" strategies; and of pressure on the corporate actors themselves. The need for a stra-

[30] Valérie SWAEN/J. VANHAMME: When „what you say" matters less than „where you say it". Influence of corporate social responsibility arguments and source of information on consumers' reactions and attitudes toward the company, in: Proceedings of the 33rd European Marketing Academy (EMAC) Conference, Murcia 2004.

[31] Archie B. CARROLL: Business and society. Ethics and stakeholder management, Ohio 2003; Thomas J. DONALDSON/Lee E. PRESTON: The stakeholder theory of the corporation. Concepts, evidence, and implications, in: Academy of Management Review 20 (1995) 65–91.

tegic stakeholder outreach also depends on the degree of „public exposure", i. e., in how far the corporation touches upon public interests in its business behaviour and, vice versa, in how far it is affected by actions that are carried out in the public interest, such as regulations. According to Dyllick (1992),[32] the important determinants of public exposure are: sensitive industry sector, large company size, high degree of internationalization, strong market orientation, closeness to end consumers, and a high brand value. And the higher the public exposure of a company, the more important is a genuine CSR strategy and stakeholder dialogue.

A key role is that of the NGOs that have become more professional and less dogmatic. As regards CSR, NGOs have lately taken opinion leadership and cooperate closely with international organisations such as UN or OECD. Attitudes on sides of businesses and NGOs are changing, and business-NGO partnerships are increasingly considered and started.[33] Moreover, the media and consumer organisations fulfil their self-assumed role as „CSR watchdogs" and increasingly use their agenda setting power in the public discourse. The media, in particular, plays an important role both as a platform and a multiplier.[34] As a consequence of this constellation, the tolerance level for companies that do not comply with CSR standards is decreasing. The higher their brand equity, the more vulnerable are the companies to become the object of „name and shame campaigns".[35] These, in turn, can lead to the loss of reputation, of image and brand value, and hence the loss of sales and of employees' motivation and loyalty. According to analysts, social equity has been shown to have a measurable and increasing influence on sales and brand equity – and herewith on corporate value.[36] The financial risk involved in this power of media-NGO alliances has long been recognized by financial

[32] Thomas DYLLICK: Management der Umweltbeziehungen. Öffentliche Auseinandersetzungen als Herausforderungen, Wiesbaden 1992.

[33] Ben SCHILLER: Trends in NGO-business partnerships. Ethical corporation report. Ethical Corporation Online (www.eldis.org), London 2005 (accessed 20–1–07).

[34] Lucia A. REISCH: The new media. A resource for sustainable consumption? In: Laurie Michaelis (Ed.): Report from the Expert Workshop on „The Media: A resource for sustainable consumption", 8–9.01.2001, Oxford Centre for the Environment, Ethics and Society, June 2001, Mansfield College, Oxford 2001.

[35] Reinhold KOPP: Soziale Verantwortung und wirtschaftlicher Nutzen, in: Barbara Braun/Peter Kromminga (Eds.): Soziale Verantwortung und wirtschaftlicher Nutzen. Konzepte und Instrumente zur Kommunikation und Bewertung von Corporate Citizenship und Corporate Social Responsibility, Hamburg 2002, 36–42.

[36] Social equity is measured, for instance, by commercial consultancies such as www.goodbrand.com's GoodBrand Social Equity Index™ (accessed 20–1–07).

institutions. Banks and insurances were – together with ethical rating agencies and consumer organizations – among the first to actively call for reliable and systematic CSR information and auditing procedures. Today, the financial community is rather a „friend than a foe“[37] of CSR practices worldwide.

It has been argued, that CSR as a corporate management approach can only be successful if it is a business case. There is an ongoing debate on whether CSR practices contribute to the bottom line or not.[38] While a key complaint of critical voices is that CSR hurts financial performance, recent research shows the opposite. A prize-winning meta-analysis looked at 52 studies over 30 years,[39] finding a statistically positive correlation between CSR and financial performance. According to the authors, these two factors mutually reinforce each other due to improved managerial competency and improved corporate reputation.[40] Similarly, Hopkins (2003) has compiled evidence of a positive relationship between the overall quality of management of a firm and,[41] interestingly, the way it treats its critical stakeholders. For the future, he expects that corporations will increasingly perform in-depth benefit-cost analysis of CSR and that they will engage in stakeholder outreach more systematically.

b) Behavioural science research on sustainable consumption

For more than two decades, behavioural consumer research has been investigating individual and institutional limitations preventing sustainable consumption behaviour („barriers“) as well as enabling factors for the performance of more sustainable lifestyles („drivers“). Before the 1990s, this research was conducted under the label of „environmental“ and „prosocial“ behaviour.[42] For the development of efficient interven-

---

[37] ECHO RESEARCH: CSR 3.

[38] E.g., Nicolas CAPALDI: Corporate social responsibility and the bottom line, in: International Journal of Social Economics 32 (2005) 408–423.

[39] Marc ORLITZKY/Frank L. SCHMIDT/Sara L. RYNES: Corporate social and financial performance: A meta-analysis, in: Organization Studies 24 (2003) 403–441.

[40] This link has also been found in a meta-analysis by Innovest Strategic Value Advisors that looked at 60 research studies over six years, finding that 85% showed a positive correlation. Since Innovest's research methods are proprietary, their findings cannot be independently verified or scientifically scrutinized.

[41] Michael HOPKINS: The business case for CSR: Where are we? In: International Journal of Business Performance Management 5 (2003) 125–140.

[42] See, e. g., Lucia A. REISCH/Inge RØPKE (Eds.): The ecological economics of consumption, Cheltenham 2004.

tion strategies, knowledge about the underlying psychological variables is indispensable, and has been analyzed both as a function of stable dispositions as well as of environment-specific cognitions and emotions. While the explanatory power of generalized personality traits and broad beliefs (e. g., control beliefs, altruism, and generalized social responsibility) on various sustainable attitudes and behaviours has proven to be low and inconsistent,[43] environment-specific cognitions – in particular: moral cognitions, ecological awareness, environmental-specific control beliefs, and environmental justice appraisals[44] – exert powerful and stable effects on sustainable behaviour.[45] Following Shaver's model of responsibility,[46] the attribution of ecological responsibility to oneself as well as to powerful external agents (e. g., politics, corporations) is based on a general awareness for ecological risks and on control beliefs regarding the ability to efficiently reduce the risks. In sum, it has been shown that moral reasoning is a powerful motivational base for overcoming interest-shifts, social traps, lock-ins, and high-cost perceptions. Hence, intervention programmes have at least two entry points: They can aim at creating risk awareness (via providing information and knowledge) and providing immediate behaviour solutions in order to increase the perceived behavioural control (i. e., showing concrete, low cost behavioural alternatives).

Yet, this is only half of the story. For a long time, sustainability behaviour research has neglected the powerful and stable impact of various categories of emotions. This omission can most probably be explained by the prevalence of rational choice-based action theories such as Ajzen and Fishbein's Theory of Reasoned Action,[47] the Theory of Planned Behaviour,[48] or Bagozzi and Warshaw's Theory of Try-

---

43 Florian G. KAISER/Urs FUHRER/Olaf WEBER/Thomas OFNER/Evelina BÜHLER-ILIEVA: Responsibility and ecological behaviour. A meta-analysis of the strength and the extent of a causal link, in: Ann E. Auhagen/Hans-Werner Bierhoff (Eds.): Responsibility. The many faces of a social phenomenon, London 2001, 109–126.

44 However, by far most of this research has concentrated on environmental issues, much less on social or cultural issues. Hence, the term „sustainable“ consumption behaviour is misleading.

45 L. MONTADA/Elisabeth KALS: Political implications of environmental psychology, in: International Journal of Psychology 35 (2000) 168–176.

46 Kelly G. SHAVER: The attribution of blame. Causality, responsibility, and blameworthiness, New York 1985.

47 Icek AJZEN/Martin FISHBEIN: Understanding attitudes and predicting social behaviour, Englewood Cliffs, NJ 1980.

48 Icek AJZEN: The theory of planned behaviour. Some unresolved issues, in: Organizational Behavior and Human Decision Processes 50 (1991) 179–211.

ing.[49] A core element in these models is the proposition that individuals act on the basis of beliefs about consequences, cost-benefits, and importance. Their basic assumption is summarized in the formula of the restricted, resourceful, expecting, evaluating, and maximizing man.[50] Obviously, emotions do not fit and are not considered in these theories.[51] However, studies on the emotional foundations of sustainable (usually only environmental) behaviour that have been carried out, have shown that the moral cognitive perspective of the underlying motives for sustainable behaviour is supplemented by moral emotions such as anger about too much pro-environmental decision-making and feelings of guilt about own insufficient sustainable consumer decisions.

c) Marketing research on CSR and consumers

As documented by Beckmann,[52] from a marketing perspective, research on the impact of CSR information on consumers has brought mixed results which are anything but straightforward. On the one hand, benefits from CSR have been documented in its link to consumers' positive product and brand evaluations, brand choice, and brand recommendations and purchase intent.[53] There is empirical evidence that CSR affects consumers' routine purchasing decisions as well as the evaluation of new products. This holds in particular true for consumers that hold strong beliefs on CSR. A recent field study by Sen et al. showed that (the few)

---

49 Richard P. BAGOZZI/Paul WARSHAW: Trying to consume, in: Journal of Consumer Research 17 (1990) 127–140.

50 James S. COLEMAN/Thomas J. FARARO (Eds.): Rationale choice theory. Advocacy and critique, Newbury Park 1992.

51 Lately, CSR research has explicitly called for future research to examine how consumer emotions might affect or be affected by CSR perceptions (J. KLEIN/N. DAWAR: Corporate social responsibility).

52 Suzanne C. BECKMANN: Consumers' perceptions of an responses to CSR. So little is known so far, in: Mette Morsing/Suzanne Beckmann (Eds.): Strategic CSR communication, Copenhagen 2006, 163–184.

53 Tom J. BROWN/Peter A. DACIN: The company and the product: Corporate associations and consumer product responses, in: Journal of Marketing 61 (1997) 68–84; Minette E. DRUMWRIGHT: Socially responsible organizational buying. Environmental concern as a noneconomic buying criterion, in: Journal of Marketing 58 (1994) 1–19; Sankar SEN/C. B. BHATTACHARYA: Does doing good always lead to doing better? Consumer reactions to corporate social responsibility, in: Journal of Marketing Research 38 (2001) 225–243; Lois A. MOHR / Deborah J. WEBB: The effects of corporate social responsibility and price on consumer responses, in: The Journal of Consumer Affairs 39 (2005) 121–147.

individuals who were aware of the respective CSR initiative (compared to the respondents who were unaware of the initiative) had more positive company-related associations,[54] displayed a greater organizational identification with the company; and indicated a greater intent to purchase products, seek employment, and invest in the company. The authors suggest that CSR activity has the potential to increase not only CSR associations, attitudes, and identification but also the intent of stakeholders to commit personal resources (e. g., money, labour) to the benefit of the company. Another benefit of CSR is that it can offer a crucial advantage to managers by providing a means of insuring financial performance against negative events.[55] It has been shown that a credible CSR consumer communication can be some sort of insurance policy against the negative impact of untoward events such as ethical scandals and product-harm crises.[56] For many consumers, a „CSR halo" seems to exert an enduring influence on company attributions which in turn have a domino effect on brand evaluations and purchase intentions.

On the other hand, empirical evidence is by far not clear-cut. CSR is only one (and on average not even important) criteria in consumers' purchasing decisions, synergy effects are not automatically created, brand value has even proved to decrease when combined with CSR issues, consumers' interest is at the most lukewarm, the topic is highly complex and full of contradictions and trade-offs (which means that information cost are high), CSR and classical product quality do not seem to go hand in hand, and finally, there is a general scepticism and cynicism as regards corporations as communicators of political issues in general.[57]

---

[54] Sankar SEN/C. B. BHATTACHARYA/Daniel KORSCHUN: The role of corporate social responsibility on strengthening multiple stakeholder relationships: A field experiment, in: Journal of the Academy of Marketing Science 34 (2006) 158–166.

[55] John PELOZA: Using Corporate Social Responsibility as insurance for financial performance, in: California Management Review 48 (2006) 52–72.

[56] Elizabeth H. CREYER/William T. ROSS: The influence of firm behavior on purchase intention. Do consumers really care about business ethics? In: Journal of Consumer Marketing 14 (1997) 421–432; J. KLEIN/N. DAWAR: Corporate social responsibility.

[57] Marilyn CARRIGAN/Ahmad ATTALLA: The myth of the ethical consumer – do ethics matter in purchase behaviour? In: Journal of Consumer Marketing 18 (2001) 560–577; Isabelle MAIGNAN/O. C. FERRELL: Nature of corporate responsibilities. Perspectives from American, French, and German consumers, in: Journal of Business Research 56 (2003) 55–67; Lois A. MOHR/Deborah J. WEBB/Katherine E. HARRIS: Do consumers expect companies to be socially responsible? The impact of Corpo-

d) Explorative research on consumer oriented CSR communication

Research on CSR communication is still scarce. CSR communication has been conceptualized as a moderating factor of socially responsible corporate behaviour with the functions of presenting CSR images, asserting stakeholder identification, and stimulating stakeholder interactions.[58] An explorative interview study of 13 large German banks and chemical companies found that the stated goals of corporate CSR communication are quite ambitious: image building; societal acceptance;[59] better risk management; the development of new business areas; repositioning and profiling of brand; demarcation towards competitors; motivation of employees; sustainable growth; increase of corporate/shareholder value; better rating by rating agencies; competitive edge in recruitment of high potentials. In another Germany study, nearly all of the 32 interviewed experts – representing corporations, consumer policy, and sustainability science – regard CSR as a business case.[60] In addition to the above mentioned benefits, interviewees of this study mentioned an improved customer loyalty, better investor relations, and the creation of a „goodwill-buffer“ for times of crisis as benefits.

Glombitza distinguishes three „CSR communication types“:[61] the *duteous* that conform with industry standards, the *laggards,* who only adhere to CSR if absolutely necessary, and the *leaders* who proactively promote CSR development in the industry. While such a typology might be a useful heuristic for strategic activism, categorizing becomes problematic when companies mix their CSR communication targeting different consumer segments. For instance, a German frozen food producer markets a premium brand with the USP of a purity requirement with the full declaration of all contents and the promise of no preservatives, no colourings, no flavour enhancer, and organic quality. The communication of the „Reinheitsgebot“ is performed via highly emotionalized commer-

---

rate Social Responsibility on buying behaviour, in: Journal of Consumer Affairs 35 (2001) 45–72; V. SWAEN/J. VANHAMME: When „what you say“ matters less than „where you say it“.

58 Isabelle MAIGNAN / O. C. FERRELL: Corporate social responsibility and marketing: An integrative framework, in: Journal of the Academy of Marketing Science 32 (2004) 3–19.

59 Anna GLOMBITZA: Corporate Social Responsibility in der Unternehmenskommunikation, Berlin – Munich 2005.

60 U. SCHRADER/S. HALBES/U. HANSEN: Konsumentenorientierte Kommunikation.

61 A. GLOMBITZA: Corporate Social Responsibility.

cials and a respective seal on the packaging. At the same time, he markets a conventional product line with medium quality as a trade brand with only obligatory declaration of contents.

In the two above mentioned studies,[62] interviewees pointed at the fact that a serious CSR strategy cannot be confined to well-tuned and sophisticated communication. Such a „CSR light“ approach runs risk to be discredited as a not credible PR-gimmick and can backlash on the company's image. Rather, a CSR strategy comprises the systematic integration of CSR issues in the whole management process. Only if CSR becomes an integral part of corporate behaviour, so the prevailing mood, can it usefully be employed to promote Corporate Identity via Corporate Communication. On a strategic level, the success of CSR communication is seen to depend on a consistent internal and external communication strategy. On an operative level, different instruments for effective consumer oriented CSR communication have been discussed by both practitioners and researchers. Transparent constructive-critical *Business-to-Stakeholder communication,* which has long been used for Issues Management in various forms, is cited for its potential to discuss strategic communication issues. *CSR stakeholder reports,* while being the most popular instrument, bear the disadvantages of one-sided „push“ communication. In fact, end consumers usually don't read such reports. This is why the 2005 Global Stakeholder Report on CSR recommends: „Don't try to reach private consumers with your CSR report. They will neither read nor value it. To reach consumers use different communication tools“.[63] Traditional *media relations/public relations* always need a high news value that triggers emotions – something CSR issues usually cannot provide.[64] *Community relations* are an important instrument in particular for companies with a high local impact. In the UK, for instance, the company association „Business in the community“ (BITC)[65] aims at improving the relations between the corporations and the community. *Cause related marketing (CRM)* is marketing with social and ecological

---

62 A. GLOMBITZA: Corporate Social Responsibility; U. SCHRADER / S. HALBES / U. HANSEN: Konsumentenorientierte Kommunikation.

63 PLEON KOHTES KLEWES: Accounting for good: the Global Stakeholder Report 2005 – the second world-wide survey on stakeholder attitudes to CSR reporting, Amsterdam – Bonn 2005, 26.

64 Andreas STEINERT/Axel KLEIN: Corporate social responsibility (CSR). Eine Herausforderung an die Unternehmenskommunikation, in: Günter Bentele/Manfred Piwinger/Gregor Schönborn (Eds.): Kommunikationsmanagement, Neuwied 2002, 1–26.

65 See www.bitc.org.uk (accessed 20–1–2007).

benefits that tries to capture the trend towards political consumption. CRM offers a high potential for emotionalized communication, and, according to the website of the business initiative CSR Europe, CRM „as part of Corporate Social Responsibility is good, profit making, business sense“. Finally, *employee communication* can improve the identity-match between employee and companies, herewith increasing motivation and hence efficiency.

While most of the interviewed experts in the German study by Schrader et al. (2005) doubt the necessity of CSR communication as a precondition for the „licence to operate“ – they think that it depends on the company's size, industry sector, brand value and reputation, history of prior scandals, intensity of competition in the respective market – they still strongly believe in the increasing relevance of CSR communication in general. Many experts supported the idea of an increased emotionalization of CSR communication in order to interest a broader spectrum of consumers, in particular those target groups that are receptive to brand marketing and experience consumption.

Inducing behaviour change – conceptual basis and an application

When „project balance“ was designed, the group was well aware of the risks of emotionalized sustainability messages.[66] Yet, the hopes that were pinned on such an approach were based on positive empirical evidence in environmental campaigns[67] as well as on results of social marketing research,[68] in particular research regarding health messages. Here, positive emotional appeal has proved to serve to move a target audience from non-interest and non-knowledge to a stage of contemplation of behavioural change. While fear appeals were more counterproductive than effective – provoking defence mechanisms and preventing attention – positive emotions have proved to be much more conductive to behavioural change.[69]

66 CSR consumer communication can be viewed as one type of sustainability messages.

67 Martin LICHTL: Ecotainment: Der neue Weg im Umweltmarketing, Vienna – Frankfurt 1999.

68 Alan R. ANDREASEN: Marketing social change. Changing behavior to promote health, social development, and the environment, San Francisco, CA 1995; Alan R. ANDREASEN: Ethics in social marketing, Washington, DC 2001.

69 Jerold L. HALE/James P. DILLARD: Fear appeals in health promotion campaigns. Too much, too little, or just right? In: Edward W. Maibach/Roxanne L. Parrott (Eds.): Designing health messages, Newbury Park, CA 1995, 65–80.

a) Approaches to behavioural change

Following Andreasen,[70] approaches to induce behavioural change in consumers can be grouped into five alternatives: education, persuasion, behavioural modification, social influence, and social marketing. The latter approach comprises features of the above in a comprehensive and integrated manner. For the promotion of CSR issues, social marketing seems to be the most promising approach.

In consumer behaviour research, high-involvement behaviours are conceptualized as being developed through definable stages. To date, several of such stage models have been proposed.[71] For the purpose of CSR communication research, the *Transtheoretical Model of Behaviour Change*[72] has been chosen as a valuable base. According to the model, consumers proceed through the following five stages: *precontemplation* (i. e., consumers do not think of the behaviour as being appropriate for them; this can be due to ignorance, to presumed irrelevance, or to principles); *contemplation* (i. e., consumers think about and evaluate recommended behaviours); *preparation* (i. e., consumers have decided to act and prepare, e. g., search for brands and stores); *action* (i. e., consumers are doing the behaviour the first time or first several times); and *confirmation* (i. e., consumers are committed to the behaviour and have no desire or intention to return to the earlier behaviour). The model has undergone considerable field testing – including CSR research – and has been validated as useful.[73] According to this research, it is possible to separate target consumers into these five groups and to employ the appropriate intervention strategy in order to fulfil the respective marketing task, namely: create awareness and interest; change values; motivate behavioural change; create action; and maintain change.[74] The aim is to move consumers to the next stage, not to bring everyone to „confirmation stage". This will more likely be reached with tailored messages and tailored media use.

[70] A R. ANDREASEN: Marketing social change.

[71] E.g., William J. MCGUIRE: Some internal psychological factors influencing consumer choice, in: Journal of Consumer Research 2 (1976) 302–319; Edward W. MAIBACH/David COTTON: Moving people to behaviour change: A stages social cognitive approach to message design, in: Edward W. Maibach/Roxanne L. Parott (Eds.): Designing health messages, Newbury Park, CA 1995, 41–65.

[72] James O. PROCHASKA/Carlo C. DICLEMENTE: The transtheoretical approach: Crossing the traditional boundaries of therapy. Homewood, IL 1984.

[73] L. A. MOHR/D. J. WEBB/K. E. HARRIS: Do consumers expect.

[74] A. R. ANDREASEN: Marketing social change.

b) „project balance“: Design and research objectives

„Project balance“ is set up as both a trendsetting initiative to enforce sustainability communication in the German general public and an academic research project that accompanies this trendsetting initiative and evaluates its outcomes. Its goals are twofold: firstly, to spur communication and public discourse on sustainable consumption and production with a cross media approach (i. e., TV, Internet, print, and podcast) based on emotionalized messages; and secondly, through accompanying research, to gain deeper insight into how such communication processes empirically work and what their factors of success and failure are. In its dual approach, the project design resembles what was termed „action research“ in the 1970s. Conceptually, the project is designed as a transdisciplinary practice project with several academic and practice partners from academia, the media, and media research. In order to receive permanent feedback from other stakeholders, it is consulted by a board of advisors composed of academic experts from environmental psychology, sustainable development, green marketing, ethics, communications research, as well as of practitioners from NGOs, consumer organizations, the German Council of Sustainable Development, the leading German media research institution „Grimme Institut“ among others. The project approach is iterative research, i. e., research is seen as a continuous process, not as a one-way activity with a neat beginning and end. It is more like an upward spiral of exploration, planning, structuring, pretesting, implementing, monitoring, and replanning.[75]

The basic hypothesis of „project balance“ is that the use of emotionalized and entertaining messages can be a successful tool in promoting attention to, interest in, positive attitudes towards, knowledge of, and positive behavioural intentions/willingness criteria regarding sustainable consumption and production issues of the „broad masses“. It follows a two-step approach: First, viewers' attention, interest, and sympathy via social marketing tools is gained; second, convincing cognitive messages that inform and confirm prior attitudes towards behaviour change are transmitted.[76] It was hypothesized that an „ecotainment“[77] approach, i. e.,

[75] For a detailed overview of concept, partners, and research design see the interim reports of the project (available from the author) and the project website www.balance-f.de (accessed 20–1–2007). The project is sponsored by the German Ministry of Research and Education and runs for three years until 2007.

[76] L. A. Reisch/M. Kreeb: Kommunikation des Nachhaltigen Konsums.

[77] M. Lichtl: Ecotainment.

the use of a social marketing concept based on positive emotions and entertaining features, would be more effective than the hitherto predominant fact-oriented style of consumer information. Prior research has shown that the latter reaches – at best – the „usual suspects", i. e., the more educated and principally interested consumers. This has to do with the information overload in today's attention economy. It is estimated that not more than 5% of corporate communication directed at consumers is actually perceived.[78] The metaphor of the „atomization of the media" might explain why consumers show lesser interest in classic corporate one-sided „push-communication", which viewer research derives from increased zapping and other forms of ad avoidance strategies increasingly employed by consumers. Hence, an alternative lies in using two-sided „pull-media" such as the Internet, where recipients select their own contents and have a dialogue option to exchange views and voice their opinions. „Project balance" aims at developing and testing a cross media strategy of push and pull-media, with a TV clip as a teaser that should redirect viewers to become users, readers, and finally, „doers".

c) The trendsetting initiative of project balance

The project focuses on the very beginning of the multi-stage consumption processes, namely the generation of attention to and possibly attitude formation. The more ambitious goals of reaching later stages in the consumption process with more specific information, service tools for consumers, and deeper background information should be provided via other media outlets, such as print,[79] websites,[80] and podcasts.[81] In order to increase target group exposure, the messages had to be placed in media channels the target audience, i. e., people that are not or hardly interested in sustainability issues, normally uses. Channels were carefully selected regarding reach, frequency, impact, and cost.[82] During the project, cross media spin-offs – a website, a print magazine, and a podcast show – were developed. Currently, Internet TV is explored. As main channel for the sustainability messages, we chose the TV show „Welt der Wunder" which

[78] Werner KROEBER-RIEL: Konsumentenverhalten, Munich 2003.
[79] „Welt der Wunder" Magazine.
[80] www.weltderwunder.de; with rubric „balance" (accessed 20–1–2007).
[81] www.balance-podcast.de (accessed 20–1–2007).
[82] For a detailed comparison of strengths and weaknesses of alternative media for nonprofits see: A. R. ANDREASEN: Marketing social change, 212, Table 6.3.

is weekly aired at prime time in the private television program RTL II and repeated twice during the week on a news channel (n-tv). Research in the effectiveness of health communication has shown that more effective campaigns use multiple media, use repetition of a single message either in the form of retransmission of the original message or in slight variations of the basic theme, and that they use the news media as a means of increasing their visibility.[83] Hence, it was expected that a „hook up“ cross-media strategy transmitting multiple repeated messages in multiple channels, tailored to the different sub-target groups, would be effective in creating attention and knowledge.

d) Accompanying research

The accompanying research of project balance is split up into three research modules carried out by the three research groups media research, consumer research, and marketing research. Consumer research basically carries out reception analysis and content analysis. Both direct measures (e. g., questionnaires, video taping) and proxy measures (e. g., switch on/switch off data) are used. Data are retrieved mainly from focus group discussion, expert group discussions, individual interviews, case studies with companies (e. g. on their CSR strategy), market response analysis and computer assisted qualitative data analysis (CAQDA), performed with ATLAS.ti, of the transmitted TV clips. Moreover, viewers are profiled via available GfK (Gesellschaft für Konsumforschung) data and the employment of standardized instruments measuring their propensity to environmental and socially conscious consumption. The criteria of analysis are: comprehensibility of the message, attractiveness (measured by polarity profiles and direct questions), emotional appeal (before and after design), acceptability, and relevance (with the proxy measure of remembrance of contents and emotions). We also employed an experimental design of viewers of emotionalized clips and a control group who was exposed to emotionally „neutral“ video clips.

[83] Thomas E. BACKER/Everett M. ROGERS/Pradeep SOPORY: Designing health communication campaigns. What works? Newbury Park, CA 1992.

e) Midway results

Based on the Transtheoretical Model of Behaviour Change, we focused on the early stages were we expected communication to be able to influence at best.

Create awareness and interest: Most of our target group members are in the stage of precontemplation. Hence, it will be important to show new behavioural possibilities (e. g., presenting Fair Trade coffee), to show their relevance, to communicate that the proposed behaviour is not antithetical to the values of, or even a trend in the consumers' reference groups[84] (e. g., presenting a celebrity who is consumer fair trade coffee; showcasing LOHAS shopping in London), and that it will improve audience members' own lives (e. g., presenting benefits and positive consequences in a positive enjoyable frame that creates positive emotions and attitudes). The appropriate tools will be the provision of positive emotional stimuli and education on behavioural alternatives. Viewer surveys conducted on the balance project website after the clips were aired, showed that balance clips were perceived at least as interesting and attractive as the other clips in the show that did not feature sustainability issues. Moreover, most of the clips were able to create positive emotions. Those clips with negative emotions and a fear appeal were less liked and less well remembered.

Change values: Some members of the target group will be in the contemplation stage, where they consider and evaluate proposed behaviours. For those viewers, it will be important to showcase the benefits and to reduce perceived costs of behavioural alternatives. In project balance, the TV clip showcasing the thriftily use of compact detergent, focused on the individual benefits (money saving, less environmental harm, health aspects) of „washing right". There was also „demarketing" in the sense that the individual and environmental cost of the behavioural alternative – conventional filler boosted washing powder – was emphasized. On an emotional level, compact detergent was presented as the modern high tech alternative, the washing powder with fillers as outdated, dull, and even ridiculous.

---

[84] Reference groups can be membership groups, aspiration groups, and negative reference groups (e. g., William O. BEARDAN/Michael J. ETZEL: Reference group influences on product and brand purchase decisions, in: Journal of Consumer Research 9 (1982) 181–186).

Motivate: For those consumers who have reached stage three – preparation – it is important to provide easily accessible information and „service" guidance in order to reduce transaction cost to a minimum. Consumers at this stage are ready for a more extended information search. Here, a three to eight minutes TV clip reaches its limits as information carrier. A solution was to guide viewers explicitly via the show host to the website of „Welt der Wunder" where additional material (e. g., on the European „wash right" campaign, a voluntary initiative by the large washing detergent producers) and service tools (e. g., a service module that computed the optimal amount of detergent when the user entered her zip code) were provided. As log file analysis showed, many viewers were indeed directed to the website and made use of its offers: Some of them opted for re-viewing the sustainability clips of the latest shows, and actively searched for more information in the rubric „balance". Many had a look at the print magazine and the podcast show, which are both advertised on the website; finally, many participated in balance quizzes (that served the project as a measure of knowledge creation), filled in questionnaires (for the research project), did chat with other community members, the producer, or the scientists.

From a conceptual view, TV viewers are herewith transformed into Internet users, and the one-way passive information has been supplemented by an active and selective information search process with the option of two-way communication (chats). This is of utmost importance, since consumers do not make their decisions in a social vacuum. They are part of families and peer groups, work teams, virtual communities, and neighbourhoods. These groups act as „communication buffers" in commenting on and evaluating information, attitudes, and consumption decisions of the individual. They can act as facilitators, as sources of (contradictory or supporting) information, and as sources of social pressure. Relevant others – people from these communities or celebrities – can act as role models and opinion leaders. These tendencies were exploited in project balance by actively involving the (already existent) „Welt der Wunder community". Moreover, focus group research showed that employees of a portrayed company had liked the „Welt der Wunder" presentation of their company as a sustainability leader and appreciated to be approached by friends and family who had also watched the programme. Such „halo-effects" can be expected to have positive motivational and identity building effects both internal (employees) and external (consumers). Moreover, as we found in the surveys and focus groups, viewers often remembered small interesting facts presented in the balance clips which they then passed on as „conversation piece“ and status markers to others. All these are ways out of the many to advance the presence of sustainability issues in the public discourse.

Create action and maintain change: When consumers are engaging in the behaviour the first time, this is a critical moment. Consumer research has shown that perceived self-efficacy and perceived behavioural control have a decisive moderating effect on acting upon one's intentions.[85] If then the behaviour turns out to be rewarding, the behaviour will likely be repeated. Securing repeat behaviour and reinforcing desired behaviour are hence the final tasks of behaviour modification. Sustainability communication can be helpful in presenting successful examples and of reducing perceived barriers to action. Research on sustainable consumer behaviour has pointed at the necessity of high quality feed back (i. e., fast, precise, independent) that can provide the necessary rewards. Without going into detail, communities (virtual or real) can play an important role in feed-backing, rewarding, and punishing. However, as outlined above, project balance does not comprise systematic follow-ups, monitoring, and measuring of behaviour change or its maintenance itself, but limits its research to behavioural intentions.

Discussion

To date, it is generally agreed that CSR communication is a highly complex and risky activity that needs careful strategic planning and genuine stakeholder input. Moreover, research and practice have shown that if not practiced in a sophisticated and culturally attuned manner, it can do more harm than good. Hence, transmitting CSR messages via a communication strategy as presented in this paper is indeed risky. Not surprisingly, the project was blamed from the outset to jeopardize the serious contents of CSR by abridging and „dumbing down“ the messages. However, the „sustainment“ approach of „Project Balance“ is seen as one possible element of a much broader communication concept which does encompass other communication tools and also the dialogue with stakeholders. There are no indications so far that it jeopardizes other CSR communication approaches. „Project Balance“ itself is the result of a collaboration of the media, science, and corporations, with sustainability actors and

[85] See, e. g., Richard P. BAGOZZI/Paul WARSHAW: Trying to consume, in: Journal of Consumer Research 17 (1990) 127–140.

consumer watchdogs closely involved. Moreover, it is targeted specifically at the less interested consumers who have been shown to be difficult to reach by other means.

Further, the project has been confronted with the caveat that sailing close to the wind of manipulation and propaganda bears its own risks of reputation and credibility and hence of both communication and research ethics. Business ethics has long discussed the limits to the strategic use of ethics.[86] Even though forms of „stealth marketing", such as buzz marketing that relies on word-of-mouth communication, and subliminal messaging that relies on the forces of the unconscious, might be effective, it seems not advisable to employ them in a CSR consumer communication strategy. The pitfalls of such marketing activities – loss of credibility and reputation – have to be closely evaluated against potential desired outcomes. The charge of manipulation is substantiated if viewers/consumers are not aware of and don't realize that they are being influenced and marketed to, and that the visibility of the sender/company behind is hidden. While from a utilitarian perspective, the end justifies the means, from a deontological approach, communication ethics clearly depicts the limits. Basically, manipulation profoundly counteracts the ideas of transparency and trust which are fundamentals in CSR and the communication on it. In project balance, therefore, it is of utmost importance that the sender is clearly identified, which is done both in the opening credits of the TV show, sometimes also in the teasers and moderation, as well as on the website and all other media channels. The use of emotional pictures and narratives per se is not seen as problematic.

Finally, a multi-channel strategy will have to deal with the problem of contradictory information and mixed messages. For example, in April 2006, a German carrier has announced that it will serve complimentary Transfair Coffee in all flights. In a press conference, the company's CEO claimed that „social responsibility is a matter of course [...], but only a few deeds appear before the public".[87] Immediately, German unions pointed at the fact that the company is noted for its bad treatment of employees and unions. All the same, the announcement of one of the largest

[86] Bryan W. HUSTED/David B. ALLEN: Is it ethical to use ethics as strategy? In: Journal of Business Ethics 27 (2000) 21–31; Geoffrey P. LANTOS: The ethicality of altruistic corporate social responsibility, in: Journal of Consumer Marketing 19 (2002) 205–232.

[87] Flora WISDORFF: Neue Speisekarte bei Air Berlin. Transfair-Kaffee gratis und Spargel zum Aufpreis, in: Der Tagesspiegel online 2006.

German food discounters to engage in a strategic cooperation with Transfair Coffee Producers has sparked a controversial reaction in unions, NGOs, and consumer organizations. On the one hand, such actions are a welcomed strategy to promote fair trade products out of their market niche; on the other hand, there is suspicion that the companies' goal is to „green wash" their dirty image, or to engage in a pure PR exercise.[88] From a managerial perspective, the introduction gives the firm an opportunity to showcase its commitment to helping developing countries and to present it as a responsible organization. Herewith, it keeps not only stakeholders informed about its initiatives to address CSR issues, but also showcases the bond between the firm and respective (potentially critical) stakeholders. However, if not part of a genuine CSR strategy, such attempts are risky. Following prior research, contradictory information and emotional ambivalence create emotional trade-off difficulty, influence consumer judgement and finally, purchase intentions.[89] These findings on the subversive effects of mixed messages support the call for a fully integrated, thorough and highly credible, internal and external, CSR communication strategy.

[88] Peter FRANKENTAL: Corporate social responsibility – a PR invention? In: Corporate Communications: An International Journal 6 (2001) 18–23.

[89] Mary F. LUCE/James R. BETTMAN/John W. PAYNE: Emotional decisions: Trade-off difficulty and coping in consumer choice, Chicago, Il 2001.

Ethik und Investment

Fragen, Positionen und Erfahrungen aus franziskanischer Sicht

VON HELMUT SCHLEGEL OFM

Geld als Brücke?

Geld ist nicht zum Anschauen, sondern zum Ausgeben oder zum Anlegen da. Wer sich dennoch die Mühe macht, die verschiedenen Euroscheine anzusehen, entdeckt folgendes: Jeder Schein trägt auf der Rückseite das Bild einer Brücke. Es sind Brücken verschiedener Epochen: aus dem Altertum, dem Mittelalter und der modernen Zeit, ja selbst eine futuristische Brücke fehlt nicht. Es ging den Gestaltern der Scheine gewiss darum, der Vision Ausdruck zu geben, dass der Euro Brücken baut zwischen den Nationen Europas.

Wer allerdings den Geldmarkt kritisch betrachtet, der mag die Frage stellen, ob Geld denn wirklich verbindet oder nicht viel mehr trennt: In Geldgeber und Geldnehmer, in Arm und Reich, in eine erste, zweite, dritte und sogar vierte Welt. Er mag – um unser Thema in Blick zu nehmen – die Frage stellen, ob denn tatsächlich eine Brücke gebaut werden kann zwischen Ethik und Investment. Ist es sittlich verantwortbar, Geld anzulegen? Gibt es Kriterien dafür? Gibt es praktikable Wege?

Das Dilemma eines „Bettelordens“ mit dem Geld

Die Frage spitzt sich noch zu, wenn eine Gemeinschaft wie der Franziskanerorden Rücklagen bilden und sie gewinnbringend anlegen will. Franz von Assisi, der Ordensgründer, hat eindeutig das Armutsgebot mit dem Geldverbot verknüpft. So lesen wir im 4. Kapitel der von Papst Honorius III. im Jahre 1223 bestätigten Ordensregel: „Ich gebiete allen Brüdern streng, auf keine Weise Münzen oder Geld anzunehmen, weder selbst noch durch eine Mittelsperson. Doch für die Bedürfnisse der Kranken und die Bekleidung der anderen Brüder sollen einzig die Minister und Kustoden mit Hilfe geistlicher Freunde gewissenhaft Sorge tragen nach Maßgabe der Orte und Zeiten und kalten Gegenden, wie sie sehen werden, dass es der Not abhelfe; immer aber mit dem Vorbehalt, dass sie, wie gesagt, nicht Münzen oder Geld annehmen."

800 Jahre später kann der Orden ohne Geld nicht auskommen: da gibt es vom Orden aufgebaute wichtige soziale und pädagogische Werke, die viel Geld kosten, da gibt es eine Vielzahl humanitärer, sozialer, entwicklungspolitischer oder missionarischer Projekte, die Kirche und Orden tragen oder unterstützen. Da geht es nicht zuletzt darum, dass sich der Franziskanerorden die „Option für die Armen" auf seine Fahnen geschrieben hat und damit auch deren Anwalt sein will und zwar in einem weltweiten Kontext. Auch dabei nimmt er Geld in die Hand. Schließlich und nicht zuletzt muss der Franziskanerorden wie alle Ordensgemeinschaften das Problem der Altersversorgung bewältigen. – Wie geht dieser Spagat?

Die Bibel und das Geld

Die Bibel betrachtet Geld als ein legales Zahlungsmittel, verlangt aber einen differenzierten Umgang damit. Oberstes Gebot ist das Existenzrecht aller. So sind Wucher und überhöhte Zinsforderungen verboten. Der Lohn muss gerecht sein, das heißt der Leistung entsprechend. Das Gesetzeswerk des Alten Testamentes fordert soziales Verhalten: „Wenn dein Bruder verarmt und sich neben dir nicht halten kann, sollst du ihn, auch einen Fremden oder Halbbürger, unterstützen, damit er neben dir leben kann. Nimm von ihm keinen Zins und Wucher! Fürchte deinen Gott, und dein Bruder soll neben dir leben können." (Lev 25,35f.)

Nach der biblischen Ethik gibt es keinen absoluten Anspruch auf Eigentum. Weil Gott der Geber aller Güter ist, gehören sie letztlich allen gleichermaßen. So sollen nach der Thora im Jubeljahr (jedes 50. Jahr) alle Schulden erlassen und die Besitzstände nivelliert werden. „Erklärt dieses fünfzigste Jahr für heilig, und ruft Freiheit für alle Bewohner des Landes aus! Es gelte euch als Jubeljahr. Jeder von euch soll zu seinem Grundbesitz zurückkehren, jeder soll zu seiner Sippe heimkehren. Dieses fünfzigste Jahr gelte euch als Jubeljahr. Ihr sollt nicht säen, den Nachwuchs nicht abernten, die unbeschnittenen Weinstöcke nicht lesen. Denn es ist ein Jubeljahr, es soll euch als heilig gelten. Vom Feld weg sollt ihr den Ertrag essen. In diesem Jubeljahr soll jeder von euch zu seinem Besitz zurückkehren." (Lev 25,10–13)

Die Haltung Jesu zum Geld kommt unter anderem in dem Wort zum Ausdruck: „Gebt dem Kaiser, was dem Kaiser gehört, und Gott, was Gott gehört!“ (Mk 12,17) Jesus anerkennt also sowohl den Geldverkehr als auch das Steuerwesen, er stellt den Umgang mit Geld aber in Relation zu den übergeordneten geistigen und transzendenten Werten. Er warnt vor Geiz und Habsucht und zeigt seinen Jüngern eine Lebensperspektive auf, in der ihnen geraten ist, auf Besitz zu verzichten und so der Hoffnung auf das Kommen des Reiches Gottes Ausdruck zu geben. Zu einem jungen Mann, der in seine Nachfolge treten will, sagt Jesus: „Eines fehlt dir noch: Verkauf alles, was du hast, verteil das Geld an die Armen, und du wirst einen bleibenden Schatz im Himmel haben; dann komm und folge mir nach!“ (Lk 18,22).

Franz von Assisi und das Geld

Um die franziskanische Armutsbewegung verstehen zu können, ist es notwendig, in kurzen Zügen auf die geschichtliche Entwicklung des Geldes und seine veränderte Bedeutung im Mittelalter einzugehen. Geld ist gewiss eine der genialsten Erfindungen der Menschheit. Es ersetzt andere, wesentlich schwerer zu hantierende Zahlungs- und Wertbewahrungsmittel. Es ist weit beständiger als Naturalien, Wertgegenstände, Edelmetalle, Häuser o.ä. Geld komprimiert den Tausch- und Kaufwert auf einen dünnen Schein oder auf eine kleine Münze. Die Erfindung des Geldes steht in Zusammenhang mit der Entdeckung der Zahlen. Unter den Menschen des Altertums herrschte die Euphorie: Wenn wir die Zahlen beherrschen, beherrschen wir die ganze Welt. Das deutsche Wort „Geld“ kommt von „gelten“. Geld gilt für etwas anderes, nämlich für Waren oder Leistung. Das wird spätestens im Hochmittelalter anders. Franz von Assisi erlebte, wie mit Geld Geld gemacht wird. Der Geldvermögensbesitzer kann sein Geld dem Wirtschaftskreislauf entziehen, er kann sogar den Bedarf der Geldnachfrager nutzen, um diesen abhängig zu machen. Dass auf diesem Weg Armut produziert wird, das weiß Franziskus aus eigener Erfahrung. Sein Vater hat ihn diese Lektion gelehrt.

Die Armutsbewegung des Mittelalters ist nicht nur eine spirituelle Bewegung, sie ist auch im genannten Kontext zu sehen. Franziskus verbietet der Bruderschaft, wie schon dargestellt wurde, Geld anzunehmen, ja sogar, es zu berühren. Unter anderem begründet er dieses Verbot mit der Erfahrung, dass durch Besitz Abhängigkeit, ja sogar Gewalt entstehen kann. Franziskus ist der Überzeugung: Wer Geld besitzt, braucht auch Waffen, um es zu verteidigen. Er begründet das Geldverbot in seiner Regel also mit der Intention des Gewaltverzichts.

Entscheidenden Wert legt Franziskus auf die konsequente Gütergemeinschaft unter den Brüdern. Keiner soll etwas sein eigen nennen. Die persönliche Besitzlosigkeit ist das Symbol einer neuen Beziehungsstruktur. Alle sorgen gemeinsam um die Existenzgrundlage. Der Wert des einzelnen Bruders wird nicht daran gemessen, was er hat oder verdient. Die freiwillige Armut schafft Freiräume für die Gemeinschaft und das geistliche Leben der Brüder. Darüber hinaus geht es Franziskus um eine neue Einstellung zu den Dingen und zum Leben. Dies kommt vor allem in seinem Sonnengesang zum Ausdruck.

> Gelobt seist du, mein Herr,
> mit allen deinen Geschöpfen,
> zumal dem Herrn Bruder Sonne;
> er ist der Tag, und du spendest uns das Licht durch ihn.
> Und schön ist er und strahlend in großem Glanz,
> dein Sinnbild, o Höchster.

Im letzten Satz wird deutlich, dass die Geschöpfe mehr sind als ihr materieller oder biologischer Wert, sie sind „Sinnbild des Höchsten“. Sie unterliegen weder dem Diktat der Zahlen noch dem der Ökonomie, sie haben ihren Wert von Gott her und auf Gott hin. Wenn wir also von der ökologischen Dimension der franziskanischen Armut sprechen, dann geht es nicht nur darum, die Natur als Lebensraum der Menschen zu erhalten, als Schöpfung hat sie eine von Gott gegebene und auf ihn verweisende Würde und ist Spiegelbild seiner Größe. „Ökologisch“ kann auf diesem Hintergrund so verstanden werden, dass der oikos, das ist das Haus und Gefüge alles Geschaffenen, auf den Logos, das ist der Sinn und im johanneischen Verständnis der in Jesus Christus Mensch gewordene Sinn, hin gestaltet ist. So gesehen hat die Ökologie einen theologischen, auf Gott verweisenden Grund.

Die drei Aspekte der franziskanischen Armutsbewegung

Alles in allem sind in der franziskanischen Armutsbewegung drei Teilaspekte zu erkennen: der spirituelle, der soziale und der ökologische Aspekt. Diese drei Aspekte sind in Frage zu stellen und näher zu erläutern.

Erste Frage: Hat Geld eine spirituelle Dimension? Antwort: Ja! Geld kann unfrei machen und den Menschen auf ein verkürztes Selbstwertgefühl zurückwerfen. Es kann den Blick verstellen für Gott und die tran-

Der spirituelle Aspekt

Durch eine geistlich motivierte Armutspraxis treten humane und transzendente Werte in den Vordergrund des Denkens und Handelns.

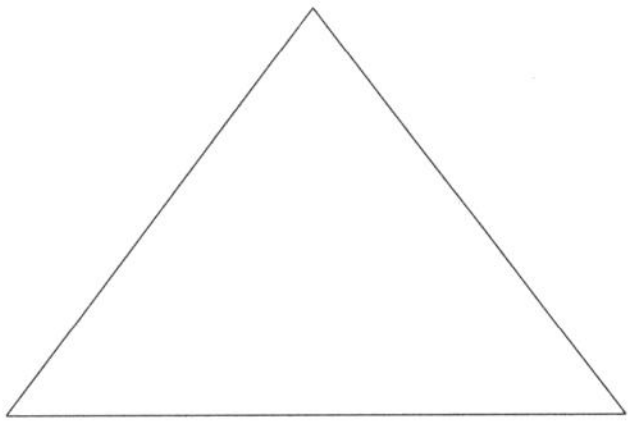

Der soziale Aspekt

Besitzlosigkeit ist ein Ausdruck von Gewaltverzicht. Gütergemeinschaft ist die Basis einer geschwisterlichen Beziehungsstruktur.

Der ökologische Aspekt

Die theologische Sicht der Schöpfung verbietet jedes materialistisch geprägte Weltbild. Die Ehrfurcht vor dem Schöpfer fördert die Sorgfalt für die Schöpfung.

szendenten Werte. Geld kann allerdings auch frei machen, frei von Sorgen und sogar frei auf geistige und geistliche Werte hin. In diesem Sinn legt uns Jesus die geistliche Unterscheidung ans Herz: „Gebt dem Kaiser, was dem Kaiser gehört, und Gott, was Gott gehört!" (Mk 12,17)

Zweite Frage: Hat Geld eine soziale Dimension? Dies einzusehen ist nicht schwer. Geld kann die Kommunikation und das Zusammenleben der Menschen fördern oder zerstören. Ökonomische Strukturen können gerecht oder ungerecht sein. Geld kann bewirken, dass die Armen von den Reichen abhängig werden und eine soziale Schieflage entsteht. Geld kann dazu beitragen, Gewalt zu fördern, etwa durch die Produktion von Rüstungsgütern oder durch Forschungsaktivitäten, die nicht dem Humanum dienen. Geld kann aber auch dazu beitragen, Gewalt abzubauen, etwa durch die Förderung von Friedensprojekten oder durch die Unterstützung einer Politik, die Umweltstandards verpflichtend macht. Mit Geldanlagen können Unternehmen gefördert werden, die Arbeitsplätze schaffen und gerechte Löhne zahlen.

Dritte Frage: Hat Geld eine ökologische Dimension? Auch das ist nicht schwer zu erkennen. Ich erinnere an das, was bei Franziskus anders ist als in gängiger Umweltpolitik. In seinem Weltbild hat der gesamte Kosmos, auch die Materie, eine spirituelle Bedeutung. Es ist keine Frage, dass Menschen ihr Geld dazu gebrauchen können, eben diese Weltanschauung zu fördern. Andererseits kann Kapital dazu verführen, die Natur als Steinbruch und Materiallager für übersteigerte Bedürfnisse zu behandeln.

Vorbehalte gegen ethisches Investment

Nicht zuletzt in kirchlichen Kreisen werden heftige Vorbehalte gegen ethische Geldanlagen geäußert. Einige will ich hier schlagwortartig skizzieren und die ihnen zugrunde liegenden Missverständnisse aufdecken.

Ein gängiges Argument lautet: „Der Zweck heiligt die Mittel". Manche Investoren denken und handeln nach dem Grundsatz: Mag sein, dass mit unserer Kapitalanlage auch Waffen oder Abtreibungspräparate produziert werden und dass an embryonalen Stammzellen geforscht wird, mag sein, dass Unternehmen gefördert werden, die gesundheitsgefährdende Kinderarbeit praktizieren oder heutige Umweltstandards außer Acht lassen. Aber wir gewinnen Geld und werden es für gute Zwecke einsetzen.

Ein weiteres Argument wird gemeinhin so formuliert: „Niemand – schon gar nicht der ökonomische Laie – kann das Geflecht und die Gesetzmäßigkeiten durchschauen, wo und wie unser Geld arbeitet, geschweige denn beeinflussen. Wir können und müssen ja nicht verantworten, was andere tun." Tatsächlich arbeitet Geld nicht. Menschen arbeiten mit Geld und das mit sehr verschiedenen Zielrichtungen. Solches Tun ist nicht wertneutral. Es ist in unserer umfassenden Informationsgesellschaft durchaus möglich zu eruieren, wer mit unserem Geld arbeitet, was damit geschieht, wie und wofür es eingesetzt wird. Zweifellos bestimmen dies andere, wenn wir es nicht bestimmen. Es wird dann eben auch in Waffenproduktion, fragwürdige Forschungsprojekte, die Abholzung der Regenwälder, die Herstellung bedenklicher Chemikalien und in Unternehmen investiert, in denen menschenunwürdige soziale Rahmenbedingungen herrschen – um nur einiges zu nennen. Es ist ethisch nicht vertretbar, wenn beispielsweise humanitäre Hilfsorganisationen Projekte unterstützen, die dem sozialen Fortschritt in den Kontinenten des Südens dienen, und zugleich zulassen, dass ihr Kapital in Unternehmen investiert wird, die Kinder ausbeuterisch ausnutzen. Dem Vorwand, dass die Netze des Marktes undurchschaubar bleiben, ist entgegenzuhalten, dass es heute anerkannte Ratingagenturen gibt, die weltweit Länder, Unternehmen und Kreditinstitute nach ethischen Kriterien analysieren.

Und schließlich ein drittes Argument: „Ethik macht sich nicht bezahlt. Wer in ethisch unbedenkliche Produktionen investiert, wird mit schlechter Rendite bestraft". Die Realität zeigt das Gegenteil auf. Informierte Investoren wissen, dass innovative Produkte, etwa im Bereich der Energiegewinnung, auf dem Markt gut aufgestellt sind und dass sich Investitionen in Ethikfonds auszahlen. Die letzten Jahre haben erwiesen, dass Geldanlagen, die nach umwelt-, sozial- und kulturverträglichen Kriterien getätigt werden, gerade in Krisenzeiten sehr gute Ergebnisse erzielen.

Einsteigen statt aussteigen – die Entscheidung für ethisches Investment

Franz von Assisi ist aus den monetären Strukturen seiner Zeit ausgestiegen. Das war für ihn und in seiner Zeit der einzig mögliche Weg des prophetischen Protestes gegen Gewalt, Ausbeutung und Vergötzung der materiellen Werte. Da sich die gesamten sozialen Strukturen seitdem erheblich verschoben haben, sehen wir Franziskaner heute eher die Pflicht, in einem bescheidenen, aber doch ebenfalls prophetischen Sinn die Strukturen des Geldverkehrs mitzugestalten. Ausstieg wäre heute – so glauben wir – eher Verweigerung und Verantwortungslosigkeit.

Seit 1991 beschäftigt sich die Thüringische Franziskanerprovinz mit Fragen ethischer Geldanlagen. Als die Hausbank damals der Provinzleitung vorschlug, einen Teil der Rücklagen in Fonds anzulegen, entstanden kritische Diskussionen unter den Brüdern – vor allem in der ordensinternen Arbeitgruppe „Gerechtigkeit, Frieden, Bewahrung der Schöpfung". Hier wurde angemahnt, dass es unglaubwürdig ist, einerseits gegen die Produktion und den Export von Rüstungsgütern zu protestieren und andererseits daran mitzuverdienen. Auf dieses Anliegen gingen die Anlagemanager der Hausbank auch ein und sortierten augenfällig „schwarze Schafe" aus dem Portfolio aus. Allerdings machten sie die Provinzleitung darauf aufmerksam, dass sie über keine wirklich handhabbaren Kriterien für ethische Geldanlagen verfügen.

Ein Informationsgespräch mit Prof. Dr. Johannes Hoffmann im Jahre 1997 half der Provinzleitung wesentlich weiter. Er brachte den Frankfurt-Hohenheimer Leitfaden ein, einen sehr differenzierten Fragenkatalog, der 850 Einzelkriterien für ethisches Investment aufführt, die nach den Wertdimensionen der Umweltverträglichkeit, der Sozialverträglichkeit und der Kulturverträglichkeit gegliedert sind. Der Kriterienkatalog nimmt bei Unternehmen also neben dem ökologischen Aspekt auch Fragen der Mitbestimmung, der Behindertenquote, der Gleichberechtigung, der Beachtung des kulturellen Hintergrundes der Mitarbeiterinnen und Mitarbeiter usw. in den Blick. Als dieser Leitfaden der Hausbank vorgelegt wurde, reagierte diese ziemlich hilflos. Sie bestätigte, er sei seriös und umfassend, aber sie konnte damit selbst kein praktikables Rating erstellen. Um die Kriterien des Leitfadens umsetzen zu können, brauchten wir also eine Rating-Agentur mit Ethik-Kompetenz, die imstande ist, einzelne Länder, Kreditinstitute und Unternehmen auf ihre Umweltverträglichkeit, Sozialverträglichkeit und Kulturverträglichkeit hin zu prüfen.

Von negativen Ausschlusskriterien zur „best-in-class“-Strategie

In Zusammenarbeit mit anderen Ordensgemeinschaften stellte die Provinzleitung Negativkriterien für ihr Investment auf. Ausgeschlossen wurden Unternehmen, die folgende Produkte herstellen oder bei denen folgende Verstöße offenkundig sind: Arbeitsrechtsverstöße, Biozide, Chlororganische Massenprodukte, Embryonenforschung, Glücksspiel, Grüne Gentechnik (u. a. Herstellung von genverändertem Saatgut), Kinderarbeit, Menschenrechtsverstöße, Pornografie, Rüstung, sofern mehr als 10% Umsatzanteil, Tabak, sofern mehr als 10% Umsatzanteil, Tierversuche.

Bald schon wurde deutlich, dass eine Anlagepraxis ausschließlich nach Negativkriterien von der politisch-perspektivischen Zielrichtung her nicht genügt. Wir wollten im Umkehrverfahren auch zukunftsorientierte Initiativen, die den Kriterien der Umweltverträglichkeit, Sozialverträglichkeit und Kulturverträglichkeit entsprechen, fördern. Wir setzten uns das Ziel, in ökonomische Abläufe dergestalt einzugreifen, dass Länder, Kreditinstitute und Unternehmen, die sich bewusst an ethischen Kriterien ausrichten, „belohnt“ werden. Bei dieser „best-in-class“-Strategie werden die Unternehmen einer ganzen Branche regelmäßig von einer professionellen Rating-Agentur nach den Kriterien des Frankfurt-Hohenheimer Leitfadens miteinander verglichen und in eine Bewertungsskala gebracht. Für die Bewertung gibt es eine Skala von A+ (ganz gut) bis D- (ganz schlecht). Am Schluss wird eine Gesamtwertung jedes Unternehmens erstellt. Die Grenze wird bei den jeweils 50% der Branchenbesten gelegt, sofern sie ein Minimum-Rating von C- aufweisen.

Im Lauf der Entwicklung wurde deutlich, dass es einen Zusammenschluss gleich gesinnter Investoren braucht, um das ethische Verhalten auf dem Geldmarkt nachhaltig zu beeinflussen. Schon am 14. September 2000 war deswegen auf Initiative von Prof. Dr. Hoffmann hin der Verein zur Förderung ethischen Investments CRIC (Corporate Responsibility Interface Center) e.V. („Investieren in eine bessere Welt“) gegründet worden. Der Verein hatte sich das Ziel gesetzt, die Informationen über ethisches Investment zu verbessern und durch Gewinnung von möglichst vielen Mitgliedern eine breite Verhandlungsbasis gegenüber den Geldinstituten zu erreichen.

Gründung der Bank für Orden und Mission (BfOM)

Der bisher letzte Schritt erfolgte im Herbst 2003 mit der Gründung der Bank für Orden und Mission, angeregt durch die Missionszentrale der Franziskaner mit Sitz in Bonn. Diese Bank ist eine unselbstständige Filiale der vr bank Untertaunus mit Sitz in Idstein. Sie hat sich darauf eingelassen, als erstes Geldinstitut die Kriterien des Frankfurt-Hohenheimer Leitfaden eins zu eins in ihrer Anlagepraxis umzusetzen, unterstützt durch eine qualifizierte und unabhängige Agentur, die ihre Ratings unter Zuhilfenahme des genannten Leitfadens erstellt. Ein ethischer Beirat, dem auch ein Mitglied des Ordens angehört, überprüft und aktualisiert die Kriterien ständig.

Ein zweites Merkmal der Bank für Orden und Mission besteht darin, dass sie auf den banküblichen Gewinn verzichtet und den erwirtschafteten Überschuss an die Missionszentrale der Franziskaner weiterleitet, die damit Projekte für Notleidende in aller Welt unterstützt.

Die Bank betreute im November 2006 491 Kunden (Zuwachs in 2006: 138). Das Einlagen- und Depotvolumen betrug zum selben Zeitpunkt 61,3 Mio. Euro (Zuwachs in 2006: 10,4 Mio.).

Fazit

Es ist keine Frage: Die Erarbeitung des Frankfurt-Hohenheimer Leitfadens als umfassender Kriterienkatalog für ein Rating nach ethischen Prinzipien war die Basis für die weitere Entwicklung. Auf diesem Boden sind sowohl der Verein zur Förderung ethischen Investments CRIC (Corporate Responsibility Interface Center) e. V. als auch die Bank für Orden und Mission gewachsen. Dass das Thema „Ethische Geldanlagen“ heute in Deutschland – und besonders auch in kirchlichen Kreisen – eine so hohe Bedeutung hat, ist ganz entscheidend Herrn Prof. Dr. Johannes Hoffmann zu verdanken.

Nachhaltigkeitsratings als Impulsgeber des Nachhaltigen Investments

VON ROBERT HASSLER,
MATTHIAS BÖNNING, SYLVIA KLOBERDANZ

1. Der Markt des Nachhaltigen Investments

Als Komplementärinstrument zum konventionellen Finanzrating hat sich in den letzten Jahren das Nachhaltigkeitsrating in der Unternehmens- sowie Länderbewertung etabliert. Es dient in erster Linie als Basis für Anlageentscheidungen im Bereich des Nachhaltigen Investments. Während dieses Investmentsegment früher lediglich Nischenbedeutung hatte, beschäftigt es heute eine stark wachsende Anzahl privater und institutioneller Investoren. Die Gründe dafür sind vielfältig: Die Anlagevolumina in ethisch-ökologische Fonds verzeichnen starke Wachstumsraten und die erzielten Renditen sind im Durchschnitt mindestens ebenbürtig. Ferner wird das Konzept des Nachhaltigen Investments mittlerweile auch von politischer Seite gefördert, etwa von verschiedenen Staatsregierungen oder der EU-Kommission. Die wachsende Bedeutung des Marktes hat zuletzt auch eine verstärkte Professionalisierung und Institutionalisierung der relevanten Akteure initiiert, beispielsweise hinsichtlich der Gründung internationaler Fachverbände sowie der Entwicklung von Transparenzrichtlinien und Qualitätsstandards für Fondsanbieter bzw. Ratingagenturen.

Grundgedanke des Nachhaltigkeitsinvestments ist die bewusste Berücksichtigung ökologischer, sozialer und kultureller Kriterien als Ergänzung zum klassischen Finanzresearch – sei es, um mit geeigneten ‚soft factors' ein umfassenderes Bild der erfolgsrelevanten, also risiko- und chancenbezogenen Indikatoren unternehmerischen sowie gesellschaftlichen bzw. staatlichen Handelns zu erhalten oder um anlegerspezifische ethische Wertvorstellungen in die Kapitalanlage zu integrieren. Mit Hilfe von Nachhaltigkeitsratings können weltweit die Unternehmen und Länder – als Emittenten von Wertpapieren – identifiziert werden, die im Bereich der nachhaltigen Entwicklung überdurchschnittlich progressiv und innovativ sind.

In den USA und in Großbritannien – den Ländern mit der längsten Tradition im Bereich des ‚Socially Responsible Investment' (SRI) – bilden Nachhaltigkeitsinvestments mittlerweile eine feste Größe im gesamten Investmentmarkt, mit jährlich zweistelligen Wachstumsraten. Nach einer Untersuchung des ‚Social Investment Forum'[1] sind in den USA über 10 Prozent des insgesamt verwalteten Volumens (24,4 Billionen USD) unter Berücksichtigung ethischer, ökologischer oder sozialer Kriterien investiert. Die enormen Volumina in den USA sind nicht zuletzt auf Aktivitäten institutioneller Investoren (z. B. kirchliche Anleger und Pensionsfonds) zurückzuführen, die schon vor Jahrzehnten begonnen haben, ihre Kapitalanlage nach ethischen Kriterien auszurichten und damit als Initiatoren der gesamten SRI-Szene angesehen werden.

In Kontinentaleuropa hat diese Entwicklung erst vor einigen Jahren eingesetzt. Ausgehend von einem bislang vergleichsweise geringen Marktanteil haben sich die entsprechenden Anlagevolumina innerhalb weniger Jahre vervielfacht. Deutsche, schweizerische und österreichische Finanzdienstleister verwalteten Ende 2005 mehr als 12,4 Milliarden Euro in nachhaltigen Fonds und Mandaten. Dies publiziert das Forum Nachhaltige Geldanlagen (FNG) in seinem „Statusbericht Nachhaltige Geldanlagen 2005"[2]. Nach Angaben der Studie bedeutet das eine Volumenzunahme von über 120 Prozent innerhalb der letzten drei Jahre. Für die größten Märkte in Europa hat EUROSIF, der europäische Dachverband für nachhaltiges Investment, im September 2006 aktuelle Zahlen vorgelegt:[3] Auf 24,1 Mrd. Euro schätzt EUROSIF das Gesamtvolumen der Ende 2005 unter Nachhaltigkeitskriterien verwalteten Publikumsfonds in Frankreich, den Niederlanden, Belgien, Großbritannien, Deutschland, Österreich, der Schweiz, Italien und Spanien. Legt man eine breitere Definition beim Nachhaltigkeitsverständnis in der Vermögensverwaltung an und berücksichtigt zudem das Kapital, das in institutionellen Mandaten gebunden ist, kommt man auf ein Gesamtvolumen von über einer Billion Euro im europäischen Raum. Diese Summe entspricht 10 bis 15 Prozent des Gesamtmarktes, so die Studie.

Gründe für diese Entwicklung liegen primär in der steigenden Bedeutung des Marktes für institutionelle Investoren wie Pensionsfonds, aber

---

[1] Social Investment Forum: 2005 Report on Responsible Investing Trends in the United States, 2006.

[2] Forum Nachhaltige Geldanlagen (FNG): Statusbericht Nachhaltige Geldanlagen 2005, August 2006.

[3] EUROSIF: European SRI Study 2006, September 2006.

auch kirchliche Anleger und Stiftungen, die ihre Kapitalanlage verstärkt in Einklang mit ökologischen und sozialen Kriterien bringen möchten. Es zeigt sich, dass der Bereich des Nachhaltigkeitsinvestments damit auch zunehmend von Banken und Fondsgesellschaften als interessant und lukrativ eingeschätzt wird. Beides wird nicht zuletzt auf die erwiesenermaßen wettbewerbsfähige Rendite entsprechender Anlagen zurückgeführt, wodurch frühere Vorurteile bezüglich eines inhärenten Renditeverzichts nachhaltiger Investments weitgehend widerlegt wurden. Dementsprechend konnte im Jahre 2006 die Anzahl der Publikumsfonds, die im deutschsprachigen Raum zum Vertrieb zugelassen sind, deutlich auf über 130 erhöht werden – im Vergleich zu 1998 mehr als eine Verzehnfachung.[4] Experten gehen davon aus, dass dies nur den Beginn einer langfristigen Aufwärtsentwicklung darstellt. So schätzt beispielsweise das Deutsche Aktieninstitut die zukünftige Marktentwicklung mit jährlichen Wachstumsraten von 30 bis 40 Prozent sehr positiv ein. Ein Marktanteil von 5 bis 10 Prozent an der gesamten Investmentfondslandschaft wird für die nächsten zehn Jahre als erreichbar eingestuft – im Vergleich zum jetzigen Marktanteil in Höhe von noch unter einem Prozent ein deutlicher Anstieg.

2. Das Nachhaltigkeits-Rating der oekom research AG

a) Hintergrund

Die oekom research AG zählt zu den Pionieren des Ratings nach ökologischen und sozialen Kriterien im deutschsprachigen Raum. Zentrale Assets sind ihr wissenschaftlicher Hintergrund sowie ihre geschäftspolitische und wirtschaftliche Unabhängigkeit, die in besonderem Maße die Glaubwürdigkeit und Objektivität der Researchergebnisse sicherstellt. Im Bereich der Unternehmens-Ratings gehen die Erfahrungen von oekom auf das Jahr 1994 zurück, als die ersten Öko-Ratings durchgeführt und publiziert wurden.[5] 1999 wurde der Ratingansatz um die soziale und kulturelle Dimension erweitert und 2001 neben dem Unternehmens-Rating auch ein Länder-Rating aufgebaut, mit Hilfe dessen die weltweit

[4] INSTITUT FÜR ÖKOLOGIE UND UNTERNEHMENSFÜHRUNG AN DER EUROPEAN BUSINESS SCHOOL E.V.: Datenbank zu nachhaltigem Investment: http://www.nachhaltiges-investment.org.

[5] Robert HASSLER/Max DEML (Hg.): Öko-Rating. Unternehmen im Umwelt-Check: Ergebnisse, Erfahrungen, Perspektiven, München 1998.

gängigsten Staatsanleihen nach entsprechenden Kriterien bewertet werden können.

Derzeit befinden sich rund 1000 Unternehmen aus mehr als 25 Branchen und Ländern im Researchuniversum der oekom research AG, darin enthalten sind vor allem börsennotierte internationale Konzerne (large caps), aber auch Emittenten von festverzinslichen Wertpapieren sowie kleine und mittelgroße Unternehmen mit besonders engem Bezug zur nachhaltigen Entwicklung (Potentials), z. B. aus den Bereichen erneuerbare Energien, Wasseraufbereitung, Bildung. Das Nachhaltigkeitsresearch der oekom research AG fließt in Publikumsfonds, Spezialfonds und Vermögensverwaltungsmandate. Derzeit betreut die Agentur über 60 Fonds von mehr als 20 Finanzdienstleistern mit einem Gesamtvolumen von über vier Milliarden Euro.

b) Methodik

Das Nachhaltigkeits- oder auch Corporate Responsibility Rating (CRR) der oekom research AG basiert auf der weltweit wohl umfassendsten Kriteriensammlung zur ethischen Bewertung von Unternehmen – dem „Frankfurt-Hohenheimer Leitfaden" (FHL)[6] – der von der Projektgruppe Ethisch-Ökologisches Rating unter der Leitung der Professoren Johannes Hoffmann (Theologe) und Gerhard Scherhorn (Volkswirt) entwickelt und 1997 veröffentlicht wurde. Die über 800 Kriterien des FHL werden in drei unternehmerischen Verantwortungsbereichen zusammengefasst:

Verantwortung gegenüber

- der natürlichen Umwelt (Naturverträglichkeit)
- den Mitarbeitern (Sozialverträglichkeit)
- der Gesellschaft und den Kulturen (Kulturverträglichkeit).

Im Rahmen der Operationalisierung der Kriterien des FHL sind für das Corporate Responsibility Rating insgesamt über 100 Untersuchungskriterien als Grundlage für die Unternehmensanalyse evaluiert worden. Damit wird dem CRR im weltweiten Vergleich eine der größten Untersuchungsbreiten und -tiefen bescheinigt. Auf Basis dieser über 100 Kriterien werden in Abhängigkeit der Branche die Kriterien mit der höchsten metho-

---

[6] Johannes HOFFMANN/Konrad OTT/Gerhard SCHERHORN (Hg.): Ethische Kriterien für die Bewertung von Unternehmen. Frankfurt-Hohenheimer Leitfaden, Frankfurt a. M. 1997.

dischen Trennschärfe und inhaltlichen Relevanz selektiert und für die Analyse eines konkreten Unternehmens herangezogen.

Das Corporate Responsibility Rating setzt sich aus zwei grundlegenden Bestandteilen – dem Environmental Rating und dem Social Rating – zusammen. Die Struktur des Ratings findet auf alle Industriezweige Anwendung, lediglich die zur Untersuchung herangezogenen Kriterien und Indikatoren sowie deren Gewichtung untereinander werden an die jeweiligen Problemstellungen in den Branchen bzw. Unternehmen angepasst:

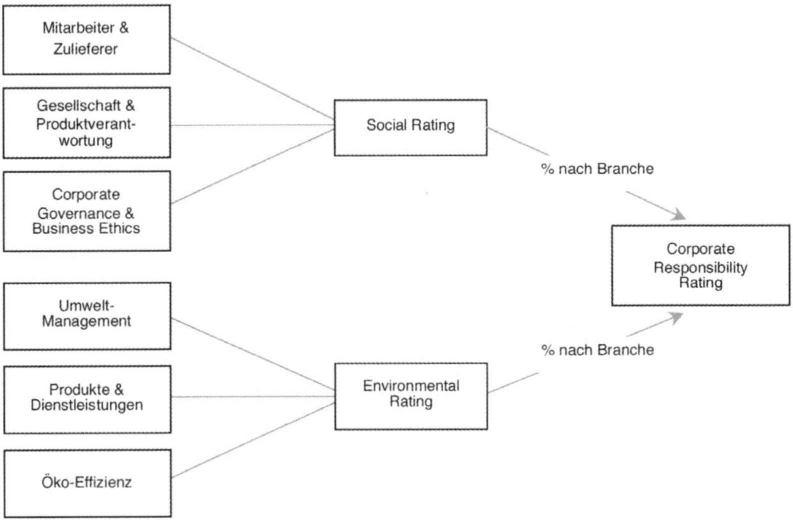

Abbildung 1: Struktur des Corporate Responsibility Ratings

Die relevanten Informationen im Rahmen des CCR werden sowohl bei den Unternehmen selbst als auch, zur Validierung und Ergänzung der gemachten Angaben etwa in Bereichen wie Arbeits- und Menschenrechtsverletzungen, bei unabhängigen Experten erhoben, durch

- Auswertung von Unternehmensinformationen (Geschäfts-, Sozial- und Umweltberichte, Produktlinienbeschreibungen etc.),
- Internet- und Datenbankrecherche, Mediascreening,
- ausführliche Recherche bei Experten aus der Wissenschaft, Behörden und internationalen Nicht-Regierungs-Organisationen (NGOs).

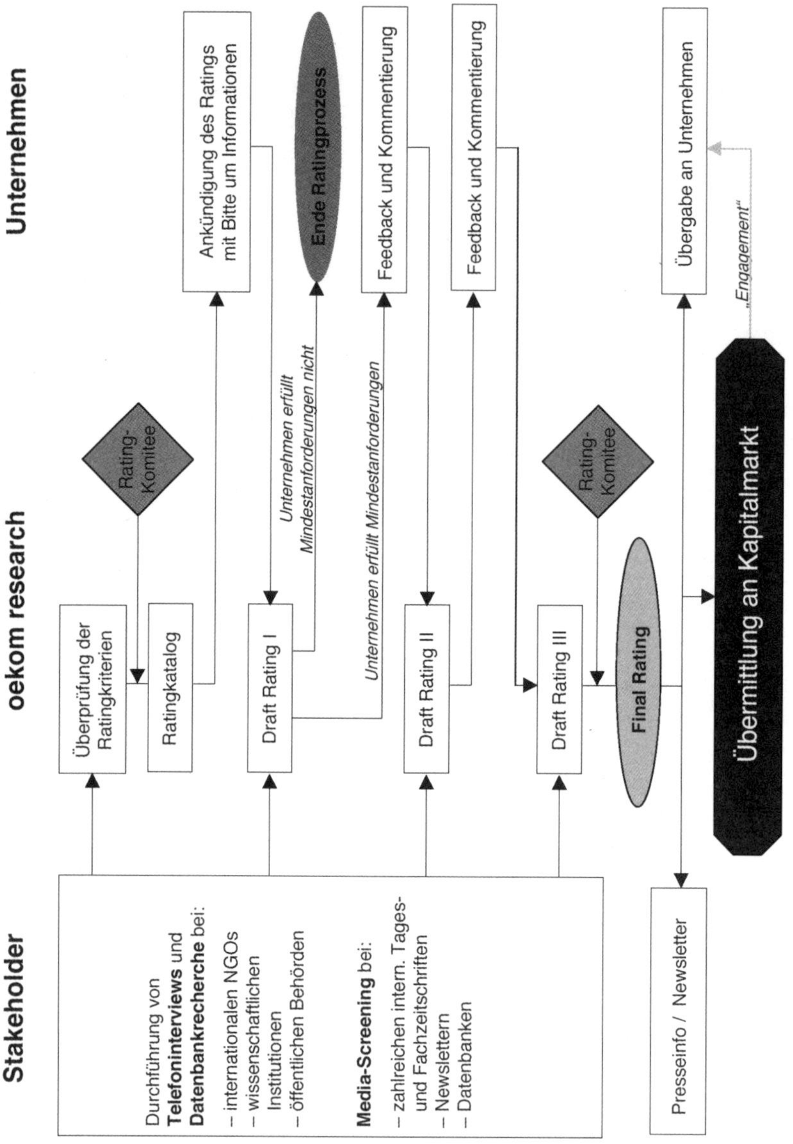

Abbildung 2: Ablaufschema Corporate Responsibility Rating

Die wichtigsten Untersuchungskriterien in den aufgezeigten Untersuchungsbereichen sind:

Social Rating

1 Mitarbeiter & Zulieferer
- Vereinigungsfreiheit
- Work-life Balance
- Arbeitsplatzsicherheit
- Sicherheit und Gesundheit
- Gleichberechtigung

2 Gesellschaft & Produktverantwortung
- Menschenrechte
- gesellschaftliches Engagement
- Steuern und Subventionen
- Stakeholderdialog
- Produktverantwortung

3 Corporate Governance & Business Ethics
- Unabhängigkeit von Vorstand und Aufsichtsgremien
- Aktionärsrechte
- Vorstandsvergütung
- Aktionärsstruktur
- faire Geschäftspraktiken

Environmental Rating

1 Umweltmanagement
- Umweltpolitik
- Umweltmanagementsystem
- Berichterstattung
- Klimastrategie

2 Produkte & Dienstleistungen
Produkt- und Dienstleistungsgestaltung (branchenspezifisch), z. B.
- Lebenszyklusanalysen
- Langlebigkeit
- Materialien und Substanzen
- Energieeffizienz

3 Öko-Effizienz
- Energieverbrauch
- Wasserverbrauch
- Emissionen
- Abfall

Abbildung 3: Untersuchungskriterien des Corporate Responsibility Ratings

Während des Ratingprozesses wird dabei großer Wert auf eine umfassende Kooperation mit den bewerteten Unternehmen sowie die Einbeziehung zentraler Anspruchsgruppen gelegt. Dieses Vorgehen soll die Neutralität und die notwendige inhaltliche Tiefe der Bewertung sicherstellen. Die Unternehmen erhalten dabei die Möglichkeit, in diversen Feedbackschleifen die vorläufigen Ergebnisse zu kommentieren und zu ergänzen. Abschließend unterziehen die Analysten diese Ergänzungen einer Plausibilitätsprüfung.

Im Sinne einer – gerade in Bezug auf qualitative Kriterien – möglichst objektiven, vom einzelnen Analysten unabhängigen Bewertung kommen umfassende Bewertungshandbücher zur Anwendung, die die auftretenden Ausprägungen der Sachverhalte definieren und einer notenmäßigen Bewertung zuordnen. Die Kriterien werden einzeln bewertet und führen über die entsprechende Gewichtung der verschiedenen Hierarchieebenen zu Bereichsnoten sowie der abschließenden CRR-Note. Die Ratingskala wird dabei wie folgt definiert:

A = Das Unternehmen zeigt außergewöhnliche Leistungen.
B = Das Unternehmen verhält sich weitgehend progressiv.
C = Das Unternehmen hat grundlegende Maßnahmen ergriffen.
D = Das Unternehmen zeigt wenig Engagement.

Die Aktualität der Basisinformationen und der Gesamtbewertung wird durch regelmäßige Updates erlangt. Zur größtmöglichen Transparenz des Ratings tragen die Veröffentlichung von Kriterien und Prozessen sowie von wesentlichen Ratingergebnissen bei.

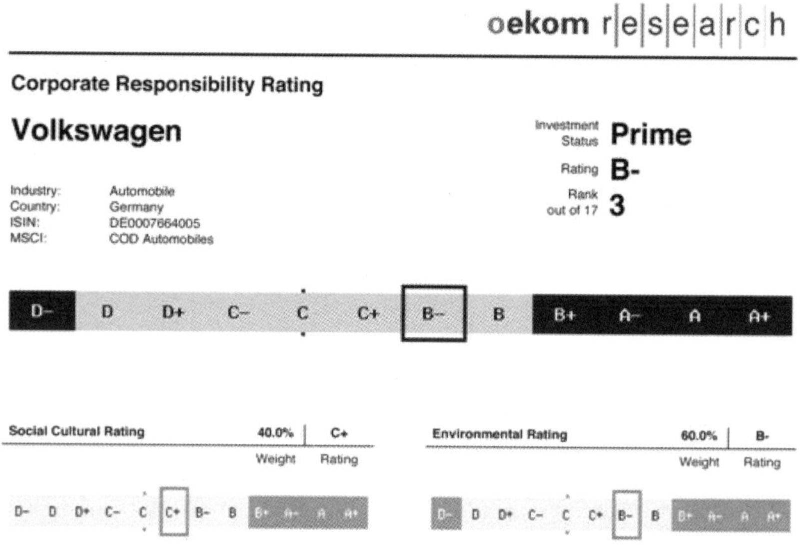

Abbildung 4: Bewertung CRR am Beispiel von Volkswagen (VW)

Das Corporate Responsibility Rating, im Fall von Volkswagen ein B-, verdeutlicht, inwieweit das Unternehmen die jeweiligen branchenspezifischen Anforderungen in den Bereichen Kultur-, Sozial- und Naturverträglichkeit umsetzt. Zudem wird ein Ranking des Unternehmens im

Branchenvergleich erstellt. Dieses Ranking – hier Platz 3 im Vergleich mit den 17 weltweit größten börsennotierten Automobilkonzernen – ermöglicht eine Beurteilung des Unternehmens im Vergleich zu seinen Wettbewerbern und damit die von Investoren für ihre Kapitalanlagen verwendete Identifikation der jeweils progressivsten Unternehmen innerhalb eines Wirtschaftssegments (Best in Class-Ansatz). Im Fall von VW zeigt sich ein durchaus ambivalentes Bild: Das Rating von B- zeigt im Vergleich zum erreichbaren Maximum A+ noch deutlichen Verbesserungsspielraum für das Unternehmen. Auf der anderen Seite steht das Unternehmen mit seinen Aktivitäten im ökologischen, sozialen und kulturellen Bereich im weltweiten Branchenvergleich in der Spitzengruppe.

Neben den oben beschriebenen sogenannten Positivkriterien, d. h. die Analyse, wie aktiv das Unternehmen mit bestimmten ökologischen, sozialen oder kulturellen Fragestellungen umgeht, werden auch zahlreiche kundenspezifische Negativkriterien erhoben, die unabhängig vom Abschneiden im Gesamtrating zum Investmentausschluß eines Unternehmens führen können. Auf der Basis von individuellen Wertvorstellungen erfassen diese Kriterien kontroverse unternehmerische Geschäftsfelder oder -praktiken, die ein Investor grundsätzlich von einer Kapitalanlage ausschließen möchte.

Beispiele sind für *kontroverse Geschäftsfelder* Alkohol, Atomenergie, Biozide, chlororganische Massenprodukte, Embryonenforschung, Glücksspiel, Grüne Gentechnik, Pelze, Pornografie, Rüstung, Tabak, für *kontroverse Geschäftspraktiken* Arbeitsrechtsverletzungen (im Sinne der Kernkonventionen der ILO), kontroverses Umweltverhalten, kontroverse Wirtschaftspraktiken, Menschenrechtsverletzungen, Tierversuche.

c) Anwendung durch den Investor

Die unterschiedlichen Researchkategorien können vom Investor zu einer stark individualisierten, den spezifischen Bedürfnissen und Zielvorstellungen angepassten Kapitalanlage genutzt werden. So kann der Investor bestimmte, mit seinen Wertvorstellungen nicht vereinbare Geschäftsfelder oder -praktiken (siehe oben) grundsätzlich aus seinem Portfolio ausschließen. Darüber hinaus kann er eine Positivselektion realisieren, indem er gezielt in die Nachhaltigkeitsvorreiter der Branchen investiert („Best in Class-Ansatz").

Idealtypisch sieht der Prozess der Wertpapierselektion nach Nachhaltigkeitskriterien unter Berücksichtigung anlegerspezifischer Ausschlusskriterien wie folgt aus:

Abbildung 5: Prozess der Wertpapierselektion

Dieses nachhaltige Wertpapieruniversum, das entsprechend der Risiko-Rendite Disposition des Anlegers Aktien und Renten (Unternehmensanleihen, Staatsanleihen etc.) in beliebigen Verhältnissen umfassen kann, steht dann der Kapitalanlagegesellschaft, mit der der Anleger zusammenarbeitet, zum Investment zur Verfügung und führt, unter Berücksichtigung konventioneller finanzanalytischer Betrachtungen, zum tatsächlich investierten Portfolio.

d) Performance

Die Erfahrungen der letzten Jahre haben gezeigt, dass ein derartiger Investmentansatz geeignet ist, sowohl die anlegerspezifischen ethischen als auch finanziellen Erwartungen zu befriedigen. Zum einen hat der Anleger durch das Einschalten einer unabhängigen Rating-Agentur die Garantie, dass die ethischen Kriterien wirklich berücksichtigt und eingehalten werden. Zum anderen ist ein Investmentansatz, der Wertpapiere auf Basis des Abschneidens im Nachhaltigkeits-Rating selektiert, in der Lage, eine im Vergleich zu einem konventionellen Investment mindestens gleiche, wenn nicht sogar bessere Rendite hervorzubringen. Verschiedenen Untersuchungen zufolge besteht ein positiver Zusammenhang zwischen Finanz- und Nachhaltigkeitsperformance, der folgendermaßen begründet sein kann:

1. *Hohe Nachhaltigkeitsperformance als Ursache von hoher Finanzperformance:* Langfristige Wertsteigerung durch Integration von Nachhal-

tigkeitskriterien in die Unternehmensstrategie, z. B. Kostensenkung durch höhere Energie- und Rohstoffeffizienz, Erschließung neuer Wettbewerbsfelder oder Verbesserung des Images.

2. *Hohe Finanzperformance als Ursache von hoher Nachhaltigkeitsperformance:* Unternehmen mit höherem Gewinn können sich mehr Umweltschutz und soziale Standards leisten.
3. *Gutes Management als Ursache für höhere Finanz- und Nachhaltigkeitsperformance:* Unternehmen mit höherer Nachhaltigkeitsperformance zeichnen sich durch ein insgesamt besseres Management aus, was auch zur einer höheren Finanzperformance führt.

Dieser positive Zusammenhang findet eine weitere Bestätigung in einer Studie der oekom research AG in Zusammenarbeit mit Morgan Stanley. Untersucht wurde die Finanzperformance von Unternehmen in Abhängigkeit ihres Abschneidens im Corporate Responsibility Rating. Dazu wurde die Aktienkursentwicklung von knapp 800 börsennotierten Unternehmen, die den Weltaktienindex MSCI World zu mehr als 80 Prozent im Hinblick auf die Indexgewichtung repräsentieren, vom 01.01.2001 bis zum 31.08.2004 analysiert. Die Unternehmen wurden in zwei Portfolios eingeteilt und innerhalb ihrer Gruppe jeweils gleich gewichtet:

- *Portfolio A (207 Unternehmen):* Unternehmen sind in ihrer jeweiligen Branche nach ökologischen und sozialen Kriterien ‚Best in Class'
- *Portfolio B (581 Unternehmen):* Unternehmen sind in ihrer jeweiligen Branche nach ökologischen und sozialen Kriterien nicht ‚Best in Class'.

Das Ergebnis zeigt eine klare Outperformance des Portfolios A gegenüber dem Portfolio B in Höhe von +16,72 Prozent. Das bedeutet, dass die Unternehmen, die in punkto Nachhaltigkeit führend in ihren jeweiligen Branchen sind, eine deutlich bessere Aktienkursentwicklung innerhalb der letzten vier Jahre aufzeigen als die Unternehmen, die im Bereich der ökologischen und sozialen Standards hinterherhinken.

Ausblick

Das Nachhaltigkeits-Investment sendet entscheidende Impulse an die Unternehmen aus, ihre Performance im ökologischen und sozialen Bereich kontinuierlich zu verbessern. Dieser ‚ethische Wettbewerb' wird umso stärker, je mehr Investoren Nachhaltigkeitsaspekte bei ihrer Kapitalanlage berücksichtigen. Er kann maßgeblich dazu beitragen, dass sich das Leitbild der Nachhaltigen Entwicklung bei Unternehmen zunehmend etabliert und sich damit die Schere zwischen der Beachtung ethischer und ökonomischer Anforderungen an Unternehmen weitgehend schließt.

Parallel dazu werden die Aktivitäten von Unternehmen verstärkt von anderen externen Anspruchsgruppen kritisch begleitet. Durch die Vernetzung dieser Gruppen und die gestiegenen Kommunikationsmöglichkeiten werden massive Verstöße gegen verantwortungsvolle Wirtschaftspraktiken – etwa in den Bereichen Menschen- und Arbeitsrechte – weltweit schneller publik und erreichen ein enormes Publikum. Viele Unternehmen haben dieses Reputationsrisiko erkannt und engagieren sich verstärkt, Mindeststandards in besonders sensiblen Geschäftsbereichen einzuführen und zu kontrollieren.

Langfristig wird nur ethisch verträgliches Handeln auch ökonomisch erfolgreich sein: Unternehmen, die ökonomische, ökologische und soziale Ziele in Einklang bringen, werden nicht nur ihrer gesellschaftlichen Verantwortung in einer globalisierten Weltwirtschaft gerecht, sondern erzielen damit auch Wettbewerbsvorteile und langfristige Wertzuwächse.

Ergänzende Literatur

BUSCH, T./T. ORBACH: Zukunftsfähiger Finanzsektor: Die Nachhaltigkeitsleistung von Banken und Versicherungen – Ergebnisbericht der im Auftrag des Bundesministeriums für Bildung und Forschung erstellten Machbarkeitsstudie „Bewertung der Nachhaltigkeitsleistung von Finanzdienstleistern", Wuppertal Papers Nr. 128, März 2003.

EUROPEAN BUSINESS SCHOOL/ÖKO-INSTITUT/ZENTRUM FÜR EUROPÄISCHE WIRTSCHAFTSFORSCHUNG: Umwelt- und Nachhaltigkeitstransparenz für Finanzmärkte – Zwischenbericht vom 14.8.2001.

SCHÄFER, H./R. STEDEROTH: Portfolioselektion und Anlagepolitik mittels Ethikfiltern – ein Überblick zum Stand der empirischen Kapitalmarktforschung, Berichte aus dem Forschungsprojekt Ethische Kapitalanlagen, Bericht 4/2001, Universität Siegen 2001.

UNITED STATES ENVIRONMENTAL PROTECTION AGENCY: Green Dividends? The relationship between firm's environmental performance and financial performance, EPA–100–R–00–021, Mai 2000.

WALKER, J./E. FARNWORTH: Rating Organisations – what is their impact on corporate sustainability strategy? URS Corporate Sustainability Solutions, UK, 2001.

African renaissance: solidarity and renewal within Africa today

VON OBIORA F. IKE

Hope for Africa: The Fulani Myth of Creation

I begin my contribution with a message of hope. It starts with a story out of the Fulani Myth of Creation. It is a myth that stands as a paradigm for many African cultures. The story is also a challenge to our authentic history, the continuity of the past, the present and the future based on our authentic values as a people.

„At the beginning, there was a huge drop of milk,
Then Doondaari came and created the stone.
Then the stone created iron
And iron created fire
And fire created water
And water created air
Then the Doondaari descended a second time
And he took the five elements
And he shaped them into man
But man was proud
Then Doondaari created blindness
And blindness defeated man
But when blindness became too proud
Doondaari created sleep and sleep defeated blindness
But when sleep became too proud
Doondaari created worry and worry defeated sleep
But when worry became too proud
Doondaari created death and death defeated worry
But when death became too proud
Doondaari descended for the Third time
And he came as Gueno the eternal one
And Gueno defeated death"

This myth of creation demands an appropriate interpretation as it has many dimensions, one of which is a message of hope. Death was conquered by Gueno, and for us Christians, listening to this story, it occurs to us while putting the salvation history in the light of this story that here is hope of victory. I write this paper to honour Johannes Hoffmann, a friend and colleague on his 70th anniversary in the period of Lent 2007. My reflection is to state that lent is the fast before the feast, the cross before the crown, the thorn before the rose flowers. It is the story of Jesus Christ, the son of God, the Word made flesh, the incarnate saviour, the bread of life through whom all things were made, and who in the celebration of the Easter phenomenon conquered death with the resurrection. In his words: „I am the resurrection and the life. If anyone believes in me, he shall not die, he shall live forever" (John 11). Africa shall live and not die. The period of the renaissance of the continent has come, therefore this call of hope beyond all hopelessness. Living as we do, in a pluralistic, multicultural and multi religious environment, the hope proclaimed by the Gospels and the Church, especially through the message of the Second Vatican Council, could be described as the Good News. The Council fathers write:

> "The joy and hope, the grief and anguish of men of our time, especially of those who are poor or afflicted in any way, are the joy and hope, the grief and anguish of the followers of Christ as well" (Gaudium et Spes, No. 1).

Christianity and the Scandal of the African Predicament

The salvific mission of Christ was foreshadowed in the prophesy of Isaiah, where Christ's mandate included setting captives free, preaching the good news to the poor, and declaring the acceptable time of the Lord's favour. The Church in her Social Teaching has always tried to emulate the teachings of the Master who became one with humanity in the mystery of the incarnation to give to humankind the fullness of life in the Godhead (John 10:10). In spite of the prevailing social stereotypes of his time, over 2000 years ago Christ broke new frontiers in a society steeped in ritualism, to make them realize that in the glory of God man is fully alive (St. Ireneaus).

Today, the Church in various continents, Europe and America, has not only heeded the Pauline call to „come over to Macedonia and help us", she has raised her voice to question the terrible situation of ignorance, poverty and disease that has been the burden of Africa. In effect, there is evidence that efforts are being made by the Church in various countries to fulfill her social apostolate in fidelity to the Gospel and the sacred traditions received from the apostles. Today, the words of *Gaudium et Spes* have taken a living breathing form and the joys and hopes, the pains and anguish of Africa have attracted universal attention, that have become that of the followers of Christ. Africa, which is not a foreigner in the Church of Christ, came to the synod attention of the Church, which fruits have overflowed its banks of irrigate perceptual universe of the American Bishops and even of the German Bishops conference as they called America and the West to solidarity with Africa. This paper therefore presents in a remarkably unique way, an essential arena for the continuing dialogue between the African predicament, the Church of Christ and people who live in the Western hemisphere of the globe. It is a gospel imperative to direct the searching light of discourse on the plight of the exploited peoples of Africa, bringing it up once more and refocusing the attention of the world on the scandalous plight of contemporary Africa. May these efforts bear fruits that would give birth to concrete actions directed towards ameliorating the trauma, pains and wounds of the African continent inflicted from outside and from inside over a long time.

Africa and the West – Squaring up Accounts

The platform for worldwide international, intercultural and inter-ecclesial dialogue is a very timely action in the spirit of a preferential option for the poor. The pontifical documents on Catholic Social Thought, often unknown in many parts, are documents, which in fidelity to the traditions of the Church go out of Christian Empathy to the situation of gross deprivation presently entertained by millions of people. The platform for dialogue places responsibility on fellow citizens who are privileged to live in the Western hemisphere (considered by many as the socio-economic and geopolitical epicenter of technological civilization) to reach out towards Africa in repatriation, reconciliation, and renaissance. It is most providential that Africa and the west have some accounts to square; accounts which if properly settled on terms gravitated by justice, the rights of mankind to dignity and development, solidarity and a renewed commitment to challenge the „structures of sin“, would see to the emergence of renascent Africa. The interactions between the West and Africa have spanned over five centuries. First, it was the exploratory trade, the unequal exchange, slavery, colonization and now neo-colonial exploitation and manipulation. In almost all instances of colonization of African nations, this triumvirate pattern was manifest; first the traders, the missionaries and then the administrators. Thus there seems always to be some ontological collaboration between commerce, religion and politics, and a metaphysics that has always conduced to either development of people or conspired to exploit some others. Such a collaboration on the positive scale is what we intend to examine in erecting a base for the enthronement of an African renaissance. With the West, Africa has ties that are deep and long rooted in history, ties from which we cannot easily disengage ourselves. The west brought us education and enlightenment, Christianity and western civilization, but also many other things among which exploitation and underdevelopment ranked high. African raw material has fed and continues to feed greedy entrails of Western industries leaving Africa poor and scorched in the bargain. African markets have been the dumping ground of finished luxury goods, which encourage non-productive consumerism as well as provide employment for the citizens of the West. The crème of African manpower was the yoke upon which the cultivation of the American plantations was laid. Today equally, African manpower contributes in no small measure in the trained and semi-skilled manpower needs of many western capitals, as the grim African predicament induces many Africans into emigrating to serve as comfortable slaves to the west. It is with the West that Africa has the strongest economic, historical and political ties to date and the future of the African continent will be determined largely by the tenor of her relationship with the West, just as Africa's present economic clime is determined by the favour of the London and Paris clubs as well as their Bretton Woods established the International Monetary Found (IMF) and the World Bank. In fact, any discussion on the fate and future of Africa, on the possibility of enthroning a sustainable base for an Africa renaissance, must reckon with the West of which American civilization has assumed a central role. Indeed, it is largely with the West that we have to settle scores and balance accounts of the exploited peoples of Africa, with a view of liberating Africa from the clutches of underdevelopment.

Prejudices against Africa and our Competence to Speak for Ourselves

There exists in many Western circles an embarrassing ignorance of what Africa is, its culture, its people and its destiny. In these circles, Africa is a serious bad news, which serves no purpose safe as a sad catharsis to a western conceptual scheme anaesthetized by the narcotic of material hype-development. Most of these views are nourished by bias and naive unwillingness to consider Africa from an empathic perspective. Non-Africans, most of whom are European and North American intellectuals, self acclaimed „experts", have done much of what is known or written about Africa and much of it is undiluted blackmail. A general tendency has been to „look down" on Africa and Africans as the *‚continent of hunger', ‚a land inhabited by savages and cannibals that live on trees and arboreal arrangements', ‚a dumping ground for the wastes of the western world', ‚the land of black people with black souls as dark as the devil and destined to be the wretched of the earth', ‚a land where permittivity dwells in its morbid dimensions'*. Thus, whatever is bad is given the term black: *black magic, black devil, black market, black business, black religion, etc.* These views are advanced with such denigrate anthropology, which only a stranger to our milieu could entertain. This and many other prejudices, sometimes held in good faith, have been formulated and consolidated by Western anthropologists, scientists, historians, travelers, adventurers, writers, cultural ethnologists, politicians, traders and missionaries, among a host of others whose prejudices, misleading books and false authority about this continent have led many innocent truth seekers and interested listeners astray. This misleading image-overhang prevails generously in Western conceptual schemes, quite oblivious of history that attested to Africa being the birthplace of man as well as human civilization. The remnants of this epochal starting point of human social evolution is littered across the face of Africa, pervades many African cultural realities as well as social ambient, religious practices, beliefs and philosophy. The Igbo people of southeastern Nigeria worked on iron ore at a time when historically Europe was still in the Stone Age. This same people enjoyed, nourished and sustained a republican democracy when most of the western world slumbered in primitivism. This paper therefore challenges inherent prejudices against Africans and the continent of Africa and affords Africa an opportunity to say, without the suffocating expertise and traitorous competence of an interpreter, what is and what is not Africa or ourselves as well as what could best conduce to our development in lieu of our history and circumstance. It equally grants us an essential arena to reverse the frames of reference; to establish and affirm our values differently; to give new and appropriate definitions from an African frame of reference; leading to interpretations, perceptions, goals, responses and actions which could facilitate the birth of a new dawn for Africa. Our competence to speak for ourselves cannot be overemphasized. No matter the depth of knowledge claimed by someone from without, it is very difficult to represent this in its entire grim and hopeful dimension except through the people themselves who come from the circumstance in question.

Africa the Hopes and Anguish

We share the vision and submissions of Ecclesia in Africa No. 40, which found some echo in the American Bishops' *Call to solidarity with Africa, „that Africa is a huge continent where very diverse situations are found"*.[1] This situation as a matter of act brooks no generalizations in evaluating Africa's problems or recommending solutions. In spite of this, it would amount to horrendous presumption for one to reflect that the face of Africa today is a horrid patchwork of only poverty and pain. Africa is a continent filled with life; dynamism and great potentials. African situations may be bad but not hopeless. She may be economically poor, but has a wealth of values and priceless qualities upon which her renaissance and sustainable development could be validly erected. It is the moral obligation of the African peoples themselves and the rest of the entire world not to allow these bright hopes to be drowned by the anguish of her present predicament. Africa may be underdeveloped today and it does not necessarily need to stay at this stage. It should have overcome its poverty long ago. But hope challenges us not to give up on the continent and its peoples, but to continue the struggle and to see the present historical phase as only a stage in the socio-evolutionary unfolding of history. More over, I share the view that underdevelopment does not imply a lack of capacity but an embryonic stage and infinite potential for development.

Why the West Must Take another Look at Africa: A Call to Solidarity

The African predicament as well as the international social question cannot be resolved without global solidarity. Africa is not an island unto

[1] JOHN PAUL II.: Ecclesia in Africa, 1994, No. 40, cf. also: A Call to Solidarity with Africa, Document of the US Catholic Bishops conference, 2004, Washington, USCB, P. 4.

itself; she is a part of the whole. "*The destitution and deprivation of so many Africans demand a more urgent response from the international community*".[2] The burden imposed on Africa by pervasive poverty, the annihilatory threats of disease (HIV/AIDS), strangulating debt profile, excruciating trade imbalance, Africa's heritage of inferiority complex, ignorance and functional illiteracy of a great percentage of Africans, wars, refugee problems, and the phenomenon of child soldiers, natural disasters, famine, human right abuses, irresponsible and kleptocratic governance as well as the consequent „*self-reinforcing circle of poverty, death, the breakdown of family and other traditional support systems, loss of social identity and deprivation*" which this portends cannot hold out for long if the west and the entire world continue posing a Nelson's eye to this crisis. It is my humble contention that no part of the world can master its problems by being indifferent to the fate of other regions. Widespread poverty in the Southern hemisphere sells the northward flow of people trying to flee poverty. It drives people to over-exploit the natural sources of life, thus threading in a tremendous damage of the entire ecological system. Moreover lasting mass poverty increases the threat to world peace. Hence it is the West's fundamental and enlightened interest to promote the development of poor countries and regions of the world. In other to ward off these global dangers together, and safeguard their own future as well, the industrialized nations have no option but to form coalitions of solidarity with developing countries. In this regard, the American Bishops reechoed what the Church had always held close to her social doctrinal heart: The bishops told America as well as the whole of the Western world that;

> „Today there is less external intervention but more neglect and indifference. While the strategic rationale for intervention has diminished with the end of the Cold War, the ethical imperatives for engagement with Africa remain stronger than ever. The United States (West) must not write off Africa as having little relevance to our strategic priorities but rather must embrace a broader vision of our nation's interest in and obligation to, the world's poorest continent". (Call to Solidarity, P. 19)

The fact must be reiterated that enlightened self-interest alone cannot suffice for an ethical and humane approximation of solidarity with Africa or resolve the international problem of development. The preferential option for the poor, which the Church has vigorously advocated and

---

[2] Call to Solidarity, P. 13.

pursued, as a sound principle of justice should be the propellant of the West's solidarity with Africa. This follows from the fact that enlightened self interest can stimulate but limit solidarity. Experience over time has shown and this is a blunt fact in many cases that only where the wealthy countries derive benefit, only where they themselves will be affected by the long term global consequences of their failure to provide assistance, will they be prepared to assist the poor countries majority of which are in Africa, Asia and Eastern Europe. This is an inadequate way of easing the burden of the poor countries. Furthermore, such a limited definition of solidarity leads to an inadequate conception of development. It leaves out of consideration legitimate aims and demands resulting from the personal dignity of the poor and thus lacks the notion, which ensures truly human development. To this end, development concepts, content and context are not fully adequate unless they take cognizance and make allowance for the legitimate interests of others as such. In other words, unless the developed countries think less about their own interests and more about those of mankind as a whole; unless they take the step from a limited to a global solidarity, only then would authentic and integral development in Africa find rich humus of human solidarity upon which to thrive. This global solidarity will *reorient Western foreign aid policies to make greater and more specific commitment to global poverty eradication* and move emphasis from some morally objectionable strings tied to western aid.

Basis for an Africa Renaissance

All over the world, technocrats claim that the development process is anchored on the pursuit of sound macroeconomic policies that will promote sustainable economic growth, create more jobs, and ensure equitably distribution of income to raise living standard of the population. The successful pursuit of these goals, they canvass, requires policies that will promote openness in trade, efficient financial system, increased capital flows, development of information and communication technologies and increased technical ability.[3] These are sound prescriptions from a lofty theoretical angle. These shades of prescriptions may be propelled by the western economies to world dominance through the IMF and the World

[3] J. O. SANUSI: Central Banking authority, economic stability and the rule of law, a paper presented at the Ninth Annual Harvard International Development Conference, Boston 4th April, 2003, BIS review 24 2003, P. 1.

Bank, but Africa's development plans along these technocratic lines, according to Late Professor Claude Ake;

> „has ended up in strategies by which few people profit, and use the gains for their own interests: the plans are inevitably upset. There is no widespread participation of the people in decisions on the political and economic fields, nor has there ever been".

This leads us to believe that any meaningful and sustainable development of Africa that would serve as the threshold of a new dawn must take its moment about certain fundamental considerations. Africa may be a continent in dilemma, but she has some priceless values that could propel her to greatness. These are potentialities for development that must be deeply rooted in the traditional, social and economic structures of Africa. These values are found in traditional wisdom, folktales, moral teaching about life and society, community lifestyles, sharing of goods and wealth, *„for eating alone is bad eating"* in Igbo cosmology; They are found in the philosophy of content, of live and let live, of sustainable economic practices, indigenous political structures were the elders and known figures within the community were allowed to take up leadership responsibility; such values are truncated by a western style democracy which does not allow integrity but money to be the foundation for the elections and gateway to political power. The values are found in the sustainable and equitable use of resources to guarantee the ecology, to mention but a few.

Development must be About People

Any developmental policy or blueprint that is capable of lifting Africa out of the present doldrums must center in and on the people. In the tenets of the national NGO, Growing Businesses Foundation and the Catholic Institute for Development Justice and Peace (CIDJAP) experiments in Nigeria, the catchphrase is that *development is about people while business is about ethics*. This is the cardinal framework for any integral development of Africa. Such development must cater for the whole human person, and encompass the people of Africa as a whole: developing their spiritual, religious, social, personal, moral, cultural, economic, political, mental, educational, physical and environmental dimensions of life.

Solidarity must be De-colonized

There exists this grossly perverted logic that view development through a Euro-centric prism. This hidden ideology requires and demands Africa to evolve along the same lines as the west and accept the logic of capitalistic market based economic thinking. The industrialized world is regarded as the center of the world and the model to which developing countries as marginal subordinate areas are adjoined. It is in this sense that co-operative development and solidarity has to be de-colonized. In the past, there is ample evidence to show that programmed efforts to develop Africa on the basis of Euro-American and Arab-Islamic experiences and influences instead of on the peculiar history and culture of Africa boomeranged and did not benefit the citizens of the continent. This has resulted in the collapse of external paradigms of development orchestrated and pursued by western technocrats, development advisers, and experts. These models owed their collapse to the fact that like the Marxist model in Eastern Europe, they were external ideas lacking root in the mind, culture and philosophy of the people and thereby side stepping adaptation which is the only possibility for assimilation of alien cultures for internal progress. The attraction of business opportunities exists in Africa, and for the continent to join the global economy on the foundations of justice and fair global competition, the west's relationship with Africa must be redefined. Suffice it to note here that as long as western financial institutions such as IMF and the World Bank, which were set up to hold weaker economies, but instead are seen to be indulging in the sabotaging of these economies, Africa's and the rest of the third world shall tarry longer on the road to economic progress. Multinationals and greedy conglomerates that reap large profits from African resources while in many cases demonstrating little corporate social responsibility and concern for the negative impact their activities on peace, stability, human rights and the environment of Africa must be challenged and not allowed to continue the pollution of the water supplies just that they may extract their minerals in their places of operation. Corporate social responsibility calls for responsible business. Africa expects this from the West especially at this stage of her history and local and international regulations should be put in place to guide this.

The Odious Debt Question must be Revisited

Patricia Adams was correct on her incontrovertible assertion in 1991, that, *„the single most strangulating shackle on Africa and much of the third world is the debts „owed“ to the West amounting to over 1.4 Trillion dollars“*. The original loans were mostly put to uses of very dubious benefit to the countries concerned, and the repayments doubly charged in many cases due to bad records, corruption, greed and, despite hand twisting of the assets of these countries, much of which has led to the impoverishment of these people and their environments. This observation was made over a decade ago. Today Adams will shudder at the excruciating weight and terminal frustration that these odious debts have placed upon the unlucky African peoples. Today many *„sub Saharan African countries continue to service these debts to the tune averaging close to a quarter of government revenues, thereby shifting already limited resources away from vital health delivery services, education and other efforts to eliminate poverty“* (Call for Solidarity, P. 15). This does not exonerate the corruption of the local leadership who are doubly guilty of the crime against their own people. But they would never succeed without the connivance of expatriates and the multinational and economic wizards. Despite this, the West's concern remains notoriously inadequate. It behooves us to understand that unless this debt burden is revisited and resolved in the spirit of the Jubilee call for debt cancellation by the churches leadership at various levels, African development will remain stillborn. Any serious development blueprint for Africa must first resolve this question before development can be firmly established on a sound footing. Nigeria alone paid 12 billion dollars in one swooft payment and the consequences are many on the social and educational and health infrastructure of the country.

Local Leadership must be Responsible based on Good Governance

Money can stimulate and finance development initiatives, but it is not enough. There is an indispensable need for an enthronement of responsible leadership in African power corridors. Chinua Achebe located the trouble with Nigeria in the failure of leadership. The same seems to be an inglorious matrix of the African situation. Irresponsible and kleptocratic governance more than any other factor contributed in stifling and derailing Africa‘ rise to prominence. Abacha of Nigeria, Mobutu of Zaire, Jean Bedel Bokassa of Central African Republic, are perfect examples of leaders whose grotesque incompetence and legendary kleptomania are unparalleled. Premeditated fraud and systematic theft is what explains their stupendous wealth against the groveling poverty of their people. Without good, responsible leadership, resources mapped out for development can *„still be diverted from the urgent task of poverty elimination through corruption, regional conflicts, oppressive or weak governments, and poor economic management“* (CS, P. 20). Good leadership is an index that is indispensable to any attempt at moving Africa forward.

No Alternative to Self-Help

The pains suffered by African peoples are principally Africa's and that of the human race secondarily. Granted that Africa cannot develop in isolation in this increasing interconnected world, which globalisation has made of the earth, the main thrust of Africa's development or any formerly colonized or enslaved people must be in the direction of self-reliance. Africa will not be built only by foreign aid policies and expert-directed prescriptions from outside. She has accepted gratefully and followed a lot of bad advice from the industrialized economies and their vestigial institutions. Many of these outside models have had disastrous consequences for African economies. The IMF imposes social and economic conditions which amount to nothing less than political decrees that tie Africa to the apron strings of western technocrats. The current Nigerian experience with the IMF and the World Bank is a perfect example of foreign aid and foreign expert advice that are blind. Nigeria was in economic distress and approached the IMF and the World Bank for expert advice and assistance. The IMF and the World Bank brought their desks into the Central Bank of Nigeria (CBN) and told Nigerians they wanted a Structural Adjustment Programme (SAP), a massive devaluation of the Naira, a 100% deregulation of the economy, privatization of government enterprises and removal of all forms of subsidy including the one on petroleum products. Nigeria's illegitimate military governments worked hard to please the big boss in the hope that the financial institutions would put in kind word for Nigeria on the debts or cancel them. Instead, the financial institutions found out that there was still much milk to flow from Nigeria and like an incensed god, were not appeased. They further introduced Second Tier Foreign Exchange Market (SFEM), International Foreign Bank Exchange (IBE) all in effort to find a realistic rate for the Naira. The aim was to allow the currency to float and find its level. Being a currency without life buoy, it sank. Today, the cumulative effects of these expert measures on the lives of the Nigerian citizenry are enormous. There has been a massive loss of jobs both in the private and public sector, closures, takeovers, merger of companies and extremely low capacity utilization by the surviving companies. Real income has plummeted many times over since then, public utilities and amenities have deteriorated while their charges have gone up. Wages are in arrears of some years. Agriculture is in coma. Imports are increasing while exports are virtually non existent save for petroleum. The socio-economic triangle is getting very much narrower at the apex denoting a small fabulously rich minority into a poverty trapezium from which no escape seems likely. This seems to be the lot of almost all African countries that patronize the competence of IMF and the World Bank. This invariably informs our convictions that Africa cannot depend solely on the patron-mendicant relation between western financial institutions, government aid agencies and the emasculated social economies of Africa.

It is imperative that a deep-rooted development, long-lasting and effective development in Africa must work out its own models from our local civilizations. No matter how ‚sub-standard', ‚under-developed', ‚primitive' and slow it may be, Africa and Africans, as things stand now cannot make long term progress, if we do not move at our own pace, learn from our past, as slow as it may be and gradually building a progressive, constructive, and authentic Africa. Africa must urgently rise to the challenge in solidarity with the rest of the world and plot her own development „within a composite framework located in a purely African reality as well as a structured understanding of the emerging constellation of global forces and their implications for Africa".[4] In this regard, a word about globalisation may be apposite if we are not to embrace another metaphysic of a new imperialism, granted that it is a phenomenon, which we cannot escape. But like Professor Amos Sawyer warned:

> „if we are not careful globalization may be a new imperialism. Once again we find ourselves grappling with a phenomenon to which we have been invited without our having any say. In fact if our response to globalization is not an intensification of regional co-operation, then we are doomed".

[4] M. Machungo: „The Road to Kampala", in: Africa Forum 4 (2000) Nos 2 & 3, P. 4.

It is in this regard that the New Partnership for Africa's Development NEPAD becomes a welcome initiative that should receive the support of all concerned in the human family that is presently facing an ugly and bleak existence in Africa.

Conclusion

Many Africans living on the continent may be said to be physically poor in terms of assets and finances, the continent described as disease-ravaged, but its people are not forlorn dysfunctional people, but a people who love life and celebrate it; with a joy for life that is legendry. These are people who laugh heartily no matter the weight of the load on their shoulders; who deeply express their faith in God and man; a people that love, respect and revere elders as the bridge between the living and our ancestral roots as well as a bastion of wisdom and experience; a people that love children and value relationships all in an interconnection network of social insurance provided by their extended and large family systems. Africa became a wretched continent when western capitalistic ethic that canonizes profit at the expense of man met and spun a historical synthesis of all negative stereotypes that disemboweled and derailed Africa's march to development. In spite of this, Africans are waking up to the fact that Africa has to develop not just to survive. It is our opinion that with solidarity short of colonial or neo-colonial exploitative metaphysic and with a home grown developmental model fashioned around the cultural values and the peculiar strengths of Africa, a new energy would be liberated to propel Africa to the much-desired renaissance. The key to this belief is HOPE founded on GOOD WORKS.

The Challenges of Sustainability and Development in an Era of Globalisation

Perspectives from Africa

VON NDIDI NNOLI-EDOZIEN

1. Globalisation as a worldwide Phenomenon

The reality before most nations of the world in the present times is that of rapid and profound change, not to say the least upheaval. Since the German re-unification of 1989 and the fall of the Berlin Wall, humanity has witnessed the process of European integration, the end of the post-war East-West conflict, the end of apartheid in South Africa and the emergence of the African Union with its hopes and disappointments. There are several successful efforts at the pace of technological progress and the expansion of modern information, communication and transport technologies. All these have given rise to developments with unforeseeable consequences. International interdependence is increasing, likewise the global integration of markets and the global exchange of goods, capital and services; competition is becoming fiercer. The process of progressive globalisation is based on the worldwide integration of markets and the dismantling of barriers to trade and mobility. The process of globalisation has taken on such momentum that it is increasingly difficult to influence by one state alone. Economic globalisation also means the globalisation of social and ecological issues. Then there are demographic and social shifts accompanying global mass migration, the ageing of industrialised societies, the individualisation of ways of life and diversification of life-styles. These many changes and upheavals affect almost all areas of life, in some way or other. They are linked with future opportunities but have also led to problems and sometimes painful adaptation.

This paper considers these opportunities, problems and the required painful adaptation by focusing on the theme of *sustainability, development and globalisation from an African perspective*. It recalls that changes of this magnitude enhance the importance of joint responsibility on the part of the international community. Globalisation is not a force of nature but calls for political regulation and control. The paper takes its point of departure from analysis of social challenges which presuppose certain criteria of perception and include anthropological and ethical issues. African cultural values start from an understanding of sustainability that underscores the human image involving all life and its preservation, the promotion of freedom and personal responsibility, solidarity and social commitment carried out in the perspectives of past, present and future. This definition of *sustainability* is expanded to include: "*meeting the needs of the present generation without compromising the past or the ability of future generations to meet their own needs*". A lasting improvement of the socio-economic situation should be based on fundamental values underlying intercultural perspectives from which they derive, in this context, the African perspective which understands *development as integral* and *globalisation as interdependence based on „live and let live"*.

Pope John Paul II in his Address for World Day of Peace on January 1, 1998 urged for a sober and more sustainable application of ingredients that integrate all humanity into sharing the benefits of change caused by globalisation and thus linking the justice question to issues of development and globalisation. He writes:

> „The vast geopolitical changes which have taken place since 1989 have been accompanied by veritable revolutions in the social and economic fields. The globalization of the economy and of finance is now a reality, and we are realising more and more clearly the effects of the rapid progress related to the information technologies. We are on the threshold of a new era which is the bearer of great hopes and disturbing questions. What will be the effect of the changes taking place? Will *everyone* be able to take advantage of a global market? Will *everyone* at last have a chance to enjoy peace? Will relations between states become more equitable, or will economic competition and rivalries between peoples and nations lead humanity towards a situation of even greater instability?
>
> For a more equitable society and a more stable peace in a world on the way to globalization, it is an urgent task of the international organizations to help promote a sense of responsibility for the common good. But to achieve this we must never lose sight of the human person, who must be at the centre of every social project" (no 3).

2. Sustainability and Context

The world of business is being challenged at this time to tackle growing concerns with the spread of *„unbridled capitalism"*, *„cultures of consumerism"* and the pursuit of economic growth which, in its current form, has become an end in itself, no longer serving the purpose of public welfare, human survival or the preservation of the natural environment. The associated threats created include a growing impoverished majority in the face of plenty, and a reduced quality of life for humanity in the face of increasing ecological threats, among others. The ethical-ecological ratings of the Frankfurt Hohenheim Leitfaden make its clear that for a community to be truly sustainable, it must adapt a three pronged approach that considers social, environmental and cultural resources as well as economic factors. Secondly, that a community must consider these needs in the short-term as well as in the long-term. These ideas have gradually taken root and the work of many years is bearing fruit. Indeed, the need for sustainability is increasingly recognised by governments, civil society and businesses alike. There are of course still many challenges. These include establishing necessary conditions for business favourable to the pursuit of entrepreneurship and the acquisition of private goods without unduly compromising the common good. Intercultural dialogue emerges as a medium for the dialogue demanded at this time to balance the interests of capital growth and sustainability in pursuit of holistic and integral development.

Gradually, policies of nation-states and activities of the various levels of any society, including corporations, are measured against their sustainability – a term that raises controversy as well as challenges present generations to meet the needs of today without eroding the ability of future generations to meet their needs.[1] This involves taking account of the costs of the environment and depletion of natural resources, to the economic cycle of production which is the use and disposal of products that can be maintained indefinitely without denuding resources or damaging the environment or society. A new dimension in sustainability discussions is the impact decisions and actions by practitioners on the ‚softer' including cultural and spiritual, aspects of people's lives, which may have consequences in terms of guaranteeing the harmony and balance of society. Positive changes in development goals of local and

[1] World Commission on Environment and Development, ‚Our Common Future', Oxford – New York, 1987.

international actors have led to a fundamental recognition that respect for the cultural rights of communities and individuals is also a necessary ingredient for sustainability (Projektgruppe Ethisch-Ökologisches Rating).

Taking example from the Igbo society in Western Africa, sustainability would refer to the ability of this indigenous community to manage resources with ownership models that promoted and reflected the rights of people, including past, present and future generations. In practice the Igbo recognised not just two levels (present and future, as the dominant definitions quoted above include), but rather portray three levels of sustainable existence which refer to the past, present and future generations; that is, the past ancestors, the present living and the future yet-unborn generations.

In this context, the African Philosophy, found amongst the Igbo of Nigeria as *„Umunna“*, of *„I am because we are and since we are therefore I am“*, can be justified as a viable perspective to address the issue of balancing private interests of business and the common good. Two critical elements emerge from the perspectives of African culture, reflecting on Sustainability and Development within the context of globalisation in this paper, namely:

a) the typical African wisdom thought „it belongs to me but I belong to the community“ ensures that property and ownership rights, which existed and were respected, were limited by overall social concerns and communal purposes which profited every member of the community, beyond the immediate family to include kith and kin. This sense and recognition of community found expression in the daily lifestyle of people where loyalties of kinship, clanship, language, culture, politics, religion and economy converged to create social groups recognised as stakeholders;
b) this principle or sense of togetherness extends to include both the temporal and the spiritual sphere: *„Not only the living but also the living dead, the ancestors, the Supreme Being, and the entire spiritual world. There is no room for rugged individualism as every person is related to the other, making possible a deep common solidarity and loyalty. Even natural objects are seen as interrelated as symbols of each other“*. African philosophy recognises three levels of existence which refer to the past, present and future generations, i. e. the past ancestors, the present living and the future yet-unborn generations; as well as nature, the environment, in its concept of stakeholders.

3. Development, Economics and the Market Paradox

Economics is a belief system with powerful moral implications. It seems to me that in several fields, whilst technical and economic progress is obvious, the same is not true of social progress. There is a certain degree of worldwide economic progress, but unfortunately accompanied by social and moral regression. The idea of development, of progress, of the market which has played an important part in the emergence of western civilisation in the past century, continues to be of considerable significance, yet suffering a great paradox. The market paradox arises from the fact that an economic system has to be based on a considerable degree of honesty and altruistic behaviour, but it must also encourage individuals to pursue their own advantage in the market.

A well-functioning market requires people who are fairly aggressive at pursuing their self-interest. However, if everybody pursued his self-interest without any inhibitions and tried to eliminate competitors, which may be the quickest way to get rich quick, he would also undermine the market. A sound market also requires honesty and concern for the public good. Increasingly, we must ask ourselves ‚how can people be both self-interested and altruistic? Which ethics do we teach: to work for one's own interest or for society?' Most societies have not resolved the tension satisfactorily, and this has resulted in major economic problems in many parts of the world. This paper argues that an ethical or theological framework can help to address these issues.

In the field of natural science, knowledge is being widened and improved at a sustained pace. In technology, the speed of progress is even more striking, especially in the technology handling information. Evidently, and without always being able to measure its scope, we are witnessing a revolution which is at least as radical as that of the machine-age. Biology and medicine are also undergoing, at the speed of lightning, a process of technical improvement which, on the one hand, means a substantive lengthening of our average life expectancy and, on the other hand, opens up the field of genetic intervention for better or worse. Nor is economic growth absent from the scene. However, social progress seems to stagnate both on ethics and in politics, i. e. progress in everything which affects the art of living together. The slackening of values, which is probably influenced by economic individualism which lies at the root of capitalism, but feeds mainly on the lack of education resulting from the weakening of the family and the intrusion of the media into private life. The media has taken over the task of deciding between good and evil under conditions of improvisation, confusion and the total absence of responsibility, let alone inspiration!

According to Guy de Panafiu, after the illusions of the 19th century concerning the progress of humanity being linked to that of science, and the errors of the 20th century about the inevitable advent of socialism or communism, today we face disenchantment which feeds scepticism and the crisis of values, or the loss of direction of modern societies:

- The idea that modern society is naturally progressive is once more losing ground since the difficulties encountered through the energy crisis in the 70's, the flattening out of economic growth and the rise of unemployment experienced worldwide in the last years;
- the fall of communism in 1989 has caused the disappearance of a vital pillar of political, economic and social reference: the entire structure of thought in the 20th century which was founded upon the opposition between Liberalism and Marxism and the attempt to find a middle way between them has now lost its basis;
- economic prospects, which seem to give rise to hope, are in contrast with moral developments in many societies;
- the capitalist world especially the USA, Japan and a number of European countries are marked by economism. Economic growth is celebrated in its own right, but it co-exists with unsolved social problems of seemingly growing gravity – high rates of unemployment, the appearance of poverty (which today is called social disruption), urban problems out of control (drug abuse, delinquency, loss of respect for institutions and leaders of public opinion);
- much of this can also be observed in the emerging economies where the race for profit is becoming the one and only ideology. This is particularly true of Asia where in many countries, there is a real intellectual and moral desert;
- traditional societies, based on a rural economy, are disappearing one after another, particularly in Africa, and experience the ills of excessive urbanisation, inadequately compensated for by economic take-off when it happens.[2]

[2] Guy de PANAFIU, In Socio-Economic papers No 10: „On the Eve of the 21st century: Reflections from Christian Business Leaders" World Congress of Uniapac, Rome, 1998; edited by Philippe Laurent SJ, Uniapac Publication, D/1998/3121/5, 39.

4. Traditional African Perspectives on the Challenges posed by Sustainability and Development

That part of culture which unites people and gives them a sense of continuity and identity is their tradition. This tradition is sustainable. The challenge of such a thought pattern to the various western philosophical schools of thought, such as idealism, rationalism and empiricism, is to position the life experience of the Igbo vis a vis the abstract theoretical and logically conceivable notion in western cultures by individual philosophers. Here lies the difference in the search for the foundation for ethics in universal categories vis a vis the concrete historical experience of life in Igbo society – past, present and future. Whereas western philosophy describes the abstract concepts of theories of life, sustainability, development, and its likes, the African Igbo cosmology deals with life, real life of particular people and communities, in the context of the daily excruciating survival of human beings, between hope and hopelessness, faith and real life, joys and sorrows, yet full of belief that the past is not disconnected from the present and the future is the history of the struggle to survive, whether written or not.

In Igboland as in many other African cultures, tradition fashions the bond between successive generations in society:

> „We received from the past our language, laws, symbols and all those ideas and feelings which are unquestionably and generally accepted and provide our society with its characteristic cultural values. Even if members of a given society rarely stop to formulate and reflect on what they have taken over, they remain radically indebted to the past for the inherited values and expectations which give life its meaning and provide ideals to be striven for. Thus one generation passes on to another norms, attitudes and behaviour patterns by which society has hitherto functioned and now seeks to perpetuate itself".[3]

The Brundtland Commission Report on Sustainability *„Our Common Future"* of 1987 was well received by business organisations among others, promoting as it were, the concept that economic growth could be pursued ‚sustainably' so long as natural resources were utilised and the environment managed with adequate regard for future generations. This definition does not solve the problems of past generations nor does it offer an integral understanding of the term, linking it to development. The challenge therefore is to find out how to add the African voice to the

[3] Gerald O'COLLINS, Fundamental Theology, New York 1981, 193.

thematic with an African perspective on the challenges posed to globalisation by sustainability and development.

The core idea of sustainability was originally applied to natural resource situations, where long term environmental preservation was the focus. Today, the term is applied in many disciplines including economic development, environment, food production, energy, consumerism and lifestyle. Basically, sustainability refers to doing something with the long term in mind and decisions made with a consideration of human activities into the future. The goal is typically towards preserving quality interactions with the local environment, the social system and the economy. Sustainability has been essentially directed to consider „situations about living, working and ordering society in ways which are environmentally sustainable, encouraging reduction of pollution, reuse of resources, encouraging biodiversity, promoting social justice and a fair society".[4]

This paper submits the following considerations:

a) The link between the ethical, religious and secular: Igbo cosmology did not distinguish between religion and the secular society but created room for an interdependent world where „the secular is so interwoven with the sacred that one does not exclude the other, nor could one be conceived without the other, whereby giving religion an anthropocentric outlook".[5] In this society, culture, law, religion, economy and morality are not easily separated.

b) Traditional values as the basis of the legal system and morality: Igbo philosophy, to take a personal example, believed in keeping one's promises as manifested in the process of ceremonies which made the taking of vows a public affair. In the case of agreements affecting the communities' interest in land, for instance, the mutual assent of parties was usually followed up with solemn public formalities intended to oblige the parties to abide by the terms of the agreement entered into. In practical terms, these are mostly as effective, if not more, than formal legal titles.

c) Stakeholder participation according to the Omenala: In Igbo tradition and culture, the customary law, Omenala, represented the entire stakeholders, past, present and future. The past referred to the ancestors who had lived and were buried on the land, the present referred to the living,

---

[4] UNEP, Rio Earth Summit, 1992.

[5] A. ODOEMENA, African Traditional Religious claim to absolute truth vis a vis its tolerance capability. A lecture delivered at the 9th symposium of Theologie Interkulturell of the Johann Wolfgang Goethe Universität, Frankfurt am Main, November 1996.

and the future referred to the children yet-unborn. Stakeholders in this context included the land, environment, deities and the community. The representation of stakeholder interests in traditional businesses guaranteed, as is only proper, that each thing and each person was given access to the minimal lifetime basket of social, material, religious and overall benefits for the sustenance of each, in an environment of sharing benefits and costs alike. It is identical to the practice of partnership in communalism where each stands for each, whether in loss or gain, in every circumstance as it applies.

d) Communal values based on solidarity and subsidiarity: The Igbo concept of ‚*Umunna*' depicts a deep concept of human solidarity, which is possible through an understanding of the entire essence of a human person as a member of the community. The individual and community co-exist. As such, the Igbo word for „family" is *„ezi na uno"* which means *„those* who *live abroad and at home"*. This concept of the human family extends the concept of family beyond geographical location to include those bound by a common destiny. It thus emphasises the interplay of the principles of solidarity, individuality and community. According to Ehusani, who refers to the Ebira people: „life would be worthless if one were to exist in the world alone, even if one had access to all the riches of the world. It is one's relations with other human beings that make one a „person". One who exists outside the human community or who is deprived of human companionship does not live the life of a full „human person" in African cosmology".[6]

5. Conclusion

I argue and submit that a new definition of sustainability and development must be comprehensive. Furthermore, a new definition of development must move beyond an understanding of development as a simply economic terminology to include an integral understanding of the development as the *„new name for peace"* (Paul VI, Populorum Progressio 1967).

I therefore offer a review and adaptation, such that sustainability is defined as *„building upon the resources and heritage of the past generations, to meet the needs of the present generation without compromising the ability of future generations to meet their own needs"*. The

[6] George O. EHUSANI, An Afro-Christian Vision: „Ozovehe". Toward a More Humanized World, Yew York 1991, 144.

consequence for such a view adapted from the African perspective is that businesses have a responsibility to promote sustainability. A key challenge will be in refocusing the focus of corporations and the modern focus on corporate governance could play an important role in this regard. In my view, a primary function of corporate governance must be the promotion and safeguard of sustainability in the broadest sense. For businesses, the link between corporate governance and sustainability carries benefits at three levels that have economic, social and ecological dimensions. These show that good corporate governance supports sustainable economic growth in terms of the fact that it increases investor confidence; good corporate governance supports sustainable sociocultural growth in terms of the fact that makes businesses contribute to an open society with democratic values; good corporate governance supports ecological growth in terms of the fact that it promotes forward planning on non-renewable resources (oil, coal and gas); it enhances accountable management of renewable resources (water, clean air, forestation, nature conservation); it makes ecotourism an attractive option for community partnerships, among other opportunities.

Johannes Hoffmann has shown that the refocusing of businesses is an important element in defining the right path towards sustainable development. His entire life work has challenged current trends of thought which seem to neglect a comprehensive approach to economic development. He and his colleagues such as Gerhard Scherhorn have introduced the cultural ingredient as critical for a broader and global approach which respects and builds upon local and particular identities, and yet contributes positively towards an ethical and fair future for all. The conclusion of this paper is a humble postulation of the view that this African perspective finds a resonance in the life and work of Johannes Hoffmann and has the potential to emerge as the broadest, most adaptable and practicable approach to giving insight to the challenges of sustainability and development in an era of globalisation. The challenge is now in specifically applying these principles and describing an alternative worldview that might provide the basis for a more sustainable approach to economic development and corporate governance. These perspectives are inclusive, dealing with communal values, promoting human dignity and development and of course creating a possibility for popular and democratic participation for all, in an environment where the sustainable livelihoods of individuals and businesses are guaranteed. This has been the background and the attempt in the work of the Growing Businesses Foundation in Nigeria in the last eight years. It is a work that shows that theories are practical. It is teaching by doing grounded in the philosophy of *„sustainable economic development led by socially responsible individuals and businesses“*.

Sündenfall – Menschwerdung – Kreuzestod

Illustrierte Heilsgeschichte am Beispiel der Miniatur zum siebten Gesang des „Paradiso“ von Giovanni di Paolo

VON CLAUDIA DÖPFNER

Vorbemerkungen

Vor nunmehr 13 Jahren führte mich das Thema „Ethische Anfragen an die monetären Strukturen in unserem Staat und in unserer Kirche“ zu Johannes Hoffmann und einem Seminar an der Frankfurter Goethe-Universität. Aus dem Thema ist mittlerweile eine langjährige, intensive, für mich sehr anregende und spannende Zusammenarbeit an der Universität und im Projekt Ethisch-Ökologisches Rating geworden, die u. a. in Form einer Magisterarbeit und einer Dissertation Früchte getragen hat.[1] Immer wieder aber fasziniert mich bei meiner Zusammenarbeit mit Johannes Hoffmann die Offenheit und Begeisterungsfähigkeit für ganz andere Themen – besonders auch für Themen, die im Bereich der Kunst angesiedelt sind und die Moraltheologie, Wirtschafts- und Sozialethik vielleicht erst auf den zweiten Blick berühren. Mit dem folgenden Beitrag möchte ich auf diese Offenheit und Interessenvielfalt Bezug nehmen.

Der Thompson Codex und Giovanni di Paolo

Die Abbildung stammt aus einer „Commedia“-Handschrift, die um 1450 für Alfons von Aragon, den König von Neapel, angefertigt worden ist

---

[1] Claudia DÖPFNER: Zur Glaubwürdigkeit ethisch-ökologischer Geld- und Kapitalanlagen. Eine theologisch-ethische Untersuchung vor dem Hintergrund der Frage nach der Glaubwürdigkeit der ökonomischen und monetären Strukturen, Frankfurt a. M. 2000 (= Ethik – Gesellschaft – Wirtschaft 8); DIES.: Kunst und Kultur – voll im Geschäft? Kulturverträgliches Kunstsponsoring, Frankfurt a. M. – London 2004 (= Ethik – Gesellschaft – Wirtschaft 17).

(heute als „Codex Thompson“ im Besitz des British Museum London).[2] Die Miniaturen zu „Inferno“ und „Purgatorio“ werden dem Maler Lorenzo di Vecchietta zugeschrieben, während Giovanni di Paolo (um 1403–1482, jeweils wohl in Siena) das „Paradiso“ illustriert hat.[3] Kennzeichnend für die Miniaturen Giovanni di Paolos ist eine Zusammenfassung mehrerer Motive bzw. Episoden, wodurch seine Darstellungen eine besondere Textnähe bewahren. Er bildet die von ihm illustrierten Texte nahezu wörtlich nach.

Dante und die Göttliche Komödie

Dante war Florentiner; er lebte von 1265 bis 1321. Die Komödie entstand um 1307 bis 1320. Ostern 1300 ist der fiktive Handlungszeitpunkt der Komödie, die ab 1555 die „Göttliche“ genannt wurde. In seiner Komödie durchwandert Dante, von Vergil, dem römischen Dichter, geführt, die Hölle, das „Inferno“, und den Berg der Läuterung, das „Purgatorio“. Im dritten und letzten Teil der Komödie, dem „Paradiso“, hat Beatrice, die mit der früh verstorbenen Geliebten Dantes gleichgesetzt wird, die Führung persönlich übernommen. Sie „durchschwebt“ mit Dante die neun Himmel des Paradieses.[4]

Bildbeschreibung

a) Dante und Beatrice

In den beiden links am Bildrand schwebenden Personen sind Beatrice und Dante zu erkennen. Dante trägt ein langes, enzianblaues Gewand,

[2] Abbildung vgl. Hanna EGGER: Verkündigung. Meisterwerke christlicher Kunst, Mödling 1987, 38.

[3] Vgl. John POPE-HENNESSY: Lorenzo Vecchietta and Giovanni di Paolo. A Siense Codex of the Divine Comedy, London 1947.

[4] Das ptolemäische Sonnensystem beschreibt die Erde als Mittelpunkt. Um sie kreisen die Planeten, die die sieben Himmel bilden. Als achter Himmel folgt der der Fixsterne, als neunter das primum mobile und, darüber freischwebend, das Empyreum. Der hier für das Paradies erwähnte Aufbau ist dem der Hölle Dantes identisch; neun Stufen hier wie dort. Im ersten Himmel, dem Mond, sind solche, die ein Gelübte geschworen haben, es aber nicht halten konnten; im zweiten (Merkur), sind Fromme, die aber mit dem Ruhm auf Erden rangen; im dritten (Venus), die, die sich rein der irdischen Liebe verschrieben; im vierten (Sonne) sind die Seligen der Kirche versammelt; im fünften (Mars) die Kreuzfahrer; im sechsten (Jupiter) die gerechten Könige; im siebten (Saturn) die Kontemplativen. Im achten Himmel, dem Fixsternhimmel, zieht der Triumphzug Christi vorüber und im neunten, dem primum mobile, befindet sich die Hierarchie der Engel.

das in reichen Falten bis zu den Füßen hinunterwallt. Die Ärmel laufen zu den Händen hin weit aus. Ein ebenfalls im gleichen Blau gehaltenes, eng anliegendes Untergewand ist hier zu erkennen. Das Haar ist vollständig bedeckt durch ein ebenfalls blaues Tuch oder eine Kapuze, die bis auf die Schultern fällt. Unter diesem trägt Dante eine weiße Haube, die sich eng an den Kopf schmiegt und nur an der Seite unter dem „Kopf-Tuch" hervorschaut. Die Füße sind wiederum in enzianblaue, schnurlose Schuhe eingekleidet, die diese deutlich betonen. Nur Gesicht und Hände sind frei. Ehrfürchtig hat Dante die Hände auf der Brust übereinandergelegt. Er ist der erste und einzige Sterbliche, der dies schauen darf. So sind seine Augen weit geöffnet. Der Mund ist geschlossen.

Beatrice, die ein wenig nach oben versetzt hinter Dante schwebt, ist wie dieser mit einem knöchellangen Gewand bekleidet. Es ist hellrot; goldgelbe Punkte schmücken es. Die Schuhe sind in der gleichen Farbe der Punkte ihres Kleides. Auch ihr Haupt ist bedeckt. Eine knappe weiße Haube, die mit roten Streifen verziert ist, verhüllt ihre goldblonden Locken, die nur an den Seiten hervorschauen. Ein weißer Schleier weht hinter ihr her.

Dante und Beatrice blicken auf die sich unter ihnen bietenden Szenen: Sündenfall, Verkündigung und Kreuzigung.

b) Sündenfall

Die erste der drei Szenen, die Dante und Beatrice am nächsten liegt, ist der Sündenfall. Man sieht Adam und Eva, die sich im Garten Eden befinden. Dieser ist angedeutet durch zwei Bäume: den Baum der Erkenntnis von Gut und Böse und den Baum des Lebens (vgl. Gen 2,9). Beide Bäume heben sich deutlich von den anderen Bäumen der Miniatur, deren Aufgabe wohl darin besteht, die Schöpfung Gottes im Allgemeinen zu repräsentieren und das gesamte Bildgeschehen zu illustrieren, durch die Größe und Detailliertheit der Darstellung ab. Anhand der Blattformen lassen sich die beiden Bäume im Paradies als Feigenbäume identifizieren.[5] Adam und Eva sind als solche zu erkennen durch ihre Nacktheit.

[5] Schon in der frühchristlichen Kunst wird der Baum der Erkenntnis als Feigenbaum dargestellt. Dies geschieht deshalb, weil in Genesis 3,7 im Zusammenhang mit dem Sündenfall erzählt wird, dass Adam und Eva sich Feigenblätter zusammenflochten und daraus Schurze machten. Später ist dies in der Bildenden Kunst dann mehr und mehr der Apfelbaum. Die Bibel macht hierzu selbst keine Angaben.

Die geschlechtsspezifischen Unterschiede zwischen Adam und Eva sind wenig ausgeprägt und eher zu erahnen. Aber darauf kam es den Malern dieser Zeit „noch“ nicht an; Giovanni di Paolo bildet in diesem Fall keine Ausnahme. Die Hand- bzw. Armhaltung von Adam und Eva ist beinahe identisch. Mit der rechten Hand wird von beiden die Scham bedeckt, während die linke Hand wie zur Abwehr oder aber zur Begrüßung angewinkelt nach vorn gehalten ist. Auch die Beinhaltung beider ist sehr ähnlich. Die bedeckte Scham Adams und Evas ist mit Sicherheit ein Zeichen dafür, dass die ersten Menschen bereits vom Baum der Erkenntnis gegessen haben.[6] Eva ist noch der Schlange, die sich lang um den Baum der Erkenntnis schlängelt, zugewandt.

Es ist übrigens der vordere rechte Baum derjenige, der sich im Bildgeschehen näher an den weiteren Szenen befindet. Die Schlange nun hat einen menschlichen, weiblichen Kopf. Frisur und Physiognomie sind identisch mit Evas. Beide haben – wie auch Adam – die gleiche goldblonde Haarfarbe. Das Haar ist in der gleichen Weise wie Evas wohl geflochten und wie ein Kranz um den äußeren Haaransatz geschlungen. Die Schlange, die grün ist, hält eine Frucht im Mund, die der Form nach einer Birne bzw. einer Feige gleicht. Während der Blick Evas – wie bereits erwähnt – noch der Schlange gilt, hat Adam sich von den beiden abgewendet und nimmt betrachtend am Verkündigungsgeschehen – der nächsten Szene – teil. Erwähnenswert ist noch die Tatsache, dass sich der Bildmittelpunkt genau im rechten Auge Adams befindet.

c) Verkündigung (Menschwerdung Christi)

Diese Szene bildet das eigentliche Zentrum des Bildes. Sie ist durch eine einfache Architektur bezeichnet, in der das Verkündigungsgeschehen dargestellt ist. Diese Architektur besteht aus einem einzigen Raum, der durch zwei mit runden Bögen geöffnete Seiten einsehbar ist. Eine goldene Leiste unterhalb der Bögen und eine weitere oberhalb dieser zieren das Gebäude. Es gibt keine Fenster, keine Einrichtungsgegenstände. Die in der Perspektive noch etwas verzerrt wirkende Architektur erinnert an einen Tempel. Nur das safrangelbe Stroh, auf dem Maria in diesem Raum

---

[6] Die andere Möglichkeit eines Erklärungsversuches für diese Darstellungsweise könnte theoretisch auch von einer Scheu des Malers vor detaillierten Illustrationen zeugen. Dem widerspricht allerdings die Darstellung Adams und Evas auf dem Bild „Missus est Angelus“, um 1445, Öl auf Holz, Teilstück einer Altarpredella, Washington, National Gallery of Art – Abbildung vgl. H. EGGER: Verkündigung, 39.

kniet, weist auf einen Stall hin. Maria trägt ein leuchtend rotes, langes Gewand. Die Hände sind wie bei Dante demütig, oder aber auch überrascht vor der Brust übereinandergeschlagen, ineinandergelegt; das Haupt ist leicht gesenkt dem Engel zugewandt. Sie trägt eine weiße Kette um den Hals, ihre Frisur ist identisch mit der Evas und der des Schlangenkopfes im Paradies. Es wird also rein äußerlich eine Beziehung zwischen Eva, der Schlange und Maria hergestellt. Maria ist durch einen goldenen Nimbus ausgezeichnet, der sich wie ein Kranz um ihr Haupt legt. Vor ihr, noch außerhalb des Gemäuers, kniet ein Engel. Er verneigt sich tief vor der Jungfrau. Der Engel hat sehr weibliche, feine Gesichtszüge und ein helles Inkarnat, jedoch kurze goldblonde Haare. Seiner Eigenschaft als himmlischer Bote hat er wohl das geschlechtslose Aussehen zu verdanken. Der Engel trägt ein blaues Untergewand, über das ein rotes Tuch geschlungen ist, wobei der rechte Arm von diesem unbedeckt bleibt. Er hält seine Hände wie Maria; auch er ist mit Nimbus dargestellt. Als Engel ist er durch goldene Flügel gekennzeichnet, wodurch die Szene auch eindeutig als Verkündigungsgeschehen gedeutet werden kann, obwohl weder der Engel noch Maria durch ihnen zugeordnete Attribute näher gekennzeichnet sind. Die Szene ist, wie auch beim Sündenfall, absolut auf das Wesentliche reduziert dargestellt. Ausschließlich aus dem Zusammentreffen eines Engels mit einer ihm ehrfürchtig zugewandten Frau kann auf eine Verkündigungsdarstellung geschlossen werden. Es läßt sich jedoch nicht eindeutig festlegen, ob der Engel gerade erst zu Maria herangetreten ist und sie jetzt begrüßt, oder ob er sich bereits verabschiedet, die Verkündigung also schon stattgefunden hat. Die Körperhaltung sowohl des Engels als auch Mariens läßt beide Deutungen zu. Dass in keiner Weise der Heilige Geist, der auf Maria nach der Verkündigung durch den Erzengel Gabriel hinabkommt, illustriert ist (meist symbolisch in Gestalt einer Taube oder eines Lichtstrahles dargestellt), erschwert die genaue zeitliche Einordnung der dargestellten Szene in das Verkündigungsgeschehen.

An dieser Stelle fällt ins Auge, dass der Engel ein rot-blaues Gewand trägt, Dante ein blaues, Beatrice und Justinian, auf den weiter unten noch näher einzugehen sein wird, ein rotes mit goldenen Punkten, Maria ist in ein kräftig rot leuchtendes gekleidet. Die Deutung von Farben ist sehr schwierig, ihre Symbolik meist vielschichtig, je nach dem genauen Kontext. Hier aber ist ganz deutlich, dass Dante, der einzige Sterbliche auf diesem Bild, als einziger ein blaues Gewand trägt. Die Farbe Blau ist in diesem Kontext ganz sicher ein Symbol für den irdischen Bereich, der hier durch Dante repräsentiert wird. Maria, Justinian und Beatrice hingegen tragen rote Kleider. Eine Bedeutung der Farbe Rot, die hier angemessen scheint, ist, dass diese den himmlischen Bereich angibt. Purpur ist beispielsweise die Farbe des himmlischen Hofstaates. Entsprechend trägt Maria das am kräftigsten rot gefärbte Gewand. Sie ist die Gottesmutter, die in den neun Himmeln des Paradiso von Dante dem göttlichen Bereich am nächsten ihren Platz hat, nämlich im Empyreum. Der Engel als Bote zwischen Gott und den Menschen, als Mittler zwischen dem göttlichen roten und dem irdischen blauen Bereich trägt folgerichtig ein blaues Gewand mit einem roten Umhang, Farben, mit denen sehr häufig sonst Maria dargestellt ist (wie zum Beispiel die Madonna del Granduca (1506) oder die Sixtinische Madonna (1512–1513) von Raffael).

An dieser Stelle wird zum einen ersichtlich, dass hier schon die erhöhte Maria dargestellt ist. Obwohl zeitlich gerade erst die Verkündigung stattfindet, haftet nichts Irdisches mehr an ihr. Zum anderen zeigt sich deutlich, dass der Vorgang der Verkündigung abgeschlossen ist, Maria den Heiligen Geist bereits empfangen hat und der Erzengel sich verabschiedet.

d) Kreuzigung

Im Rücken Mariens, hinter dem Gemäuer, ist der gekreuzigte Christus dargestellt. Der Schriftzug „INRI", der in weißen Lettern auf rotem Schild, das ganz oben an das Kreuz geheftet ist, geschrieben steht, identifiziert ihn eindeutig als Jesus Christus. Er ist an das Kreuz genagelt, Blut tritt aus den Wunden. Die Füße sind über einem Fußbrett übereinandergelegt und mit einem einzigen Nagel festgeschlagen (Dreinagelkruzifixus). Jesus ist nur mit einem Tuch bekleidet, das an den Schleier Beatrices erinnert, diesem gleicht. Das Haar Jesu ist struppig, es fällt in langen Strähnen auf die Schulter, das Gesicht ist unrasiert. Während der Marterzeit ist sicher kein Schermesser an dieses gekommen. Auch hinter dem Kopf Jesu ragt ein Nimbus hervor. Aus der Seitenwunde spritzt Blut und Wasser. Die Kirchenväter sahen im Blut ein Sinnbild der Eucharistie, im Wasser ein Sinnbild der Taufe und in diesen Sakramenten die Geburt der Ecclesia aus Christi Seite, entsprechend der Schaffung Evas aus der Seite Adams. Jesu Haupt ist gesenkt, die Augen sind geschlossen. Er ist tot. Die Lanze hat man Jesus laut Bibelüberlieferung erst nach seinem Sterben in die Seite gestoßen (vgl. Joh 19,34).

e) Landschaft

Durch das gesamte Bild zieht sich eine gleichbleibende Landschaft, die trotz der temporalen und topographischen Unterschiede (Sündenfall – Garten Eden, Verkündigung – Nazareth, Kreuzigung – Golgotha) auf einen inhaltlichen Zusammenhang weist. Der Himmel wird immer blauer, darunter zieht sich eine weiße, wohl schneebedeckte Bergkette. Vor diese ist eine weitere, niedrigere hellgraue gelagert. Wiederum davor liegen goldgelb-braune Berge, auf denen verschiedentlich Bäume von Ferne, nur als grüne Flecken mit hellgrünen Punkten darin und braunem Stamm, angedeutet sind. Diese Landschaft markiert den Ort des Heilsgeschehens.

Da es sich bei dem vorliegenden Bild um eine Miniatur zur Göttlichen Komödie Dantes handelt, könnten mit den weißen und grauen Bergen ganz real die Alpen gemeint sein. In der Komödie nämlich tritt deutlich der Gedanke, dass Rom das Imperium, das Zentrum der Welt ist, auf. Dass auch jenseits der Alpen Völker existieren, wird kurz an verschiedenen Stellen erwähnt, findet aber weiter keine Beachtung. Wie die Alpen also Italien abschließen, so könnte man nun formulieren, wird das Bild durch diese abgegrenzt.

Dante und Beatrice schauen auf dieses Geschehen bloß hinunter, sie berühren die Landschaft nicht. Sie schweben darüber. Sie betrachten nur.

f) Justinian und der Himmel des Merkurs

Mit ihrer linken Hand scheint Beatrice den „Zweiten Himmel" des Paradieses zu berühren, den Himmel des Merkurs. Der Himmel des Merkurs ist durch vier jeweils abwechselnd dunkler und heller blaufarbene konzentrische Kreise, die nach außen hin immer schmaler werden, dargestellt. Diese Ringe werden von zahlreichen goldgelben Strahlen, die vom Zentrum des Himmels ausgehen und in einen Kranz münden, der sich um den Merkur legt, überdeckt. Hier, am Beginn des siebten Gesanges, ist der Merkur noch, wie im sechsten Gesang, von Justinian (527–565) erfüllt. Dieser kniet im Merkurhimmel vor den Strahlen, von denen er wie von einer Sonne umgeben ist, die Hände wie zum Gebet gefaltet, in Richtung Dantes und Beatrices.

Justinian trägt ein rotes Gewand, wie bei allen im Bild dargestellten Personen ist es kragenlos und ungegürtet. Wie das Kleid Beatrices ist das seinige mit goldenen „Flecken" verziert. Auffallend sind die tief-roten Schuhe. Diese roten Schuhe kennzeichnen ihn deutlich und unverkennbar als byzantinischen Kaiser, als Kaiser des Oströmischen Reiches. In den rotbraunen Haaren trägt er ein helles Band, es könnte auch eine Haube mit weißem Saum sein. Sein Gesicht ist mit einem Vollbart, der die Farbe des Haupthaares hat, gekennzeichnet.

Justinian scheint auf zwei plattenartigen Gebilden zu knien, die sich am ehesten als Bücher deuten lassen. Zwei weitere dieser „Platten“ liegen links und rechts neben ihm. Es könnten insgesamt die vier Evangelien sein, auf die sich der unumschränkte Herr des Staates und der Kirche beruft. Vielleicht ist an dieser Stelle auch eine Anspielung auf das große einheitliche Gesetzgebungswerk gemeint. In dessen Schöpfung zumindest liegt für Dante im besonderen die Bedeutung Justinians.

Die Rolle Justinians in Giovanni di Paolos Darstellung ist nicht ganz eindeutig. Nach der Textvorlage von Dante verabschiedet sich Justinian ganz zu Anfang des siebten Gesanges tanzend und singend. Zuvor im sechsten Gesang hat dieser die politische Grundlehre vom Werdegang des Kaisertums verkündet. Denkbar wäre, dass Giovanni di Paolo den Kaiser noch im Merkurhimmel dargestellt hat, um an dessen Rede zu erinnern, während Beatrice bereits die ihre begonnen hat.

Deutung

In dieser Illustration Giovanni di Paolos zum siebten Gesang des Paradiso der Göttlichen Komödie Dantes wird der „Dreiklang“, der alles umfasst, begreifbar gemacht, der Dreiklang nämlich von Sündenfall, Verkündigung/Menschwerdung und Kreuzestod Christi.[7] Beatrice erläutert Dante die religiöse Grundlehre von Erbsünde und Erlösung der Menschheit durch Christus. Adam und Eva, die nicht geborenen, sondern erschaffenen Menschen, sind gegen ihren Schöpfer ungehorsam geworden. „Durch Sündenfall ward euer ganz Geschlecht aus seiner ersten Würde und aus Paradieses Seligkeit verstoßen. Unwiederbringlich [...] war all dies Glück verloren.“[8] Gottes Gerechtigkeit muß verlangen, dass die Schuld gesühnt wird. Die menschliche Schuld hat aber gerade deshalb eine so unerhörte Dimension, weil sie zwar vom Menschen began-

[7] Der Zusammenhang der drei heilsgeschichtlichen Ereignisse war zu Dantes Zeit ein theologisch wichtiges Thema, das auch für andere Verkündigungsdarstellungen des Quattrocento von Einfluss war.

[8] DANTE ALIGHIERI: Die Göttliche Komödie, aus dem Italienischen, mit einer Einleitung und Anmerkungen von Karl Vossler, München [3]2002, 393f.

gen, nicht aber vom Menschen entsühnt werden kann. So übernahm Gott diese Sühne selbst, indem er Mensch wurde und gehorsam war bis zum Kreuzestod. „In seinen engen Grenzen konnte nie der Mensch Genüge tun. [...] Und damit ist der Weg zur eigenen Rechtfertigung verschlossen. So mußte Gott auf seine Weise denn den Menschen zu dem ewigen Heil verhelfen [...] Und jeder andere Weg schien ungenügend vor der Gerechtigkeit, wenn Gottes Sohn sich nicht erniedrigt hätte, Fleisch zu werden.“[9]

Die Verkündigung nun ist die Schwelle, über die Gott in die Welt und der Mensch zurück in die Gnade Gottes tritt. Maria ist die neue Eva; die Menschwerdung Christi ist der Beginn einer neuen Schöpfung, der Erlösung der seit dem Sündenfall Adams und Evas in Sünden verstrickten Menschheit.

So wie Eva der Schlange ihr Gehör geschenkt hat, schenkt nun Maria dem Engel ihres. Entsprechend haben, wie bereits erwähnt, Eva und Maria von Gesicht und Haaren her ein identisches Aussehen. Auch ist die Blickrichtung Adams und Evas sowie die des gekreuzigten Christus aus diesem Grund auf das Verkündigungsgeschehen gerichtet. Die Bedeutung des Blickes Adams wird durch den Schnittpunkt der Querdiagonalen betont. Die Sündenfall- und die Kreuzigungsszene umschließen die Verkündigung, die auch nochmals durch die Architektur hervorgehoben wird.

Wie weiter oben bereits angesprochen, sind die drei Szenen „Sündenfall – Verkündigung – Kreuzigung“ sehr schlicht und gänzlich ohne Ausschmückungen gestaltet. Die zentralen Elemente und Symbole jedoch sind jeweils dargestellt, sodass die Szenen eindeutig zu identifizieren sind und damit die heilsgeschichtliche Botschaft vom Betrachter entschlüsselt werden kann.

---

[9] Ebd., 394.

Notizen aus dem Leben

von Maria Hoffmann

Johannes – mein Mann – wird 70 Jahre alt. Aus diesem Anlass möchte ich besonders auf seinen beruflichen Weg, aber auch auf unser Leben zusammen mit den Kindern zurückschauen und einiges dazu aufschreiben.

Also, vor 70 Jahren, am 6. April 1937, ist Johannes Joachim Joseph auf die Welt gekommen. Es war das fünfte Kind von Anna und Alfred Hoffmann, das jüngste, das im Schlafzimmer der Eheleute, auf dem Bauernhof in Altreichenau in Schlesien geboren wurde. Zur Freude über den neuen Erdenbürger wird sich auch Angst gesellt haben, da Johannes' Vater schwer krank war und schon vier Monate später starb.

Im Schoß der bäuerlichen Großfamilie, bei seiner Mutter, den zwei Schwestern und den Zwillingsbrüdern, zwei Großvätern und der Tante Pate wuchs der Hansel heran. Für seine Mutter war es schwer, als Witwe Haus und Hof zu versorgen, zumal zwei Jahre nach dem Tod ihres Mannes der Zweite Weltkrieg begann.

Im Jahr 1942, Johannes war gerade fünf Jahre alt, starb seine Mutter. Nach der Beerdigung – so erzählt er immer wieder – wurden die Kinder verteilt. Sein 16-jähriger Bruder Bernhard und seine 14-jährige Schwester Annemarie blieben auf dem elterlichen Hof, sein 16-jähriger Bruder Franz war im Internat, um die höhere Schule zu besuchen. Seine 10-jährige Schwester Theresia brachte ihre Puppen in die Kutsche von Onkel Franz und Johannes kam zu Tante Mariechen und Onkel Joseph nach Grüssau in die Mühle und Bäckerei. Es war für die Familie eine sehr traurige und harte Zeit.

Vier Jahre lebte Johannes in Grüssau. Der Krieg war verloren, die Polen und Russen kamen als Sieger und Besatzer nach Schlesien. Flüchtlingstrecks zogen durch Grüssau oder machten Station im Benediktinerkloster. Der „Mühlhansel" durfte heimlich Brot aus der Bäckerei verteilen, musste aber auch täglich der polnischen Miliz am Morgen die Brötchen bringen. Er erlebte die Angst der Erwachsenen vor Überfällen, das Verstecken der Frauen und Mädchen, die Vertreibung im eigenen Haus durch polnische Bäcker.

Im Herbst 1946 entschied sich der Pflegevater Joseph Müller mit seiner Frau und den Pflegekindern Lenchen und Johannes die Heimat zu verlassen, um einer gewaltsamen Vertreibung im Winter zuvorzukommen. Johannes durfte in sein Köfferchen das Spiel „Deutschlandreise" einpacken. Zwei Wochen war die Familie im Viehwagen in Richtung Westen unterwegs. Johannes hatte hoch auf den Reisekörben einen Platz am Fenster.

So kamen sie schließlich in Rhedebrügge im Münsterland an. Nach einer ersten Verpflegung auf der Tenne eines Bauern wurden die Flüchtlinge verteilt. Für Johannes' Familie gab es keinen Platz mehr – bis sein „Vatel" fragte, ob es nicht eine Mühle gäbe, wo der Müller fehle und er sich nützlich machen könne. Und tatsächlich – eine kleine Mühle, die von einer Frau mit ihren Töchtern betrieben wurde, war noch nicht belegt. In einem Zimmer fand die Familie Unterkunft.

Johannes war inzwischen neun Jahre alt. Außer einem bisschen Privatunterricht in Schlesien war er noch nie in einer Schule gewesen. So begann in der einklassigen Dorfschule von Rhedebrügge seine Laufbahn. Als Flüchtlingskind hatte er es nicht leicht, aber er lernte, sich durchzusetzen. Immer wieder erzählt er von den vielen Streichen, die er mit den einheimischen Schulkameraden geliefert hat. Nach drei Jahren durfte er ans humanistische Gymnasium nach Borken überwechseln. Als schmächtiger Bub musste er täglich zwölf Kilometer hin und wieder zurück mit dem Fahrrad bewältigen – bei Wind und Wetter und Eis und Schnee. Eine Busverbindung gab es nicht und Autos auch nicht. Aus diesem Grund kam der „Hansel" ins Internat der Oblaten nach Burlo, später nach Schiefbahn. An Ideen, das Leben möglichst abwechslungsreich zu gestalten, fehlte es ihm auch dort nicht. Der Igel im Bett des Präfekten beendete die Internatszeit: „Johannes ist untragbar" und der halbstarke Zögling durfte als Externer wieder auf das Gymnasium Remigianum nach Borken. Inzwischen hatten „Muttel und Vatel" in Borken eine eigene kleine Wohnung, in der auch Johannes seinen Platz hatte. Seinen Platz fand und behauptete er auch in der Schule. Am Nachmittag lernte und vertiefte er den Stoff, indem er ihn vielen Nachhilfeschülern beibrachte. Dabei verdiente er sich ganz schön Taschengeld, das ihm viele Freiheiten ermöglichte. Im kirchlichen Leben war er äußerst aktiv, war Messdiener, Pfadfinder, später im Bund Neudeutschland. Besonders gern erinnert er sich an die großen Ferienlager auf Ameland, die er mit ins Leben gerufen und öfter geleitet hatte. Es gab junge Kapläne, mit denen er sich anfreundete, die zur Auseinandersetzung mit Glauben, Kirche und Leben ermunterten. Geprägt von seiner frommen schlesischen Familie und von der Erfahrung und Bestätigung im aufbrechenden Katholizismus seiner jugendlichen Umgebung, mag sein Wunsch, Priester zu werden, entstanden sein.

So trat er nach dem Abitur 1959 in das Collegium Borromäum in Münster ein. Latinum, Graecum und Hebraicum hatte er von der Schule mitgebracht, sodass er in das Studium der Philosophie und Theologie unmittelbar einsteigen konnte, den strengen Regeln des Präfekten folgend oder auch nicht. Nach dem Philosophikum ging es mit einer ganzen Gruppe ins Freisemester nach München. Ein Jahr Studium, besonders in der Moraltheologie bei Egenter, intensives religiöses und politisches Engagement im Pauluskreis der Marianischen Congregation und Wahlkampfarbeit für den ASTA im Ring der Christlich-Sozialen Studenten kennzeichnen diese Zeit.

Ja, und am Ende dieser Zeit diente Johannes als Barkeeper beim Faschingsball im Rupert-Mayer-Heim. Ein Bekannter stichelte: „Maria, da ist ein Theologe, den musst du bezirzen". Es war Johannes' Freund, den ich mit diesen Worten anging. Er verwies mich auf den Barkeeper Hannes, mit dem ich den Rest der Nacht durchtanzte. Eine Woche trafen wir uns jeden Tag bis zum Aschermittwoch. Da verabschiedete sich Johannes für weitere Freisemester nach Bonn. Er wollte sich prüfen, ob der Priesterberuf das Richtige für ihn wäre. Nach einem Jahr gab es ein Wiedersehen zum Kneißl Hiasl Fest in Oberhandenzhofen und dann eine gemeinsame Reise mit meinem Bruder und Johannes nach Köln. Am Aschermittwoch 1963 haben wir beschlossen zu heiraten.

Doch was sollte beruflich werden? Ich wollte so schnell wie möglich fertig sein und beschloss, Volkschullehrerin zu werden. Johannes begann mit dem Studium der Volkswirtschaft, gleichzeitig bereitete er sich auf sein Abschlussexamen in Theologie, den Introitus in Münster vor. Danach kam er als Bildungsreferent für zwei Jahre zur Katholischen Deutschen Studenteneinigung nach Bonn.

Im Sommer 1965 war ich mit meinem Studium fertig, zwei Wochen später haben wir in Sittenbach geheiratet und sind mit fliegenden Fahnen ins Rheinland gezogen. Ich habe meine erste Stelle als Lehrerin angetreten, wobei die Kinder meinten, „wir haben eine nette Lehrerin, aber verstehen tun wir nicht alles". Durch Johannes' Arbeit bei der KDSE kamen wir zum ersten Mal über den Ausländerpfarrer mit außereuropäischen Studenten zusammen. Da fing unsere Liebe und Neugier auf andere Länder mit ihren Menschen und Kulturen an.

Wovon kann ein „Laientheologe“ in Zukunft leben? Vielleicht von der Bildung oder der Wissenschaft – aber dazu bedarf es einer Legitimation, am besten einer Promotion. In der 60er und 70er kirchlichen Aufbruchzeit schien Moraltheologie, in Bonn vertreten durch Franz Böckle, ein spannendes Gebiet zu sein. Und so fragte ihn Johannes, ob er nicht bei ihm promovieren könne, und bekam die Zusage.

An der Pädagogischen Hochschule in Siegen war bei Karl Klein eine Assistentenstelle frei, sodass wir im Sommer 1967 vom fröhlichen Rheinland ins eher düstere Siegerland zogen. Ich kam in den nordrhein-westfälischen Schuldienst und machte meine zweite Lehrerprüfung. Johannes arbeitete an seiner Dissertation mit dem Thema: „Praktizierende Katholiken zwischen Kirche und Gesellschaft,“ lehrte an der PH, reiste viel übers Land, um Vorträge zu halten und war ziemlich aktiv bei der Gründung von Priestersolidaritätsgruppen. Wir erlebten eine intensive Zeit kirchlicher Öffnung und Basisarbeit.

Im Januar 1970 kam unser erster Sohn Tobias Raphael in Siegen zur Welt. Wir waren überglücklich, ein Kind zu haben. Tobias war von nun an unser Mittelpunkt, um den sich das Leben organisierte. Vormittags versorgte ihn Johannes, am Nachmittag war ich für ihn da, die Vorbereitungen für die Schule wurden auf den Abend gelegt. Trotz der Mehrbelastung konnte Johannes im Sommer 1970 seine Dissertation in Bonn abliefern. Wir ahnten noch nicht, dass bis zur Promotion noch Jahre vergehen würden.

Nachdem die Stelle in Siegen abgelaufen war, konnte Johannes bei Josef Blank an der Universität des Saarlandes eine neue Aufgabe übernehmen. Am Anfang reiste er zwischen Netphen, unserem Wohnort, und Saarbrücken hin und her. Wir brauchten für Tobias eine Kinderfrau. Jeden Morgen zitterte ich, dass sie auch kommt. Aber schon bald konnten wir 1971 in Klarenthal bei Saarbrücken in ein eigenes kleines Haus einziehen. Die Annahme der Dissertation durch die Bonner Fakultät wurde stark in Frage gestellt, da seine Thesen zu einem erheblichen Teil auf empirischen Ergebnissen beruhten, die in der Theologie zu dieser Zeit noch nicht so einfach akzeptiert wurden. Um ein weiteres Standbein zu haben, begann Johannes mit dem Psychologiestudium, das er mit dem Vordiplom beenden konnte.

Doch im Sommer 1972 wurde er nach den Prüfungen in allen theologischen Disziplinen zum Doktor der Theologie an der Katholisch-Theologischen Fakultät der Universität Bonn bei Prof. Dr. Franz Böckle promoviert.

Im September 1972 kam, lang ersehnt, unser zweiter Sohn Benedikt Gabriel in Saarbrücken auf die Welt. Ich ließ mich vom Schuldienst beurlauben und freute mich, mit den zwei Buben daheim zu sein. Obwohl wir durch unsere Kinder stark ans Haus gebunden waren, hatten wir viele Kontakte, Besuche und interessanten Austausch mit Kollegen und ihren Familien und mit vielen Studenten und Studentinnen von der Uni. Besonders Josef Blank wurde uns zu einem guten Freund, der ganz in unsere Nähe zog und häufig bei uns war. 1973 bekam Johannes eine Assistenzprofessur am Institut für Katholische Theologie der Universität des Saarlandes. Da die Zeit für diese Stelle begrenzt war, musste nach einer sicheren Position Ausschau gehalten werden. An der Pädagogischen Hochschule in Münster war seine Bewerbung erfolgreich. Nach einem Gespräch des damaligen Bischofs von Münster, der von der Kirchlichkeit nicht so überzeugt war und der sich dann bei einem Pfarrer aus dem Siegerland informierte, bekam Johannes seinen Ruf als Wissenschaftlicher Rat und Professor an der Pädagogischen Hochschule Westfalen-Lippe in Münster. Sein Lehrgebiet war Theologische Anthropologie und Moralpädagogik.

Für unsere kleine Familie war es eine schwierige Zeit. Über ein halbes Jahr mussten wir viel allein das alltägliche Leben bewältigen. Tobias kam in den Kindergarten. Johannes pendelte wieder einmal, diesmal zwischen Saarbrücken und Münster, musste sich den neuen Aufgaben in Verwaltung und Lehre stellen, wollte Bücher schreiben und musste für die Familie ein Haus finden. Nach einem dreiviertel Jahr war der Rohbau, den wir in Nottuln gekauft hatten, bezugsfertig. Mit einem großen Fest verabschiedeten wir uns in Saarbrücken, traurig, die Freunde verlassen zu müssen, aber auch froh, wieder zusammen leben zu können, und neugierig auf das Münsterland.

Wir wohnten nun in einem großen Haus mit Garten am Bach, am Ende einer Sackgasse, ein Paradies für die Kinder. Johannes hatte es nicht weit zur PH, alte Kontakte wurden belebt und neue Kontakte mit Kollegen und Familien und einem Studentenkreis entstanden. In die „Nachbarschaft“ wurden wir offen aufgenommen, ebenso in der Pfarrgemeinde. Fragen der Moralpädagogik, die Kohlberg'sche Stufenentwicklung, das war neben anderem viel Thema in seinen Veranstaltungen.

Doch wir lebten noch nicht lange im neuen Haus, als eine Abordnung Frankfurter Professoren kam. Sie fragten Johannes, ob er sich eventuell in Frankfurt bewerben wolle. Das war ein Hammer. Frisch im neuen Haus, und schon wieder weg, und auch noch nach Frankfurt. Wenn, dann sollte unser nächstes Ziel weiter im Süden liegen. Ein Listenplatz wäre auch eine gute Reputation für später. Naja, da hat sich mein Johannes also doch beworben. Und nach vielem Hin und Her erging an ihn der Ruf nach Frankfurt als Professor für Moraltheologie und Sozialethik am Fachbereich Katholische Theologie der Johann Wolfgang Goethe-Universität.

Unser drittes Kind war gerade unterwegs, was sollen wir machen – soll er annehmen oder nicht, vielleicht ist es ein Sprungbrett in den Süden? Ja, er hat den Ruf angenommen, zum 1. August 1976.

Am 1. Juni 1976 ist unser dritter Sohn Fabian Michael in Münster-Hiltrup auf die Welt gekommen. Wir waren froh und glücklich, dass er da und gesund war. Drei Kinder hatten wir uns immer gewünscht. Jetzt war noch mehr Leben im Haus und im Garten. Viele Kinder aus der Nachbarschaft kamen zum Spielen und fühlten sich wohl. Für uns Eltern war es eine ziemliche Herausforderung. Drei Jahre der zeitweisen Trennung lagen vor uns. Tobias kam in die Schule, Benedikt in den Kindergarten – beide waren nicht begeistert, die Freiheit mit den Pflichten eintauschen zu müssen. Fabian genoss, dass er mit zwei großen Brüdern aufwachsen durfte. Soweit es zeitlich möglich war, engagierte ich mich im Elternbeirat und in der Pfarrgemeinde. Johannes sah sich großen Anforderungen in seinem neuen Arbeitsbereich gegenüber, aus dem heimeligen Nest des katholischen Münsterlandes in die angefochtene Situation der Theologie im säkularen Unibetrieb in Frankfurt. Er spürte den Druck, aber auch die Lust, sich zu stellen.

Nach etwa zwei Jahren wurde immer klarer, dass Johannes so schnell von da nicht weg kam – und dass er auch nicht so gern mehr weg wollte. Ein Umzug mit der Familie war die Konsequenz. Über die Vermittlung der Diözese Limburg konnten wir ein wunderschönes Kirchengrundstück in Kelkheim-Eppenhain erwerben. Benedikt, unser zweiter Sohn, sollte am neuen Wohnort eingeschult werden. So packten wir – nach einem schönen Abschiedsfest in Nottuln – zum Ende der hessischen Sommerferien unsere Sachen und fuhren an einem regnerischen, grauen Augusttag mit gemischten Gefühlen unserer nächsten Heimat entgegen.

Wir hatten in einem leer stehenden Haus zwei kleine Wohnungen gemietet, um beim Bau unseres neuen Hauses helfen zu können. Im Frühjahr 1980 ging es richtig los. Johannes marschierte jeden Morgen um fünf Uhr zur Baustelle, um die Steine und Material für den Ein-Mann-Unternehmer vorzubereiten. Danach kam er heim, duschte und fuhr in die Uni, da er auch noch Dekan war und täglich anwesend sein musste. Viele Verwandte haben mitgeholfen, den Bau zu errichten. Im Dezember 1980 zogen wir ein und da leben wir jetzt immer noch. Über die Kinder, die Schule und die Kirchengemeinde lernten wir sehr schnell viele Leute kennen. Ich wurde Elternbeirat und Vorsitzende des Pfarrgemeinderates. Gemeinsam konnten wir ein intensives Pfarrleben aufbauen, in dem vor allem auch unsere Kinder integriert und engagiert waren. Getragen von dieser Intention und mit meiner Zustimmung ließ sich Johannes im Sommer 1984 zum Diakon weihen.

Inzwischen war Fabian, nachdem er sich beharrlich geweigert hatte, in den Kindergarten zu gehen, 1982 in die Schule gekommen. Benedikt und Tobias besuchten das Gymnasium.

Die folgenden Jahre wurden beruflich als auch familiär ziemlich „heiß". Unsere Söhne wuchsen zu sehr eigenständigen Jugendlichen heran, die durch ihre Pläne und Lebensgestaltung uns täglich herausforderten. Wir hielten regelmäßig Familienkonferenzen ab, in denen Konflikte und Vereinbarungen diskutiert und protokolliert wurden. Dabei ging es ganz schön zur Sache. Trotz mancher Schwierigkeiten fanden die Söhne im Laufe der Jahre ihren Weg. Sie schlossen ihre Schulzeit mit dem Abitur ab. Tobias gründete eine IT Firma, Benedikt studierte Soziologie in Berlin und Fabian begann nach einer Banklehre in München ein Studium an der Hochschule für Film und Fernsehen in Berlin.

Schwere Krankheiten mussten in dieser Zeit von uns allen bewältigt werden.

Ich schrieb mich an der Uni als Studentin für den Diplomstudiengang Theologie ein und schaffte nach ein paar Jahren das Vordiplom. 1991 wurde mir vom Schulreferat der Diözese Limburg eine Stelle als Religionslehrerin und Schulseelsorgerin in der Gesamtschule in Kelkheim-Fischbach angeboten, die ich mit viel Herzklopfen antrat. Je sicherer ich wurde, umso mehr Freude hatte ich dabei. Ich denke, ich habe in den elf Jahren meiner Tätigkeit wichtige Impulse gesetzt.

Je mehr die Zeit voranschritt, umso umfangreicher wurden Johannes' Tätigkeitsfelder. Bis tief in die Nacht hinein arbeitete er. Das bedeutete, dass Haus und Hof immer mehr zu meiner Sache wurde, worüber ich nicht glücklich war. Immer wieder haben wir die Prioritäten neu diskutiert.

Neben seinen obligatorischen Lehr- und Forschungsaufgaben begann Johannes, innerhalb seines Fachgebietes zunehmend Schwerpunkte inhaltlicher Art zu setzen. Besonders sozialethische Fragestellungen waren ihm wichtig, wie Entwicklungspolitik, Naturwissenschaft und Ethik, Wirtschaftsethik, das Verhältnis von Arm und Reich in unserer Gesellschaft – global und lokal. In seinen Seminaren versuchte er deshalb, nicht nur die Probleme theoretisch zu erörtern, sondern ging mit den Studenten an die Brennpunkte in der Stadt, machte regelmäßig Exkursionen zu den großen Entwicklungshilfeorganisationen. Die Ergebnisse wurden in einer seiner wissenschaftlichen Reihen häufig publiziert. Eine besondere Bereicherung bedeutete die Gründung des Vereins „Theologie Interkulturell" durch das Kollegium am Fachbereich Katholische Theologie in Frankfurt. Von 1985 an kamen jedes Jahr Gastdozenten aus den verschiedensten Erdteilen, um ihre Perspektive der Theologie, des Glaubens und des Lebens den Europäerinnen und Europäern zu vermitteln. Im Rahmen dieses Projektes und der damit verbundenen Erfahrungen organisierte Johannes unter anderem drei große Menschenrechtssymposien. Viele Gäste kamen auch in unser Haus, jedes Jahr konnten wir die Gastdozenten zusammen mit den Unikollegen zu einem Festessen ihres Landes einladen. Etwa zur gleichen Zeit etablierte sich eine interdisziplinäre Arbeitsgruppe Technikforschung, deren Leiter Johannes war. Welche Auswirkung hat die Technikentwicklung auf den Menschen – kann von der Geisteswissenschaft wirkungsvoll Einfluss genommen werden, um ein menschenwürdiges Leben für möglichst viele zu erreichen?

Aus dieser Fragestellung entwickelte sich Johannes größtes Projekt. Er gelangte zu der Überzeugung, dass die Ursache für weltweite Unterdrükkung großer Bevölkerungsschichten die gegenwärtige Geldwirtschaft sei, entstanden aus einem ungezügelten Kapitalismus. So gründete er mit Gerhard Scherhorn eine Forschergruppe, die sich zum Ziel setzte, an der Wirtschaft und ihren Geldströmen ethische Maßstäbe anzulegen. Das Instrument dazu sollte ein ethisch-ökologischer Leitfaden werden, nach dem Unternehmen geratet werden konnten. Nach jahrelanger intensiver Zusammenarbeit konnte der „Frankfurt-Hohenheimer Leitfaden" präsentiert werden. Mittlerweile ist er durch eine Ratingagentur praktisch umgesetzt und dient als Instrument für ethisches Investment. Die Verbreitung und Weiterentwicklung dieser Ideen hat sich der Verein CRIC e. V., den Johannes mit gegründet hat, zur Aufgabe gemacht.

Zum 60. Geburtstag von Johannes organisierten seine Mitarbeiterinnen und Mitarbeiter ein großes Symposion, zu dem sie seine wissenschaftlichen Wegbegleiter eingeladen hatten. Eine besondere Überraschung war die Überreichung einer Festschrift.

Im Rahmen seiner Forschungstätigkeit fanden viele junge Frauen und Männer aus aller Welt zu ihm, um eine Doktorarbeit zu machen und promoviert zu werden. Die Arbeit mit den Doktoranden war und ist ein wichtiges Forum, von dem beide Seiten profitiert haben und immer noch Anregungen erhalten.

Eine besondere Beziehung hat sich zum IKO-Verlag entwickelt, bei dem neben den Gastvorlesungen von Theologie Interkulturell fast alle

Doktorarbeiten und viele weitere Publikationen unter seiner Herausgeberschaft verlegt werden.

Mit 65 Jahren hat sich Johannes emeritieren lassen. Von dem Zeitpunkt an widmet er sich verstärkt seinem Projekt des ethisch-ökologischen Ratings in wissenschaftlichen Beiräten, durch Vorträge im In- und Ausland, durch Tagungen und Artikel. Er betreut noch eine Reihe von Doktoranden und ist in der Pfarrgemeinde als Diakon aktiv.

Das „Zeitmanagement“ bedarf immer noch der Entwicklung, nicht zu viel und nicht zu wenig tun, das ist für ihn schwierig – eher alles oder nichts, das liegt ihm mehr.

Inzwischen haben sich unsere Söhne zu sehr kreativen und selbständigen Persönlichkeiten entwickelt, die ihren Platz privat und im Berufsleben gefunden haben. Tobias ist verheiratet mit Jacyara aus Brasilien, bald kommt zu Tiago, ihrem dreijährigen Sohn, ein Bruder.

Ich bin mit Johannes in Pension gegangen. Seit 42 Jahren sind wir verheiratet. Ich bin froh und dankbar über unsere gemeinsame Zeit und wünsche mir, dass sie noch lange weitergeht. Ich wünsche uns, dass wir vieles, was uns über Familie und Beruf hinaus Freude macht, wie das Reisen, Theater- und Konzertbesuche, Lesen, Radeln, Wandern und Skifahren, miteinander tun können. Dir, lieber Johannes wünsche ich, dass du zufrieden bist mit dir und mit dem, was auf deinem Lebensweg entstanden ist.